Dario Pizzano

eXzess

Dario Pizzano

eXzess

Meine zwei Leben

BRUNNEN
Verlag Basel · Giessen

Bibliografische Information der Deutschen Nationalbibliothek
Die Deutsche Nationalbibliothek verzeichnet diese Publikation in der Deutschen Nationalbibliografie; detaillierte bibliografische Daten sind im Internet über www.dnb.de abrufbar.

www.pattloch.de

Diese Lizenzausgabe ist 2013 erschienen beim
Brunnen Verlag Basel

Umschlaggestaltung: Spoon Design, Olaf Johannson, Langgöns
Umschlagfoto: Christi Lucaci/Shutterstock.com
Lektorat: Michael Schönberger
Satz und Herstellung: Hartmut Czauderna
Druck und Bindung: CPI Books – Ebner & Spiegel, Ulm
Printed in Germany

ISBN 978-3-7655-2016-7

Inhalt

Für Anja, Daniel, Verena und Antje

Brief an ein paar gute Freunde

Liebe Freunde,

Ihr habt ja keine Ahnung, was Euch hier blüht. Ich widme Euch dieses Buch. Und ich habe nicht danach gefragt, ob Euch das gefällt. Ob ich das darf. Wir haben so viele Abenteuer miteinander geteilt, so viele rauschende Feste miteinander gefeiert, so viele Abstürze überlebt. Da habe ich mir gesagt: Einen habe ich noch gut – oder?

Verena und Antje, wisst Ihr noch, wie das war im *Ambiente,* wenn in der Nacht wieder einmal ein Event steigen sollte – eine Band war gebucht, Promi-Nacht, Rosenmontag, eine Halloween-Party sollte steigen ... Wisst Ihr noch, wie das immer war? Natürlich wisst Ihr es. »Du läufst mal wieder Furchen!«, habt Ihr gerufen. Und es war so: Ich tigerte wie ein Irrwisch durch den Club. Die Augen flatterten. Blutdruck auf 180. »Hoffentlich kommen die Leute! Hoffentlich kommen die Leute!« Dann habt Ihr Mädels mich eingefangen, habt mich rechts und links untergehakt und mich abgeführt: »Hey, Pizza, komm mal her hier, jetzt trinken wir erst mal einen Vino – zur Beruhigung!« Ihr wart immer ungeheuer lieb zu mir. Es war schön, Euch immer in meiner Nähe zu wissen.

Und Du, Anja – weißt Du noch? Erinnerst Du Dich an die Nacht, in der alle schon gegangen waren? Nur wir beide waren übrig geblieben. Wir saßen auf der kleinen Bank an der Theke. Ein paar Scheinwerfer waren noch an. Im

Lichtkegel tanzten die Partikel. Die Luft stand vor Zigarettenrauch und Alkoholdunst. Auf dem Boden die Kippen und die heruntergebrannten Wunderkerzen. Wir saßen da auf der Bank und packten unsere Beziehungskisten aus. Ohne Filter. Ohne Scham. Ohne Angst. Weißt Du noch, wie lange das dauerte? Eine Stunde. Zwei Stunden. Drei Stunden ... Um 6 Uhr am Morgen kam endlich einer von uns auf die Idee, ein Taxi zu bestellen.

Und Du, Daniel, denkst Du noch daran, wie wir gemeinsam in Frankfurt auf dem Rockkonzert waren? Ein Bier? Klar, will ich ein Bier! ... Noch 'n Bier? Klar will ich noch 'n Bier! ... Ich war nur am Laufen. Noch 'n Bier? Klar, will ich noch 'n Bier! Wir hauten uns das Zeug nur so rein. Bis Du sagtest: »Mann, bin ich breit!« Da zeigte ich Dir das Schild. Lesen konntest Du noch. »Alkoholfrei« stand da drauf. Danach mussten wir stocknüchtern sein. Die ganze Rückfahrt über lachten wir uns kaputt.

Nun habe ich ein Buch geschrieben. Ihr kommt auch darin vor. Denn Ihr seid ein Teil meiner Geschichte, meines Lebens. Keine Angst, Ihr müsst nicht die Nummer von Eurem Anwalt heraussuchen. Es gibt noch ein paar Dinge, die auf immer zwischen Euch und mir vergraben bleiben. Ich habe mich zwar mal für ein paar Monate ausgeklinkt aus der Gesellschaft. Aber ich war Euer Freund, und ich werde immer Euer Freund sein. Ein Freund weiß alles vom anderen. Wir hatten nahezu keine Geheimnisse voreinander. Ihr kanntet jeden meiner Abstürze. Euch blieb keine meiner erotischen Eskapaden verborgen. Ihr wusstet, auf welchen Drogen ich gerade war und welche Verwundungen ich mit Alkohol betäubte.

Meine ganzen Nachtseiten habt Ihr mitbekommen, meine innere Anarchie, meine wilde Suche nach ein bisschen Glück, Liebe und Seelenfrieden. Halt – falsch! Ich wollte nicht ein bisschen Leben. Ich war gierig. Gierig wie ein hungriges Tier auf Witterung. Ich wollte immer den vollen Schluck. Wollte das ganze Leben. Wollte alles. Wollte Grenzen überschreiten, überschritt Grenzen, exzessiv, wie im Rausch – nein, *im* Rausch. Lief gegen die Wand. Holte mir eine blutige Nase. Stand wieder auf. Nahm den nächsten Schluck aus der großen Pulle. Stürzte mich wieder in den Tanz. Brauchte die lauten, schmerzlich harten Beats, brauchte meine Musik, die mich in die nächste Nacht, das nächste Abenteuer trieb. Ihr wolltet mir helfen. Habt mir wie oft die Hand gereicht. Ich konnte sie jedoch nicht greifen. Mir fehlte einfach das Vertrauen. Das Vertrauen in Eure Hilfe. Damit konnte ich nicht umgehen. Drogen, Frauen, Exzesse, Depressionen – diese Dinge waren mir all die Jahre vertraut. Damit wusste ich etwas anzufangen, denn mit diesen Dingen kannte ich mich nur zu gut aus. Ich hielt meine Nase viele Jahre in den gefährlich heißen Wind. Das alles kennt Ihr. Denn es war meine Biographie – aber das alles ist nur die Hälfte meines Lebens. Die andere Hälfte – die Hälfte, die mich ein Stück weit von Euch wegtrieb in neue, innere Abenteuer – die kennt Ihr nicht. Ihr könnt sie nicht kennen, weil man das, was ich Euch mitzuteilen hätte, nicht eben mal in einer Stunde bei einem Bierchen am Tresen erzählen kann. Ich müsste Euch mein ganzes Leben »beichten«, angefangen von der Kindheit bis heute. Wir müssten Nächte beieinandersitzen. Ihr müsstet mir einmal zuhören. Ich würde auch Euch zuhören. Und wir würden unsere Leben miteinander vergleichen. Die Rätsel und die Wunder. Das Elend und die Träume. Die Schweinereien und Heldentaten. Die Highlights und die Abgründe. Ich weiß, es würden Sternstunden werden. Wir würden rote Ohren dabei bekommen. Aber ich fürchte, das Leben gibt uns dazu keine Gelegenheit. Deshalb schreibe ich dieses Buch. Ich möchte in eine stillere Art von Gespräch mit Euch kommen. Und ich weiß, dass Ihr mir die Zeit dazu schenkt, indem Ihr lest, was ich für Euch aufgeschrieben habe. Für Euch und für unsere ganze Generation, die wir gemeinsame Erfahrungen machten – mit unserer Sehnsucht nach Nähe und neuen Formen des Umgangs miteinander, mit Drogenexperimenten, mit Musik, die zu einem vollkommenen Ausdruck unseres Selbst wurde, mit wildem, wahllosem Sex und tastenden Suchereien nach Liebe und Angesehenwerden.

Wisst Ihr noch, wie wir mit über vierhundert Leuten Abschied voneinander feierten, Abschied vom *Ambiente,* Abschied von einem gemeinsamen Stück Jugend, Abschied von einer unwiederbringlichen Erfahrung? Waren wir in dieser Nacht nicht wie ein einziger Leib, wie eine große Gemeinschaft, verbunden durch die Wärme unserer Körper, verbunden durch Musik, die wir liebten, verbunden durch unsere Geheimnisse, verbunden durch einen Duft, der über allem lag, einen Duft, der am nächsten Morgen verflogen sein würde, nur noch eingegraben in unsere Erinnerung? In dieser Nacht sind viele, viele Tränen geflossen, vielleicht die meisten bei mir selbst. Denn hinter unserem Lachen und unseren Umarmungen lag ein tiefer Schmerz.

Es würde nie wieder so sein, wie es gewesen war. Jedes der Gespräche in dieser Nacht des Abschieds enthielt ein Wort, auf das ich nur eine stammelnde Antwort geben konnte – das Wort »Warum?«. Hast du keinen Spaß mehr am *Ambiente?* – wurde ich gefragt. Und es schwang darin mit: Hast du keinen Spaß mehr mit uns? Willst du keiner mehr von uns sein?

Ihr, Anja, Daniel, Verena und Antje – Ihr ahntet wohl, dass es nicht so war. Ihr werdet Euch Euren Teil dazu gedacht haben, wenn bald die tollsten Gerüchte in der Stadt kursierten: »Der Dario ist jetzt total abgedreht. Hat eine Nase vom falschen Zeug genommen. Ist in eine Sekte eingetreten. Hat Erscheinungen. Steht kurz vor der Klapsmühle.« Eine richtige Antwort auf diese Gerüchte konntet Ihr nicht geben. Ihr wisst ja nur die Hälfte.

Ehrlich gesagt, brauchte ich selbst Zeit, um zu verstehen, was mit mir geschah. Es war so ganz anders als alles zuvor. Es war viel krasser als LSD. Vor allem: Ich hatte keine Sprache dafür. An einem bestimmten Punkt – dem Punkt, an dem dieses Buch einsetzt – gab ihm jemand den Arbeitstitel *Burnout.* Einfach, um eine Vokabel zu haben, über die man reden konnte. *Burnout* – das kennt heute jeder: Zu viel gearbeitet, zu viel Stress, zu viele Probleme. Die Seele spielt nicht mehr mit. Keine Kraft. Keine Ideen. Kein Feuer. Ein Loch, wo sonst die Seele ist. Ein Krater, wo das kalte Herz pocht. Manchmal, wenn ich ganz unten war, dachte ich sogar selbst: Ja, das ist es – ein wohlverdienter *Burnout.* Mehr nicht. Junge, du bist total ausgebrannt. Zu viel gesoffen. Zu viel lustige Pillen. Zu viel schlaflose Nächte. Ein Wrack. Schluss mit lustig. Insolvenz total.

Aber es waren nur diese Momente äußerster Verlassenheit, in denen ich dachte, es sei einfach ein stinknormaler *Burnout.* In Wahrheit wusste ich in jeder Phase meiner Transformation, dass mein realer, grausamer *Burnout* nur die notwendige Basis einer fundamentalen persönlichen Verwandlung war, für die ich sehr spät erst das richtige Wort gefunden habe. Es lautet: *Burn in.* Bei mir musste nur einiges im Feuer geläutert werden, Elemente von Sucht verbrannt und Wahnsinnsängste in Flammen aufgehen – das war mein *Burnout* –, bevor dieses ruhige Licht kommen konnte, das heute in mir brennt. Das ist *Burn in.*

Ich gebe dieses Gefühl nicht mehr her. Ich habe so einen

unglaublichen Preis dafür bezahlt, dass etwas Göttliches in mir brennt und ich heute nicht mehr der ausgebrannte, exzessive Strahlemann bin, der ich einmal war. Ich bin heute ein Mensch, der sich wie neugeboren fühlt, weil er ein wärmendes Licht im Herzen spürt, das still und kraftvoll brennt und mir Kraft ohne Ende gibt. Wenn Ihr dieses Licht auf die eine Seite der Waagschale legt und auf die andere Seite alle Orgasmen, alle Trips und alle euphorischen Zustände legt, die ich je in meinem Leben erfahren habe – und Ihr wisst alle: das waren eine Menge –, dann würde ich keine Sekunde zögern und nach dem Licht greifen. Für alle Freunde von Giovanni Trappatoni: Ich habe also nicht fertig. Ich bin nicht am Ende. Ich bin kein Wrack. Ich bin auch nicht verrückt geworden. Ich stehe nicht unter dem Einfluss einer heftigen, neuen Droge. Ich bin stocknüchtern, nicht besessen, nicht bei einer Hexe in Behandlung und habe auch keine Gehirnwäsche hinter mir.

Der Punkt ist: Ich bin einfach Christ geworden. (*Christ,* wohlgemerkt, nicht *Heiliger.* Bis dahin ist es noch eine lange Strecke.) Hmm. Ihr wisst selbst, wie ich früher drauf war, wie ich gerne auch mal über das lästerte, was nur nach Religion roch. Ihr habt ein Recht zu fragen: Und nun steht er gleich auf den Papst? Wäre das nicht auch mit Tantra gegangen? Oder mit tibetanischem Buddhismus? Warum gleich so etwas Abgefahrenes?

Habe ich mich auch gefragt.

Aber vielleicht interessiert Euch die Geschichte ja. Sie geht so:

1. Ein altes Lied

Du kennst alle meine Tricks.
Du überblickst alles.
Ob ich dasitze oder irgendwo rumrenne,
Du hast ein Auge drauf.
Du weißt, was ich denke, weißt es
schon tausend Meter gegen den Wind.

Ob ich momentan abhänge oder rummache –
Du hast mich voll auf dem Monitor.
Du kennst Dich in meiner Bio aus
wie in Deiner Westentasche!
Bevor ich den Mund aufmache,
ahnst Du längst, was ich sagen will.
Du bist 360 Grad um mich herum.
Ich lebe in der Kuhle Deiner warmen Hand.
Du hast die totale Peilung von mir –
es will mir nicht in den Kopf,
ich krieg das einfach nicht gecheckt!

Ich komme Dir nicht davon.
Du schaust noch in das letzte Loch,
in dem ich mich verkrieche.

Mach ich mich mit dem Flieger
nach Westen davon – Du bist da.

Hau ich nach Osten ab –
Du bist schneller! Bist schon dort,
um mich zu führen und zu leiten.
Und gehen bei mir einmal
alle Lichter aus – ich meine wirklich alle –
und sage ich: Gute Nacht! Ende! Aus! Ciao!
Leute, lasst mich allein in meiner Nacht!

So geht bei Dir
doch kein einziges Lämpchen aus.
Dunkelheit kann Dich nicht finster machen,
Alle Nächte können Dein Licht
nicht ausmachen.

Du allein hast mich gemacht –
meinen Körper, meine Seele –
ja, Du warst beteiligt,
als ich im Bauch meiner Mutter
langsam größer wurde.

Ich danke Dir dafür,
dass Du mit mir so etwas Originelles
in die Welt gebracht hast.
Fantastisch ist alles, was von Dir kommt.
Das habe ich schon kapiert!

Als ich noch im Uterus war
und nicht einmal meine Mutter mich kannte,
da kannten wir uns schon gut.
Als sich meine Fingerchen formten,
da schautest Du zu.
Du hast meinen Kalender schon geschrieben,
bevor ich den ersten Tag mit Leben begann.

Deine Pläne kriege ich nicht gerafft,
Deine Gedanken
sind eine Nummer zu groß für mich.
Du denkst Gedanken in endloser Folge –
wie Sterne am Himmel,
wie Sandkörner am Meer.
Da kommt keiner mit!

Schau her, Gott, auf mich,
ob ich wieder drauf und dran bin,
vor Dir die Biege zu machen.
Komm, pack mich,
hol mich zurück
auf den Weg ins Paradies!

Ihr werdet Euch vielleicht wundern: Das Lied steht in der Bibel und ist ca. 3000 Jahre alt. Ich habe es nur ein klein bisschen übersetzt. Die alte Version ist nicht ganz so lässig, dafür echt besser. Schaut mal nach: Psalm 139! Warum ich dieses Lied an den Anfang dieses Buches gestellt habe? Weil es seltsamerweise mein ganzes Leben zusammenfasst. Gerade mein ewiges Abhauen – ich finde es in diesem Lied. Ab in den Flieger, ab nach Mallorca, ab nach Ibiza, ab nach Napoli! Ab auf den nächsten Trip. Alkohol. Drogen. Partys. Frauen. Immer sollte es irgendwo noch heftiger sein. Aber immer war schon jemand vor mir da. Jemand war noch schneller. Und ich war schon verdammt schnell.

2. Fliegen mit Lenny

Eichsfeld, Sommer 2007

Ich kann fliegen. Ich bin frei. Endlich. Frei wie ein Vogel. Das Leben hat es noch mal gut gemeint mit mir. Womit habe ich das eigentlich verdient? Ich sitze alleine im Auto und fahre auf der A 7 – Richtung Heimat. Ins Eichsfeld. Nein, ich fahre nicht, ich fliege! Das Leben ist rund und schön.

Im Autoradio läuft Lenny Kravitz zu großer Form auf: »I want to get away, get away, I wanna fly away«. Ich drehe voll auf, singe laut mit. »I wanna fly awaaaay...!« Leute, ich kann fliegen! Ich bin vor kurzem erst durch die Wolken gebrochen. Bin geflogen wie Lenny. Raus aus der ganzen völlig verdrehten Kiste, die mein Leben gewesen sein soll. Ich könnte durchdrehen vor Glück. Was mir passierte, hatte niemand auf dem Schirm. Ich selbst am wenigsten. Ich hatte Gott getroffen. Als wäre mir Lenny über den Weg gelaufen, nein krasser! Gott? Ja, Gott! Vor zwei Jahren. Mein Herz hüpft sofort wieder etwas schneller vor Freude bei der Erinnerung an die Begegnung mit IHM. Nein, ER hatte mich gefunden. Mich ausgesucht. Mich, der ich in meinem Leben nichts ausgelassen habe. Mich, der ich kein Glas habe stehen lassen und keine hübsche Frau von der Bettkante gestoßen habe. Dieser unbekannte Gott hatte einen Typ wie mich irgendwie auf dem Scanner. Gott. Wie war das nur möglich? Wie passte das zusammen? Eine

Sekunde nur hatte damals gereicht. Alles wurde neu. Endlich durfte ich mein altes, abgefahrenes Leben hinter mir lassen.
Aussteigen! Weg! Weg! Weg! »I wanna fly awaaaay…!« Meine Hände trommeln auf das Lenkrad. Ich singe, nein, ich schreie den Refrain mit, aus voller Kehle. Fliegen. Ja, es ist wie Fliegen. Lenny, du hast Recht. Es ist herrlich. Mein Leben ist aufregend. Ich spreche immer wieder mit spannenden Leuten in der Kirche. Sie alle wollen meine verrückte Geschichte hören. Gerade komme ich von einem großen Kongress in Köln, bei dem ich eingeladen war zu sprechen. Sogar ein Kardinal interessiert sich für meine Geschichte. Letzte Woche war ich in Hamburg. Davor in Bonn. Berlin. Wien. München. Ich komme plötzlich richtig herum in der Welt. Verrückt. Mit meinem alten, krassen Partyleben hat das nichts mehr zu tun. Die Landschaften fliegen rechts und links an mir vorbei. Noch eine Stunde bis nach Hause. Es ist bereits dunkel auf Deutschlands Straßen. Die Lichter der entgegenkommenden Autos blenden mich heute Nacht nicht. Ich sitze scheinbar ein kleines Stück höher, auf einer neuen, anderen Ebene.
»I wanna fly away!« Ja. Es ist ein Abenteuer. So ganz anders. Ich mache seit der Begegnung mit IHM auch keine Pläne mehr für mein Leben. ER hat das jetzt für mich übernommen. Sein Geist wird mich eines Tages in das Gelobte Land führen. So wie damals das Volk Israel. ER weiß alles. Nicht mehr lange, und ich kriege die Chance meines Lebens. Bis dahin jobbe und studiere ich. Lese täglich in der Bibel. Das Wort Gottes. Das reicht. Keine großen finanziellen Verpflichtungen, keine wirklichen Sorgen plagen mich mehr. Ich bin endlich frei. Ich kann fliegen. Wie ein Vogel. Bis in den Himmel hinauf. Die Welt steht mir offen. Ich kann jetzt alles tun. Ohne Angst. Einfach so.

Ich will mit meiner Vergangenheit nichts mehr zu tun haben. Weg damit! Für immer. Ich bin endlich ein freier Mensch. Ich habe auch keine Angst mehr. Ich habe alles verstanden. Ich bin seit zwei Jahren ein Christ. Seither ist mein Leben ein Kinderspiel. Gott und ich, wir sind einfach unschlagbar. Wie die Klitschkos.

3. Absturz mit Ansage

Eichsfeld, Frühling 2008

Die Magen- und Rückenschmerzen sind einfach nicht mehr auszuhalten. Ich kann mich beim Studium nicht richtig konzentrieren. Außerdem spielt mein Kreislauf seit ein paar Wochen völlig verrückt. Mir ist ständig schwindelig. In mir ist plötzlich eine furchtbare Leere; ich fühle mich richtiggehend ausgebrannt, völlig runtergekokelt ...«

»Sie können sich nicht mehr motivieren?«

»Ja, es ist, als hätte jemand bei mir den Stecker rausgezogen. Den Saft abgedreht. Die inneren Lichter verglimmen, werden verschluckt. Habe überhaupt keine Kraft mehr. Gestern bin ich sogar bei meinem Kurs in der Volkshochschule zusammengebrochen. Ich weiß nicht, was mit mir los ist. Deshalb bin ich hier ...«

Meine Hausärztin hört sich alles, was ich zu berichten habe, sehr genau an. Sie steht rechts neben mir und hält meinen Arm. Sie misst meinen Blutdruck und horcht mich am Rücken ab. Sie sagt nichts, ist voll konzentriert. »So, Sie können sich wieder anziehen.« Ich schlüpfe in mein T-Shirt und setze mich auf die Behandlungsbank. Kurze Zeit später nimmt auch sie Platz, auf ihrem Stuhl, hinter dem großen Eichenschreibtisch. Sie ist ein nüchterner Typ, kurz angebunden:

»Wenn Sie so weitermachen, gebe ich Ihnen noch fünf Jahre. Okay?« – »Fünf Jahre?« – » Maximal.«

Die Zeit scheint plötzlich stehen zu bleiben. Wie bitte? Meine Augenbrauen und mein Magen ziehen sich in einem parallelen Mechanismus zusammen: »Sagen Sie, dass ich mich verhört habe!« Meine Hausärztin unterlässt weitere Kommentare; sie sieht mich nur durch ihr rot-goldenes Brillengestell intensiv an. Ihr Blick lässt kein Missverständnis zu. Was soll das bedeuten? Nur noch fünf Jahre zu leben? Jetzt? Aber doch nicht jetzt! Wenn sie das dem Drogenwrack von vor ein paar Jahren gesagt hätte, hätte ich es abgenickt. Aber ich habe doch Gott gefunden. Die letzten Jahre waren doch prall gefüllt mit Glück. Was soll das denn jetzt? Habe ich vielleicht Krebs oder sonst eine heimtückische Krankheit? Oh Gott. Noch fünf Jahre. Mein Herz klopft schneller. Babum. Babum. Babum. »Wie meinen Sie das, Frau Doktor? Ich verstehe nicht, was genau ist denn mit mir nicht in Ordnung?«

Die Ärztin schüttelt den Kopf: »Es ist wahrscheinlich nichts Spezifisches. Das ganze System ist im Eimer. Totalkollaps. Das geht ganz schnell. Fangen Sie endlich an, an Ihrer Identität zu arbeiten, sich selbst zu finden. Lernen Sie, an sich zu denken. Ihr Rücken und Ihre Seele sind einfach nicht mehr in der Lage, die horrenden Lasten und Wunden Ihrer Vergangenheit zu tragen.« Du liebe Zeit! Die Seele! Zu mir finden! Auch das noch.

Ich bin eigentlich nicht der typische Psychotyp, der nirgendwo lieber liegt als auf der Couch. Nach wie vor kommt die Nachricht nicht wirklich bei mir an. Jemand redet wie durch einen dichten Nebel auf mich ein: »Werde Sie erst mal vier Wochen krankschreiben … ein mittleres Antidepressivum … Psychotherapie … Entscheiden Sie selbst … An Ihrer Stelle würde ich sofort anfangen … Sie leiden an einer so genannten Burnout-Depression. Ihre Seele hat einen Infarkt erlitten!«

Zack, nun ist es raus! Burnout, Depressionen, Infarkt der Seele. Was soll das bitte heißen? Was ein Herzinfarkt ist, weiß ich wohl, aber ein Seeleninfarkt? Ich knete meine Hände fest zusammen, verstehe das Ganze nicht. Ich bin doch vor kurzem erst ein religiöser Mensch geworden! Ich hatte das ganze Ding doch gedreht. Habe völlig gesund gelebt in den vergangenen Jahren. Nicht mehr geraucht. Nichts mehr gesoffen. Keine bunten Pillen. Keine durchschwoften Nächte. Nichts mehr. Nada. Niente. Habe gelebt wie ein Mönch. War das alles eine Illusion? Oh, mein Gott! Die Gerüchteküche in der Stadt – hatte sie Recht? Durchgeknallt, der Gute! Wieder spüre ich mein Herz: Babum. Babum. Babum.

Irgendwie versuche ich einen Gedanken nach oben zu senden. Hallo? Meldet sich keiner. Hallo? Hallo, Mister Gott, gibt's Dich vielleicht doch nicht? Babum. Babum. Babum. Ich schlucke. Mein Hals ist vollkommen trocken. Ich? Ich soll depressiv sein?

Ist das nicht so eine Verlierer-Krankheit? Ich bin doch kein »Verlierer«! Dario doch nicht! Mein Herz meldet sich wieder. Babum. Babum. Babum. Die Gedanken wirbeln in meinem Kopf hin und her. Wie lose Blätter im Sturm. Die Bilder im Arztzimmer. Eine Kopie von Monet. Rosenmeer. Michelangelo. Die Erschaffung Adams. Shit. Mein Blick richtet sich auf das Fenster. Babum. Babum. Babum. Es ist ein sonniger Tag im Mai. Die Vögel auf den Bäumen und in der Luft zwitschern fröhlich. Ich höre Kinderstimmen in der Ferne, doch klingt alles nur seltsam dumpf in meinem Kopf. Gott, wo bist Du? Wo bist Du jetzt? Babum. Babum. Babum.

*

Plötzlich und unvorbereitet schießen Tränen ein und laufen über mein Gesicht. Ich vergrabe mich in meine Hän-

de. Vornübergebeugt bemerke ich, wie ein Tropfen dieses Seelenwassers mir durch die Finger quillt und auf meine abgelatschten weißen Nike-Sportschuhe fällt. Ein seltsames Gefühl der Erleichterung breitet sich plötzlich in mir aus. Krass. Jemand hat hier gerade meine Fassade durchleuchtet, mich gecheckt, etwas endlich erkannt. Ich sterbe nicht. Nein. Bin nur angezählt. Passiert jedem Boxer. Bin krank. Nicht verrückt. Hey, Leute, nur krank! Nur Depressionen. Ein bisschen Schatten auf dem Gemüt, was soll's? Sofort beginnt der Positivdenker in mir zu rotieren. Depressionen, da gibt es doch sicher Mittelchen und Wege. Ich streiche mir nervös und mit zitternden Händen durch mein Haar. Es stimmt doch. Krankheiten lassen sich heilen – oder etwa nicht? Sofort kippt alles wieder um in mir. Eine schleichende Angst breitet sich in mir aus. Mir wird mit einem Mal schrecklich heiß. Mein Kopf droht zu platzen. Poch. Poch. Poch.
»Ja, man kann diese Krankheit heilen«, sagt meine Ärztin mit bestimmtem, aber freundlichem Gesicht. Sie steht auf und gibt mir ihre Hand. »Machen Sie sich nur schnell auf den Weg. Alles Gute.«

*

Das ist alles: Machen Sie sich auf den Weg. Ihre Worte hallen auf der Fahrt nach Hause in mir nach: »Machen Sie sich auf den Weg!« Immer wieder höre ich diesen Satz in mir: »Machen Sie sich auf den Weg.« Den Weg nach Hause finde ich schon. Aber ich gehe wie neben mir her. Es ist, als hätte ich grad gar nichts mit mir zu tun. Schlüssel in die Wagentür. Anschnallen. Das ist ein Film, in dem einer den Ton abgestellt hat. Ich gleite mit meinem roten Golf III durch eine surreale Landschaft, schiebe mich vorbei an Bäumen, Menschen, Häusern, an lauter Dingen, die nicht zu mir gehören. Soll mich auf einen Weg machen.

Welchen Weg? Zu anderen Ärzten? Zu einem bestimmten Ort? Ich kenne ihn nicht. Nicht mehr arbeiten. Nicht mehr studieren. Zu mir selbst finden. Meine Identität suchen. Frieden machen. Für einen Moment bin ich wieder klar. Zorn steigt in mir auf. Ich haue mit der Faust auf den Lenker, der nichts dafür kann. Hatte ich das nicht schon vor zwei Jahren? Ich habe doch vor kurzem erst zu mir gefunden. Zum christlichen Glauben, zu Jesus, zu Gott. Ich war Christ geworden. Das war doch so unglaublich stark gewesen! In einem unglaublichen Tempo hatte ich mein Leben in den Griff bekommen. Jahrelang war ich doch nur völlig orientierungslos, ja geradezu manisch meinen Instinkten hinterhergerannt, dem nächsten Reiz, der nächsten heftigen Nummer. Und dann hatte mich der Frieden überfallen wie ein blauer Sommertag, an dem du in der Wiese liegst, die Insekten schwirren hörst und weißt: Die Welt ist rund und alles, alles ist gut. Ich hatte zum ersten Mal in meinem Leben echten Sinn und innere Ruhe gefunden. Das alles war gerade wieder so weit weg, wie Hawaii vom Nordpol. War denn da überhaupt mal was?

Gerade fährt mich mein Auto durch eine schwarz verhangene Wolkenwand. Die Welt erscheint mir wie eine einzige große Leere. Nichts. Da ist nichts. Das gibt's doch nicht. Nein. Nein. Nein. Wieder schlage ich mit meiner rechten Hand unbeherrscht auf das unschuldige Lenkrad. Nicht schon wieder ein Absturz! Nicht schon wieder!

Das kann doch einfach nicht wahr sein. Bitte nicht!

Frieden machen? Mit wem? Eine Bilanz ziehen? Wozu? Meine Vergangenheit bewältigen. Für was? Ich habe doch vor zwei Jahren erst einem Priester meine gesamte Vergangenheit gebeichtet. Zweifel packen mich: Hatte der es etwa nicht drauf? Machte der nur einen billigen Segen über mein seelisches Trümmerfeld, an das jetzt ein richtiger Fachmann, so ein Psychodoktor, ranmuss? Wie auf Wolke sieben war ich damals aus dem Beichtgespräch gesprungen, hatte mich total befreit und mutig gefühlt, dass ich so etwas Schräges hinkriegte – einem fremden Kuttenträger meine schwärzesten Nummern auf die Seele zu binden. Nein, nein, muss ich mir sagen – das alles war kein magisches Getue. Die Beichte hatte mich doch vom Kopf auf die Füße gestellt. Die Gnade war damals mit Händen zu greifen. Und jetzt war sie wie weggeblasen. Da war und ist plötzlich nichts mehr. Gar nichts mehr. Oder? Oder spielte Gott ein neues Spiel mit mir? War das nur der zweite Akt im Drama meines neuen Lebens? Mit einem Mal kriege ich einen Fetzen von Sinn zu fassen, beginne etwas zu verstehen. Gott ist doch nicht nur dazu da, dass ER dir permanent Blümchenwiesen rüberwachsen lässt. »Wer mir nachfolgen will, der nehme sein Kreuz auf sich«, sagt Jesus. Also irgendwie war bei ihm doch nicht alles Blümchenwiese. Vielleicht, sage ich mir plötzlich, ist das ja auch von Gott, diese Schatten meiner Vergangenheit, die mich mitten im schönsten Leben einholen, diese Schmerzen aus längst vernarbten Wunden, dieses alte Gift, das noch immer in mein Heute herübersickert.

»Wir leben unser Leben in Spiralen«, hatte mir mal ein Freund gesagt, »alles holt dich auf einer neuen Ebene wieder ein. Und du musst noch mal durch und noch mal durch ...!« Er hatte das allerdings eher resigniert gesagt. Aber ich will ja nicht resignieren. Nein! Im Gegenteil. Ich möchte ein starkes, freies, von Liebe getriebenes Leben haben. Das Wesen einer Spirale ist doch nicht nur, dass sie sich ewig im Kreis dreht. Das kann nicht sein. Oder? Dann wären wir ja bei Nietzsche und der Ewigen Wiederkehr. Oder beim Buddhismus. Eine Spirale geht doch aber nach oben, nicht wahr?

Ja, sage ich mir, ich bin in einer Spirale, und zwar so, dass es mich fast aus der Kurve haut. Aber es könnte auch ein Weg sein, könnte *Sein* Weg sein. Den Weg, den ER speziell für mich entworfen hat: *mein Weg*. Also angenommen, diese Nummer mit dem Weg in der Spirale kommt von oben, vom großen Regisseur da oben, was wäre meine Krankheit dann? Ein Infarkt der Seele. Was bedeutet diese Diagnose? Ja, was wäre sie dann? Sie wäre vielleicht die Chance, endlich auch die tieferen Regionen meiner Seele mit Licht zu erfüllen, Wasser in das Trostlose meiner inneren Wüsten und Verwüstungen zu leiten, endlich richtig gesund zu werden und zu meinem privaten Glück und Frieden zu finden.
Ich soll mich also auf den Weg der Heilung machen. Das wird es sein. Ich soll gesund werden. Nur wie? Ich atme tief durch. Ich muss jetzt versuchen, das herauszufinden.

*

Ich komme zu Hause an. Wie bin ich eigentlich so schnell hierhergekommen? Mein Rücken. Die Schmerzen sind furchtbar. Brennen. Schwindelgefühle. Ich schleppe mich zur Tür rein und muss mich erst einmal hinlegen. Falle völlig erschöpft auf die Couch. Die Gedanken rasen dabei immer weiter. Mit wem kann ich darüber jetzt offen reden? Ich gehe in Gedanken meine Freunde und mir nahestehenden Menschen durch. Viele fallen mir ein. Ich bin gerade sehr froh, zu wissen, dass es echte Freunde gibt in meinem Leben. Trotzdem, werden sie mich wirklich verstehen, mich überhaupt noch ernst nehmen können? Werden sie nicht sagen: Typisch Dario. Von einem Extrem ins andere. Vorgestern der bekiffte DJ, Welt- und Weiberumarmer. Gestern der heilige Franziskus vom Eichsfeld. Heute ein Fall für die Couch. Und morgen, was wird er morgen machen? Big Brother? Vielleicht noch mal ins Dschungelcamp?

Ich weiß gar nicht, ob ich gleich mit jemandem reden sollte oder möchte. Nie in meinem bisherigen Leben habe ich andere Menschen um Hilfe für mich gebeten. Ein neues Gefühl der Ohnmacht und totalen Zerrissenheit macht sich plötzlich innerlich breit. Mir läuft der kalte Schweiß das Gesicht herunter. Ich habe das Gefühl, eine riesenhafte Welle überrollt und verschluckt mich. Ich saufe ab, versinke immer tiefer. Keine Chance auf Rettung. Gott. Wo bist Du, Gott? Verzweiflung.

Reiß dich zusammen, pocht es in meinem Kopf! Reiß dich zusammen, du bist doch noch aus jeder Schlacht als Sieger rausgekommen. Du hast doch immer die Kurve gekriegt. Wenn sie dich abgeschrieben hatten, kamst du lächelnd um die nächste Kurve. Weitermachen. Immer weiter, sagt Oliver Kahn. Oh Mann, mir ist übel. Ich muss kotzen. Renne zum Klo. Nichts. Schleppe mich zum Bett zurück. Liege nur da. Zittere. Schlafe einen Moment weg. Werde schnell wieder wach. Immer noch zittern. Greife nach der Wasserflasche. »Trinken, Dario«, hatte mir Uta gesagt, »Trinken ist gut. Trink so viel Wasser, wie du kannst!« Mach ich. Ich trinke literweise Wasser. Setze mich auf die Bettkante. Mache das Radio an. Robbie Williams.

Ich schaue raus aus dem Fenster. Es ist Frühling. Ich kann ihn nicht spüren. Nichts. Leere. Mein Mund und Hals bleiben trotz des Wassers völlig trocken. Ich stehe auf und schalte das Internet ein. Gebe meine Diagnose in die Suchmaschine ein. Depressionen, Burnout, Infarkt der Seele. Das gibt's doch nicht! Dort steht ja alles. Ich mache das Radio aus. Will mehr von Robbie Williams hören! Verdammt, wo ist nur die CD? Ah, hier! Dieses Lied. Robbie Williams singt es voller Inbrunst. »I just wanna – feel – real loving …« Irgendwie fühle ich mich ihm gerade ganz nahe. Ein Kollege. Einer vom selben Orden. Auch depressiv. Ich lese das zumindest oft über ihn. Auf dem Bildschirm sehe ich »mich«: Innerhalb von Minuten bekomme ich einen umfassenden Einblick in mein Krankheitsbild. Es passt tatsächlich alles, wirklich alles, ins Bild. Die Symptome: Lustlosigkeit, große innere Leere, Schwindelgefühle. Die Rückenprobleme und die Magenschmerzen. Die Schlaflosigkeit. Genau so erging es mir die letzten Wochen. Ich lese auch etwas von den tiefer liegenden Ursachen einer Burnout-Depression, ich meine Ursachen jenseits von Stress und Zu-viel-um-die-Ohren: schwierige Lebensumstände, Allein-gelassen-werden, Vater-Mutter-Problematik, Liebesentzug, Einsamkeit, mangelnde Anerkennung von beruflicher Leistung. Oh ja, das alles kenne ich von ganz früher. Herzlich willkommen in meiner Welt! Und ich lese etwas von möglichen Therapieansätzen, lese von Psychotherapie, dem Einsatz von Antidepressiva; viel Erholung sei nötig, gesunde Ernährung, Meditation. Ich nehme erst mal einen tiefen Schluck aus der Mineralwasserflasche. Bloß keine Medikamente, sage ich mir! Ich habe in meinem Leben genug bunte Pillen geschluckt. Ich brauche nicht auch noch die grünen. Von der Wand über dem PC lächeln mich meine Kinder an: Giuliano und Emily. Und da ist Uta, meine wundervolle, liebe Freundin. Oh Mann, ich muss gesund werden! Für sie alle und für mich selbst möchte ich gesund werden.

Ich klicke auf »Ausschalten, Herunterfahren« und lege mich wieder auf meine Couch. Ruhe. Ich verschränke meine Arme hinter dem Kopf und schließe die Augen. Tief einatmen und wieder ausatmen! *Erstens:* Ich habe IHN getroffen. Ganz sicher. Es war keine Illusion. *Zweitens:* ER hat das hier zugelassen. ER war es. *Drittens:* Ich muss und soll also zu mir finden.

Zu mir finden?

Wer bin ich denn? Wer bin ich denn? Wer bin ich denn? Mein Gott, ich weiß es ja gar nicht! Habe ich das schon jemals gewusst? Ich glaubte es vor einiger Zeit einmal zu wissen.
Ich schaue mir meine zittrigen Hände an. Was ist nur mit mir los? Das habe ich noch nie gemacht. *Meine Hände!* Gibt's nicht zweimal auf der Welt. Aber wer bin ich denn? Oh, mein Gott, ich weiß gar nicht, wer ich wirklich bin!

*

Ein neuer Tag. Ich habe richtig mies geschlafen. Ich starre hinaus aus dem Schlafzimmerfenster. Es ist schon hell, früher Morgen; die Sonne geht gerade auf. Wie viel Uhr mag es sein? Sieben, acht oder neun Uhr? Mühsam finde ich mich in die Zeit. Mühsam – denn ich bewege mich gerade in einer anderen Art von Zeit. Bei mir steht alles. Die Zeiger sind wie festgefroren. Rund um mich geht die Welt weiter. Die Uhr läuft. Aber ich liege völlig kraftlos da, ticke nicht mehr im gleichen Rhythmus wie die Außenwelt. Außerhalb meiner Wohnung geht alles gelassen seinen gewohnten Gang. Gelassen ist das falsche Wort – es geht *kalt* seinen Gang. Gehöre ich da eigentlich noch dazu; bin ich noch ein Rad in der Mechanik der Abläufe? Zeit heißt: dann und dann bist du da. Warum weiß ich nicht mehr, wo ich dann und dann sein werde? Warum nur habe ich keine Bilder und Ziele mehr vor meinem geistigen Auge?
Ich lebe nach dem Neuanfang meines Lebens, vor zwei Jahren, in der Woche allein und sehr ruhig auf dem Land. Ich raffe mich auf, spazieren zu gehen. Gleich hinter meiner hellen Erdgeschosswohnung bin ich in der Natur. Ein Katzensprung, und es eröffnen sich mir wundervolle Wälder, Feldfluren und Wiesen. Natur hat mir schon immer gutgetan. Die Farben, die Stille, die Schönheit, in der Bäche, Bäume und Gräser einfach da sind, reinigten mich. Auch

jetzt tut mir das gut. Das zwanghafte Ein- und Ausatmen, mit dem ich mich in meiner Wohnungsgruft zu beruhigen versuchte, bekommt einen Sinn. Frische, würzige, kühle Luft weitet meine Lungen, erfrischt mich. Ich blicke in die Ferne und sehe das saftige Grün und Gelb der Felder auf mich zukommen und werde plötzlich ganz ruhig. Ich sehe schwarze und braune Pferde auf der Koppel weiden. Was für herrliche, grazile Geschöpfe! Ich liebe eigentlich alle Tiere, denke ich. Ich ziehe mir meine Schuhe aus, nehme sie in meine Hand. Ich will die Erde spüren unter meinen Sohlen. Unter der Tauschicht hat sie noch Wärme gespeichert, das fühlt sich schön an. Einatmen! Ganz tief einatmen! Ich ziehe langsam mein Hemd aus und lasse mir die Sonne auf meinen Oberkörper scheinen.

Am liebsten würde ich jetzt komplett nackt durch den Wald laufen. Aber ich will ja nicht, dass sie gleich mit der weißen Jacke kommen. Langes Ausatmen. Es tut richtig gut, die Sonne auf meinem Körper zu spüren. Ich schließe beim Gehen die Augen. Ein leichter Wind weht. Meine Gedanken kehren zu mir und meiner augenblicklichen Lage zurück. Gestern Abend hat Uta noch angerufen. »Schreib es auf!«, hatte mir meine kluge Freundin geraten. »Was?« – »Dein ganzes Leben! Von Anfang an! Schreib dir den ganzen Quatsch und Wahnsinn von der Seele! Und wenn du das Konvolut hinterher verbrennst!« – »Du willst das lesen?«, hatte ich sie gefragt. »Ich muss das nicht lesen, obwohl es mich natürlich brennend interessiert. Wenn es dich beim Schreiben blockiert, dann lass mich draußen. Wenn es dich beflügelt, zeige es mir.« – »Den ganzen Mist soll ich aufschreiben?« – »Ja.« – »Aber ich kann doch gar nicht schreiben.« – »Doch, doch, du kannst wundervoll schreiben. Ich habe alle deine Mails und Briefe aufgehoben. Außerdem ist es auch vollkommen egal. Es geht ja nicht um den Literaturnobelpreis. Es geht um dich. Hauptsache, du schaust dich einmal an in einer ruhigen, meditativen Arbeit an.« Hmm. Sie hat vielleicht recht. Aufschreiben. Anschauen.

Meinen derart schrägen und undurchsichtigen Weg des Lebens verstehen lernen. Ich glaube, ich werde das machen. Das ist jetzt meine Art der Therapie. Ich öffne meine Augen, sehe den Feldweg wieder vor mir und beginne auch in meinem Geist etwas klarer zu werden. Die Welt hinter dem dunklen Schleier, sie ist wunderschön – ich erinnere mich vage, ich möchte so gern wieder richtig an ihr teilhaben.

Von heute an beginnt also die Reise, zurück in meine Vergangenheit! Ich werde mich ab heute in die Einsamkeit begeben und mit meiner Vergangenheit ringen.

Ja, ich werde mich ihr stellen, auch wenn dabei vielleicht viele schmerzhafte und erschreckende Erinnerungen auftauchen. Aufrichtig. Schonungslos. Ehrlich.

Ja. Ich bin jetzt dazu bereit.

Die Reise kann beginnen.

Wer bin ich wirklich?

4. Kleine Lügen

Rückblende – Eichsfeld, 1981

Womit soll ich meine Reise beginnen? Dass ich geboren bin? Dass ich Eltern habe? Jeder Mensch hat das. Ich habe Freunde, denen leuchten die Augen, wenn sie von ihrer Kindheit erzählen. Ich beginne dann gleich zu differenzieren: Schon okay, aber ... Ich kriege keine leuchtenden Augen, wenn ich von den Jahren in meinem Elternhaus erzählen soll. Da ist leider kein wirklich warmes Gefühl in meiner Herzgegend. Ich kann mich nicht einfach fallen lassen in irgendeine Erinnerung von echter Geborgenheit. Kindheit, was ist Kindheit? Kindheit ist das, woran du dich am schnellsten erinnerst.

Los, erinnere dich!

Ich höre eine Stimme, die Stimme meiner Mutter: »Halt die Schnauze!« Ihre Stimme überschlägt sich fast. Ich höre Türen knallen, höre ein: »Verschwinde endlich!« Schritte. Gepolter. Klirr. Broch. Etwas fliegt an die Wand. Teller? Vasen? Immer ist es die verzweifelte Stimme meiner Mutter, an die ich mich erinnere. Merkwürdig – ich höre nicht, was die Männerstimme antwortet. »Mach dich raus hier!«, ruft sie. Das Geschrei wird immer lauter. »Du Schwein! ... Verschwinde!« Worte, dachte ich früher, verdunsten, kaum dass sie den Mund verlassen haben. Stimmt nicht. Meine Mutter schreit noch immer in mir. Jetzt bin ich wieder das Kind, das sich die Ohren zuhält. Oh nein, oh nein! Aufhören, bitte aufhören! Ich wippe vor und zurück. Meine kleinen Hände zittern. Ich presse sie immer fester gegen meine Ohren. Broch. Klirr. Wieder höre ich Glas zersplittern. Irgendwas macht Bumm. Bumm. »Rauuusss hier, verschwinde, du Schwein, lass mich in Ruhe!« Mama schreit immer lauter. Dann ändert sich die Tonlage. Ich höre ihr Weinen. Warum muss meine Mami weinen? So haltlos weinen. Sie ist doch groß. Wie mich das quält, ihr Weinen! Ich will sie nicht leiden und weinen hören. Meine Mami. Nein. Das soll aufhören.

Noch heute höre ich manchmal ihr Weinen. Noch heute macht es mich frösteln.

Wo bin ich überhaupt? Ich sitze in meiner dunklen Höhle in meinem kleinen Kinderzimmer. Sie besteht aus zwei Stühlen und einer großen, grünen, dunklen Decke, die ich darübergebreitet habe. Es gibt eine kleine Taschenlampe. Ich halte das nicht aus. Ich verstecke mich immer vor diesem lauten Theater. Mami. Papi? Was ist hier los? Ich habe solche Angst. Wippe immer schneller auf meinen kleinen Knien, vor und zurück.

*

Es ist das Jahr 1981. Ich bin gerade sieben Jahre alt geworden. Ich lebe mit Mami und ihrem neuen Mann in einer kleinen Wohnung zusammen. Meine Eltern sind nämlich seit vier Jahren geschieden. Ich weiß nicht wirklich, was das bedeutet. Mein Papi ist weg. Mama hat mir gesagt, dass er jetzt mit einer anderen Frau zusammen ist. Das verstehe ich nicht. Liebt mein Papi mich nicht mehr? Warum ist er denn weggegangen? Sie waren gerade 20 und 21 Jahre alt, als sie sich wieder voneinander trennen. Dabei war es einmal die ganz große Liebe, hat mir Mama gesagt. Ein junger Italiener, hübsch, charmant, voller Energie. Jetzt betreibt er eine Pizzeria in der Stadt. Meine Mama hat wieder neu geheiratet. Einen Mann, den ich statt meines eigenen Vaters »Papi« nennen soll. Ich bekomme kurze Zeit danach eine kleine Halbschwester, sie heißt Nadine – hat strohblonde Haare und sieht aus wie ein kleiner Engel. Doch es ist keine richtige Familie. Nein, es ist nicht schön. Wir erleben immer öfter solche schrecklichen Stunden, wie ich sie zu Eingang des Kapitels aus meiner Erinnerung hochholte. Es gibt ständig Streit. Körperliche Gewalt liegt in der Luft. Kaskaden von Hass entladen sich über uns. Wir Kinder verstehen nicht, was da passiert. Ich habe große Angst vor dem neuen Mann meiner Mami. Wer ist das überhaupt? Warum schreit er sie immer so viel an? Er soll das lassen. Er soll sie in Ruhe lassen! Immer öfter stelle ich mich mit geballten kleinen Fäustchen zwischen die beiden, um meine Mami zu beschützen. Ich möchte so gerne zu meinem richtigen Papi. Er fehlt mir so sehr. Ich ertrage die Wirklichkeit meines Lebens zu Hause nur äußerst schwer.

*

Ich entdecke Bücher. Bücher sind eine Welt. Du machst eine Tür auf und bist woanders. Auf einem Schiff. Einer einsamen Insel. In den Rocky Mountains. Bist der mutige Sohn von Lederstrumpf oder der beste Freund von Winnetou. Einer von den TKKG. Bist Tarzan, der Anführer der Gang. Einer von den drei Musketieren. Ich beginne mich in meine Bücher zu vergraben, beginne mit süchtiger Energie zu lesen. Ich verschlinge alles, was mir zwischen die Finger kommt, und mache mich dadurch für eine kleine Weile aus dem Staub. Ich lasse das Horrorszenario unserer kleinen Altbauwohnung hinter mir. Dafür ziehe ich mich immer öfter in mein Zimmer und meine Höhle zurück.
Dort sieht mich niemand, wenn ich aus der Welt aussteige. Ich lese, das Buch auf meinen Knien, die kleine Stablampe

in der Hand. Dazu trinke ich warme Milch und knabbere meine Lieblingskekse. Manchmal sitze ich fast den ganzen Tag da drin. Hier ist Frieden. Am liebsten möchte ich für immer in meinem Versteck bleiben. Ich mag keinen Streit. Ich will nur meine Ruhe haben. Die Bücher schenken mir dabei die Möglichkeit, meinen traurigen Alltag zu verdrängen. In der Schule bin ich, trotz aller Probleme zu Hause, sehr gut. Aber irgendwie interessiert es scheinbar niemanden richtig, welche Noten ich habe, ob ich etwas verstehe oder nicht. Ich kann zumeist mit niemandem richtig über meine Gedanken und Sorgen in der Schule reden. Warum nicht?

Ich bin vor allem sehr viel allein. Meine kleine Schwester Nadine ist noch sehr oft bei der Oma. Meine Mama hat es nämlich ganz schwer. Sie muss viel arbeiten, um Nadine und mich durchzubringen. Ihre Ausbildung zur Krankenschwester hatte sie vor meiner Geburt abgebrochen. Bis zu der Trennung hatte sie dann in dem kleinen Lokal meines Vaters gearbeitet. Sie ist eine sehr starke, wenn auch tief unglückliche Frau. Ich spüre das. Sie leidet unter der Trennung von meinem Vater, wie ich darunter leide. Sie ist wütend auf ihn. Ich höre von ihr, dass er jetzt eine andere Frau liebt. Das verletzt sie sehr. Die Tränen und die Wut meiner Mutter – ich möchte sie nicht hören und sehen. Ich weine dann auch immer viel. Er ist doch mein Vater. Sie ist meine Mutter. Warum sind sie nicht bei mir? Sie sollen sich nicht streiten. Zu wem soll ich nur halten? Wohin soll ich gehen? Warum sind wir nicht zusammen? Ich verstehe das alles nicht.

In dieser Zeit beginne ich zu lügen. Ich stelle mir vor: Wenn ich Mama irgendwas Schönes von Papa erzähle und wenn ich Papa was Schönes von Mama sage, vielleicht gehen ihnen die Augen auf, sie haben sich dann wieder lieb, und alles ist wie früher. Ich möchte es ihnen recht machen, möchte es nur allen recht machen. Erst entstehen daraus kleine »Notlügen«, dann folgen immer mehr Unwahrheiten. Ich mag beispielsweise einfach keinen Streit. Ich möchte eben unbedingt meine Ruhe haben. Also lüge ich.

Ich möchte einfach nur, dass man mich in Ruhe lässt.

Ich biege die Welt so zurecht, dass alles einigermaßen friedlich, OK und harmonisch ist und bloß keiner mehr doofe Fragen stellt. Kommt was raus, war es ein Missverständnis oder es waren die blöden anderen. Bald kommt keiner mehr richtig an mich und meine Gedanken heran. Ich gehe immer öfter in die Höhle in meinem Zimmer, um dort meine Bücher mit der kleinen gelben Taschenlampe zu lesen. Dort bin ich immer am sichersten. Dort ist meine Welt in Ordnung. Meine Welt. Da ist Harmonie. Ich höre in meinem kleinen Versteck auch viel Musik über mein kleines rotes Kofferradio und versuche dann die Texte auswendig zu lernen. Die Hitparade, rauf und runter. Dabei kann ich gar kein Englisch verstehen.

*

Es gibt aus dieser Zeit nur wenig wirklich richtig glückliche Momente in meinem Leben zu berichten. Aber es gibt sie doch; ich nenne sie die italienischen Momente. In ihnen ist alles enthalten, was eine gute Kitschpostkarte ausmacht: blauer Himmel, ein rauschendes Meer, idyllische Häuser in einer kleinen Stadt, Blumen, Parlando, Vino, Olio, Aglio und wunderbare, warme Menschen. Es ist Sommer, und ich darf über die Alpen, den halben Stiefel runter bis hinter Neapel. Juchhu, ich darf zu meinen lieben Großeltern. Glücklich bin ich auch, wenn ich bei meiner Oma mütterlicherseits sein darf. Sie schenkt mir ein echtes, friedliches und liebevolles Zuhause. Bei ihr ist die Welt noch in Ordnung. Oma Marga – ich liebe dich!

Sie ist groß, trägt eine goldene Brille und hat lustige kleine Löckchen auf dem Kopf. Sie ist in zweiter Ehe verheiratet. Meine Mutter wurde damals von ihrem neuen Mann, Opa Karl, adoptiert. Meinen richtigen Opa kenne ich somit gar nicht. Sie kocht jeden Tag das Essen für die ganze Familie: Kohlpudding, Gulasch mit Erbsen und Möhren, leckere Eintöpfe, Nudeln, Pfannkuchen mit Apfelmus. Da schmeckt es immer so lecker. Es duftet im ganzen Haus nach Essen und nach Liebe. Bleibt etwas übrig, stellt sie es immer auf die frisch gebohnerte Dachbodentreppe. Wenn sie nicht schaut, bin ich mit dem Finger drin. Naschen aus Omas Töpfen – das ist ein Spaß für mich! Oma Marga holt mich auch oft von der Schule ab. Es ist immer so schön friedlich bei ihr. Ich bin einfach gern dort. Bei Oma ist es ganz anders als bei uns zu Hause. Ich kann im Sommer im weitläufigen Garten spielen, darf in den mächtigen Kirsch- und Apfelbäumen klettern oder auch im großen Schuppen werkeln, hämmern und schrauben. Da erlebe ich große Abenteuer, wie meine Helden aus den Büchern. Den halben Tag spiele ich Fußball.
Das mit den Dribblings habe ich nicht von Alessandro del Piero, sondern von den Obstbäumen, die ich mit der Pille am Fuß umkurven muss. Oma Marga macht mit mir auch oft meine Hausaufgaben.

*

Papi sehe ich nur alle zwei bis drei Wochen, für ein paar Stunden. Seine neue Frau ist auch immer dabei. Meine Mama kann das nicht haben. Sie ist immer noch böse auf Papa. Ich will aber zu ihm. Er ist so ein toller Typ. Wenn ich groß bin, will ich auch einmal so werden wie er. In seiner Pizzeria ist der Teufel los. Papa schmeißt den ganzen Laden. Die Leute lachen, wenn sie ihn sehen. Er nimmt Männer und Frauen in den Arm. Er hat ein klasse Auto.

Wenn ich bei ihm sein darf, bin ich immer so glücklich. Wenn ich bei ihm bin und die Pizzeria ist geschlossen, gucken wir meistens Fernsehen zusammen. Oder wir spielen zusammen Fußball im Garten. Da gibt es keinen Streit. Da bin ich froh. Er liebt mich. Das spüre ich. Auch wenn er mich fast nie sehen kann. Er sagt mir, dass er sehr viel arbeiten muss und deshalb einfach zu wenig Zeit für mich hat. Das verstehe ich natürlich. Ich bin ja froh, wenn ich ihn überhaupt sehen kann. Immer wenn ich nach Hause zurückgebracht werde, sträubt sich alles in mir. Nein, ich will nicht zurück. Bitte nicht! Ich würde am liebsten zu meinem Papi ziehen. Aber das geht leider nicht. Er muss halt arbeiten. Ich fühle mich so alleingelassen, so entsetzlich zerrissen zwischen einem Mann und einer Frau, von denen ich gerne hätte, dass sie Mama und Papa sind, *meine* Mama, *mein* Papa – zu *einer* Zeit, in *einem* Haus, mit *einer* Liebe. Ich meine, sie müssten doch *mir* gehören, mindestens so, wie mir meine Carrerabahn gehört. Meine Playmobil-Schiffe. Ich möchte so gern, dass Mama und Papa wieder zusammen sind. Die sollen endlich wieder zusammen wohnen! Ich sage es dem Papi, sage ihm, dass er viel besser ist als der neue Mann von Mami. Der andere schreit meine Mami, nein, *unsere* Mami, nur an. Ich will ihn nicht. Er ist ein Eindringling. Er klaut uns doch unsere Mami. Er hat nichts bei uns verloren. Ich will nicht da hin, wo er ist, will nicht wieder nach Hause. Aber ich habe ja kein richtiges Zuhause, nur meine Höhle. Immer öfter sitze ich jetzt dort, weine und schluchze heimlich vor mich hin, alleine, stundenlang.

5. Allein zu Hause

Eichsfeld, Sommer 2008

Ich muss schlucken. Das gibt's doch nicht. Wie gut die Erinnerungen noch da sind. Ich sehe die kleine Höhle von damals gerade noch einmal sehr deutlich vor meinem geistigen Auge. Wie viele Stunden habe ich in ihr verbracht! Es war keine gute Zeit. Viele Jahre später erst habe ich erfahren, dass mein Stiefvater damals schon schwer heroinabhängig und alkoholkrank war. Er lebt noch, jedoch ist er heute ein gesundheitliches Wrack. Ich kann mir gar nicht vorstellen, wie er jetzt aussieht. Als ich zuletzt von ihm hörte, war die Rede von einer prekären Existenz in einer Einzimmerwohnung am Rand einer norddeutschen Großstadt. Ich hege heute jedoch keinen Groll mehr gegen ihn. Er war krank. Nein, ich bin ihm nicht mehr böse. Das war einmal anders. Sehr anders. Ich schaue aus dem Fenster. Es ist ein schöner Tag draußen. Es ist Dienstag. Ich bin wieder alleine zu Hause. Uta ist weg. Meine Freundin lebt in Marburg und studiert dort Mathematik und Theologie auf Lehramt. Derzeit bereitet sie sich auf ihre Klausuren vor. Kluges Mädchen, die Uta! Wir sehen uns jedes Wochenende und in den Semesterferien. Ich zähle die Stunden, bis ihr liebes Lachen wieder im Türrahmen steht und wir uns in den Armen liegen.

Der Arztbesuch liegt nun bereits vier Wochen zurück. Ich habe Zeit – viel Zeit. Einsamkeit. Stille. Ein Zeitlupen-

mann, der alles auf Replay gestellt hat. Nach wie vor bin ich auf unbestimmte Zeit krankgeschrieben. »Tun Sie mal *gar nichts!*« Oh Mann, gar nichts tun ist noch schwerer, als einfach mal nichts tun. Rund um die Uhr, oft bis in die Nacht hinein, checke ich mein altes Leben, lasse mich von den aufsteigenden Bildern überfluten, höre in dieses vergangene Leben, das sich nur scheinbar in Luft aufgelöst hat, hinein, in seine Geräusche, in die sich überschneidenden Stimmen. In der Stille gellen mir die Ohren. Oh ja, ich kann dieses zusammengekauerte Kinderleben fühlen. Es hat sich in meine DNA eingebrannt. Ich kann es auch riechen; es riecht nach dem Muff einer alten grünen Decke, nach Schimmel und Einsamkeit, verbranntem Oregano und dem kalten Zigarettenrauch, der im Schankraum meines Vaters stand, wenn alle gegangen waren.
Was kann ich mitnehmen aus meiner Kindheit in mein neues Leben. Den Trost der Bücher? Aber nicht ihre Weltverdrängung. Den Geruch von Kohlrouladen? Aber nicht die Angst, die gleichzeitig im Raum stand. Ich stelle mein gesamtes Leben gerade ganz neu auf, das ist echte emotionale Schwerstarbeit. Abend für Abend sinke ich so erschöpft zu Bett, als hätte ich im Akkord Kohlen geschippt. Zwei Kinder spielen vor meinem Fenster Federball. Leider bin ich wenig draußen, kann mich nur noch sporadisch dazu aufraffen. Dabei ist es herrlich in der Natur. Das Klima ist unverschämt; es ignoriert meine Depressionen. Die Sonne scheint den ganzen Tag, und ich höre dazu die Vögel zwitschern.

*

Ich bin wieder vor meinem Computer und schaue auf die Zeilen, die ich gerade verfasst habe. Wie präzise die Erinnerungsmaschine funktioniert, wenn man sie nur arbeiten lässt! Unfassbar. Es ist schön und beklemmend zugleich, sich Stück für Stück an die bitteren, weggehauenen Jahre heranzumachen. Noch vor zwei Monaten hätte ich mich nicht für Geld und gute Worte an meine eigene Vergangenheit herangetraut. Oma Marga hatte eine Schwäche für Volksmusik. Mir stieß dabei der Kohlpudding auf. Besonders wenn irgendeine Schnulze das »... Oh vergiss, oh vergiss, was doch nicht zu ändern ist! ...« anstimmte – und gleich darauf das »Schütt die Sorgen in ein Gläschen Wein!« erklang. Den Kitsch und die kleinen Freiheiten, den Muff und die Momente von Wärme, die Barrikaden der Seele, die ich aufrichtete, um zu überleben, und die Ritzen, durch die Spektren von Licht in meine kindliche Existenz hereinfielen – das alles kommt mir nun wie eine Komposition vor, die ich zum ersten Mal höre.

Wieso hörst du das zum ersten Mal, frage ich mich, es ist doch die Melodie deines Lebens?

Hab Mut, sagt mir gerade eine innere Stimme, *geh zu den Anfängen deines Lebens! Dir passiert nichts! Es ist vorbei; es hat keine Macht mehr über dich! Schau nur hin!*

Nervosität und Unruhe machen sich dennoch in mir breit. Mein Hals wird wieder trocken. Ich muss erst einmal etwas trinken gehen. Wo ist die Flasche? Ich schaue ins Wohnzimmer, wo der Fernseher an ist. In letzter Zeit lasse ich ihn manchmal durchgehend laufen. Dann ist eine Stimme da, auch wenn niemand da ist. Mensch, es ist ja Europameisterschaft! Früher habe ich kein Spiel verpasst! Nationalmannschaft – das war wie Weihnachten und Ostern zugleich. Meine Gäste und alle Kumpels waren da, und es war High Noon in der Bude. Ich lasse mich in den Sessel fallen und werde Zeuge, wie sich die Spanier den Titel gegen die deutsche Nationalmannschaft holen. Verdient haben sie es, muss ich mir sagen. Sie gewinnen mit 1:0; Fernando Torres ist der Siegtorschütze. Das Stadion ist ein einziges rot-gelbes Fahnenmeer. Ich sehe die spanischen Spieler und Fans ausgelassen jubeln. Mannomann: Viele Jahre warst du gar kein so schlechter Fußballer. Ich fasse mir an die Oberschenkel, lasse probeweise die Muskeln spielen. Bis in den Kader der Landesliga habe ich es als Mittelfeldspieler geschafft. Es waren wunderschöne Jahre mit dem Team. Ich habe noch heute viele Freunde und Bekannte aus der Zeit. Leider war da nach einiger Zeit auch etwas, was sie alle nicht wussten.

*

Ich schalte die Kiste ab. Muss raus in die Natur. Muss testen, ob ich noch ein Fußballer bin, ob meine Oberschenkel überhaupt noch funktionieren. Ich versuche einen Sprint. Oh Mann, tut das weh! ... *Hey,* sagt mir mein innerer Trainer, *du verdammtes Weichei! Bleib dran! Setze nach! Mach das, was du kannst. Geh an die Schmerzgrenze!*

Endlich laufe ich aus, wische mir dabei den Schweiß von der Stirn. Das Blut pocht mir in den Adern; an meinen Schläfen klopft der Puls. Ich japse nach Luft. Hammer. Das ist es. Herrlich – ich bin endlich wieder einmal an meine Grenze gegangen. Bald laufe ich entspannt durch die Wiesen. Nur das Unterhemd klebt an meinem schweißnassen Körper. Würzige Waldgerüche erobern meine Nase. Und dann steigt aus meiner Seele so etwas wie ein Gebet auf. Ich spreche zu Gott, ganz natürlich, gar nicht verordnet. Ich weiß, ER ist da. In mir bilden sich Worte: *»Heile mich!«* – oder so.

»Gib mir eine Chance. Was willst Du nur von mir? Egal was: ich werde Dich nicht enttäuschen. Ich bin doch Dein Mann!«.

*

Mann, hab ich nun einen Hunger! Jetzt ein ordentlicher Happen, das wäre es! Ein Hähnchenschnitzelchen oder so was, hmm! Gott sei Dank hat jemand Uta erfunden.

Ich mache den Kühlschrank auf – und der spendet Hähnchenbrust at its best. Oh, Uta, wie ich dich liebe! Zufrieden und erfüllt stehe ich in meiner schönen, kleinen grünen Küche und höre meine neue Lieblingsmusik: das Bruzeln des Hähnchens in der Pfanne. Überhaupt überfällt mich in letzter Zeit ab und an die Kochlust. Das hat sie früher bleiben lassen. Früher hatte ich keine Zeit für Essen. Immer hektisch, immer zwischen Tür und Angel, schob ich mir was rein. Irgendwas. Hauptsache, es löste irgendeinen wahrnehmbaren Kick im Gaumen aus und machte satt. Leben war zu kurz für Essen. Es sei denn, ich brauchte die gepflegte Gastronummer, um ein Mädel unauffällig in die Kiste zu komplimentieren. Über einem Teller Pasta und einem saftigen Rinderfilet kann man sich tiefer in die Augen blicken. Sonst war mir Essen relativ egal. Ich nehme mir, seitdem ich zu Hause bin, richtig Zeit dafür. Vor zwei Wochen habe ich endlich angefangen, meine Ernährung etwas umzustellen. Habe mir sogar frische Kräuter auf die Fensterbank gestellt, esse mehr Gemüse, frisches Obst und weniger Fleisch. Ich trinke vor allem viel Wasser. Neben dem herrlichen Hähnchen gibt es heute Reis mit frischem, buntem Gemüse. Es tut richtig gut, sich das selbst und frisch zubereitete Gericht auf den Teller zu füllen und dann ganz in Ruhe, vor allem achtsam, zu essen. Lecker.

*

Durch die Vermittlung meiner zukünftigen Schwiegermutter – sie ist Physiotherapeutin – habe ich eine sehr gute und nette Psychologin kennen gelernt, der ich voll vertraue. Seit drei Wochen gehe ich nun zu ihr und spreche das erste Mal nach meiner Beichte in meinem Leben mit einer neutralen Person über alles, was mich bewegt, und vor allem über das, was mir damals alles so weh getan hat. Ich kann dort angstfrei auspacken. Es gibt keine Tabus. Sie bewertet gar nichts. Sie hilft mir nur beim Anschauen: Sie lädt mich ein, noch tiefer in die Situationen der Vergangenheit hineinzugehen, sie noch präziser zu beschreiben. Der Realismus des Wirklichen ist kaum zu ertragen. Nackt kann die Wahrheit nur sein, wenn sie in Liebe angeschaut wird. Das bewirkt so viel Neues in mir. Nach den Gesprächen fühle ich mich immer so frei, geradezu erleichtert. Letztes Mal ging es mir so gut, dass ich mir eine CD in meine Anlage gelegt habe: Depeche Mode. Laut. Lauter. Heftig. Die Mieter über mir waren nicht da, und draußen konnte man das ruhig hören.

»Never let me down again! I hope, he never lets me down again!«

Hey, da war es ja wieder – das Kribbeln in meinen Beinen. Ich wippte erst ein bisschen mit, begann dann zu tanzen, ja zu springen. Wie ein Irrwisch hüpfte ich schließlich durch die Wohnung, umarmte die nächste Blumenvase, nahm den Besenstiel als Mikro. Ja, das war so befreiend. *Los, sing mit,* sagte was in mir. *Hört dich ja keiner!* Oh ja.

»I hope he never lets me down again! I'm taking a ride, with my best friend ... I hope, he never lets me down again!«

Dann: *»Strangelove. Strange Eyes and Strangelove.«* Kennt Ihr *Strangelove?* Hammersong! Ich tanzte fast eine Stunde lang durch meine Wohnung zu der Musik meiner Teenagerzeit. Glücklich, befreit, total verrückt!!! Dave Gahan für Arme. Hätte man nicht filmen dürfen. Egal. Ich keuchte und fühlte mein Herz wie wild klopfen danach. Oh Mann, ich lebe! Das ist es. Ich lebe noch. Außer den Büchern war es immer nur eins, was mich mein Leben lang begleitet und glücklich gemacht hat: Musik. Warum nur hatte ich eigentlich aufgehört, Musik zu hören?

*

Die Nachbarskinder auf der Straße werden gerade zum Mittagstisch gerufen. Ich denke wieder an meine eigenen beiden unehelichen Kinder. Sie leben leider nicht mehr bei mir. Uta, meine Freundin, und ich haben sie aber regelmäßig, mindestens jedes zweite Wochenende, bei uns. Giuliano ist zehn Jahre alt, ein aufgeweckter, ruhiger und sehr intelligenter Junge, der diesen Monat auf das Gymnasium kommt. Er hat tiefbraune Augen und ist ein guter Fußballer. Ganz der Papa, denke ich stolz. Emily ist sechs Jahre alt und kommt noch dieses Jahr in die Schule. Sie hat blonde Haare und blaue Augen. Ein richtig süßes Mädchen. Ihre Mama Heike tut ein Übriges, um das noch zu unterstreichen. Sie zieht sie immer in ihrer Lieblingsfarbe an. Immer rosa, immer peppig. Emily lebt mit ihrer Mutter Heike in der Nähe ihrer Großeltern auf einem Bauernhof; alle nur möglichen Tiere sind dort ihre Spielkameraden. Es ist für uns alle immer erstaunlich anzusehen, wie sehr die Pferde, Hunde, Katzen, Schweine, Kaninchen und Enten unser Kind »lieben«; wenn Emily kommt, lassen die Kreatürchen alles mit sich machen. Auch Giuliano hat ganz wunderbare Großeltern, die für ihn da sind. Trotz allem, wovon noch zu erzählen sein wird, haben Emily und Giuliano eine behütete Kindheit. Ja, es ist für die Kinder gesorgt. Gott sei Dank! Dennoch fehlen mir beide sehr. Warum, frage ich mich, sind sie dort und nicht bei mir? Wie ist es nur dazu gekommen? Warum musste ich ausgerechnet diesen Teil meiner eigenen Leidensgeschichte in ihnen wiederholen? Über meinem Schreibtisch hängt ein kleiner runder Spiegel. Ab und an blicke ich in ihn hinein. Gerade entdecke ich meine tiefe Erschöpfung darin, die Ringe unter meinen graugrünen Augen. Werde ich es schaffen, mit Uta eine Familie zu gründen?
»... I hope, he never lets me down again ...«

6. Sehnsucht nach Leben, Angst vorm Tod

Eichsfeld, 1983

»Ich lasse mich scheiden.« Meine Mutter steht weinend und zitternd vor mir und meiner kleinen blonden Schwester. Sie kommt mir selber ganz klein vor – verwirrt, aufgelöst, haltlos, wie eins von uns Kindern, die wir auch nicht wissen, wie Leben geht.
Den letzten Akt des entsetzlichen Dramas habe ich – nun neun Jahre alt, eine Nebenfigur im Spiel – sehr bewusst mitbekommen. Plötzlich standen Polizisten unten im Flur; einer polterte: »Das ist eine Hausdurchsuchung! Machen Sie keinen Ärger!« Hatte Mama die vielleicht gerufen? Nadine sollte das alles nicht mitbekommen. Schnell nahm ich mein Schwesterchen in den Arm und verkroch mich mit ihr in meiner Höhle. Sie war in meinen Armen wie ein kleines Vögelchen. Sie zitterte. Oh, ich weinte auch. Aber ich durfte doch nicht weinen; ich musste sie doch trösten. Ich war doch schon groß. Ich konnte sie doch schon beschützen! Sie wimmert nur leise; ihr zuckendes Schluchzen übertrug sich auf meinen ganzen Körper. Noch heute kommen mir die Tränen, wenn ich an diesen Augenblick denke – und an alles, was für Nadine in ihrer Zukunft noch kommen sollte.
Sie ist häufig noch das zitternde Vögelchen, um das ich mich versuche zu kümmern. Sie ist auf einem Heroin-

Ersatzstoff, wenigstens das. Ich habe jedoch Hoffnung für sie. Auch für sie kann alles gut werden. Dafür bete ich heute. Jede Nacht.
Mein Stiefvater war vollends abgestürzt. Die Polizisten hatten ihn bei der Hausdurchsuchung gleich mitgenommen. Jetzt steht Mami vor uns: »Ich lasse mich scheiden.« Wir nehmen sie einfach in den Arm. Was soll jetzt mit uns passieren? Wie soll es nur für uns weitergehen? Was für eine blöde, kalte und seltsame Welt! Meine Mama sagt uns, dass wir jetzt kämpfen müssen. Dass wir es zusammen schaffen werden. Hoffentlich, denke ich. Ich habe solche Angst. Hoffentlich schaffen wir es.
Irgendwie bin ich aber auch froh, dass er fort ist. Es gab fast immer nur Streit, Schläge und viele Tränen für uns in den vergangenen Jahren. Meine kleine Schwester Nadine weint natürlich viel um ihren Papa. Nun beginnt für sie das gleiche Spiel. Wo ist eigentlich mein Papi? Ich möchte so gerne zu ihm. Ich wünschte, er wäre öfter gekommen, mich zu beschützen. Doch ich hatte mich nie getraut, ihm etwas von den Vorkommnissen von zu Hause zu erzählen. Ich schämte mich zu sehr. Ich kann über diese Dinge auch nicht reden. Nein. Keine Schwäche mehr zeigen. Auf keinen Fall. Ich bin ja eh schon verloren. Meine Mama und Nadine auch. Das Leben ist so schrecklich. Wieder einmal den Wohnort wechseln! Es ist bereits mein vierter Umzug in den vierten Ort zu dieser Zeit. Wir ziehen vom Dorf zurück in die Stadt. Dabei verliere ich wieder meine ganzen Freunde aus der Schule. Aber ein wenig freue ich mich dennoch, denn jetzt kann ich öfter zu meinem Vater in sein Restaurant gehen. Durch seinen enormen Fleiß hat er mittlerweile bereits ein größeres Lokal. Sein Ansehen und Erfolg sind dabei stetig gewachsen. Alle kennen ihn jetzt hier. Er ist dazu auch immer topmodisch gekleidet und

überaus charmant zu allen Leuten. Er zwinkert. Er lacht. Er organisiert. Er ist höflich. Er arbeitet. Papi ist mein Vorbild. So möchte ich auch mal werden. Er kauft mir auch immer viele Sachen zum Spielen. Leider hat er nur sehr wenig Zeit für mich. Zweimal im Monat bin ich jetzt aber bei ihm. Dann darf ich in eines dieser schönen Autos steigen – ich, sein Sohn! Wie mich das stolz macht. Eines Tages werde ich einmal sein wie er.

*

In der Schule habe ich nach wie vor keine Probleme und bin ein guter Schüler, wenn ich auch oftmals allzu sehr auf Anerkennung durch meine Mitschüler bedacht bin. Ich gebe den Kasper und bringe meine Lehrer zur Verzweiflung mit meinen vielen Scherzen und Störungen im Unterricht. Der Stoff bereitet mir keine Mühe; ich muss fast nie lernen für den Unterricht. Meine Mutter ist nun noch öfter weg. Sie muss jetzt, nach der zweiten Scheidung – jetzt weiß auch ich, was das ist –, sogar putzen gehen in einem Kindergarten. Sie versucht alles, um uns Kinder und sich durchzubringen. Ich liebe sie sehr, weil sie so kämpft für uns. Auch ist sie so fleißig und arbeitet fast rund um die Uhr. Ich spiele seit drei Jahren Fußball im Verein der neuen Heimatstadt und bin talentiert. Wir sind in dieser Zeit sehr oft bei Oma Marga und Opa Karl, manchmal auch am Wochenende. Dort ist es immer schön für uns Kinder. Ich lese viel in meinen Büchern, spiele mit Oma Mikado und Malefiz, höre dabei Musik und schöne Märchenplatten. Ich will oft nicht nach Hause. Hier bin ich fast immer allein, weil Mama ja so viel arbeiten muss. Nadine ist noch viel zu klein, um mit mir richtig zu spielen. Wenn ich zu Hause bin, verziehe ich mich oft traurig in meine Höhle und lese, wie gehabt – stundenlang.

*

Eines Tages bricht auch in die Welt von unserer Oma Marga das Unheil ein. Opa Karl wird ins Krankenhaus eingeliefert, und ich höre von Oma, dass er schlimm krank ist. Wir Kinder denken uns jedoch noch nicht viel dabei. Eine Woche später – ich weiß noch den Tag: es war ein Freitag, und ich weiß noch, was es zu essen gab – kommt meine Mutter zur Tür hereingestürzt. Ich hatte gerade angefangen, mich über den Sauerkrauttopf herzumachen, da sehe ich, dass Mama geweint hat; ihre Augen sind rot. Ich ahne sofort: Es muss etwas Schreckliches geschehen sein. »Dario, Opa Karl ist tot«, sagt Mama tonlos. Es ist Freitag, ein grauer Tag. Der Regen prasselt an die Fensterscheibe. Ich verstehe nicht, was das heißt: tot. »In der Nacht ist er gestorben. Es war der Krebs«, erklärt mir Mama. Ich kann mir das gar nicht vorstellen. Mein Opa? Opa Karl war doch so lebendig. Opa Karl, der Direktor der Feilenfabrik. Letzte Woche habe ich ihn doch noch gesehen. Da hat er mich noch geknuddelt, mich lachend durch die große Wohnung verfolgt, als er aus der Fabrik kam. Mama versucht mir zu sagen, warum es so schnell ging: »Schau, Opa Karl mochte die Doktoren nicht. Aus Angst vor Krankenhäusern hatte er nie Ärzte aufgesucht, und nun hat er keine Chance mehr gehabt. Eins, zwei, drei war er tot.«
Immer noch halte ich den Sauerkrauttopf vor meiner Brust, wage nicht, mit dem Löffel darin zu rühren. Ich kann nicht weiteressen, muss plötzlich würgen. Diese Mittagsstunde würde meine Seele verändern. Aber das weiß ich noch nicht. Sie würde einen heftigen Knacks bekommen, eine fatale, grausame Wende ins Düstere. Das Vertrauen, sicher und geborgen in der Welt zu sein, würde nun endgültig schwinden. Etwas im Hintergrund Lauerndes, etwas Schreckliches würde sich in meine Fantasie einnisten. Der große, unerbittliche Jäger, er würde mich einholen; auch

ich würde sterben müssen. Sterben. Ein dunkler Schatten von unglaublicher Angst würde mich von nun an überallhin begleiten – die panische Angst vor dem Tod. Ich würde, von diesem Tag meiner Kindheit an, nie wieder einschlafen ohne diese grauenvolle Angst vor dem Sterben. In überfallartigen Attacken, wie in einem permanenten Grundgefühl würde ich wissen, dass ich sterblich bin. Langsam gehen mir die Augen vor dem Schrecklichen auf. Warum sitzt Mama nur da? Warum sagt sie nichts? Warum klärt sie die Geschichte nicht weiter auf? Ich sehe ihr Leid. Ich halte ihr Schweigen und Weinen nicht aus. Sie tut mir so leid. Vor Mama will ich aber nicht weinen, darum laufe ich mit einem Mal los, renne stundenlang ganz alleine durch die Stadt. Wo sind meine Schuhe? Ich habe vergessen, mir Schuhe anzuziehen. Egal. Mit wem kann ich reden? Es ist gerade niemand wirklich da für mich. Ich fühle mich so entsetzlich einsam und hilflos, mit meinen neun Jahren, in diesem Augenblick, an dem ich die ganze vernichtende Gewalt des Todes erfahre. Wieso sieht denn niemand, wie viel Angst ich im Moment habe? Ich möchte so gerne zu meinem Papi. Da ist Leben. Da ist alles gut. Warum geht das denn nicht? Ich bin heute der einsamste Junge auf der Welt. Mit neun Jahren habe ich plötzlich das Gefühl, ich trage einen großen Eisberg auf meinem Herzen. Die nächsten Tage gehe ich nicht zur Schule.
Ich sitze alleine in der Höhle in meinem Zimmer und weine lange.

*

Oma Marga ist nicht mehr dieselbe wie vor dem Tod von Opa Karl. Sie ist nun oft sehr traurig und wird lange nicht damit fertig, alleine zu sein. Ihre Kinder sind lange aus dem Haus. Ich versuche sie zu trösten – doch es will mir nicht richtig gelingen. Oma. Meine Oma. Ich möchte sie wieder glücklich sehen. Meine Mama auch. Alle sind wir so allein. Oma. Mama. Nadine. Ich. Papa. Jeder hat nur sein Leben, denke ich – ein Kind von neun Jahren.

*

Eines Morgens kommt meine Mutter nach einer durchfeierten Silvesternacht nach Hause. Selten habe ich sie so strahlen gesehen. Mama nimmt mich und tanzt mit mir durch den Raum.
»Stell dir vor, Dario, ich bin verliebt, und wir werden schon bald alle zu ihm und in sein Haus ziehen. Ihr werdet ihn kennen lernen. Er ist ganz nett, glaub mir! Er heißt Gustav. Mit ihm wird es uns endlich bessergehen.«
Ich weiß nicht mehr, was ich denken soll, bin völlig verzweifelt. Nicht schon wieder ein neuer Stiefvater! Bitte nicht. Es ist schön, meine Mama mal wieder glücklich zu sehen, aber ich möchte nicht schon wieder umziehen. Nein. Aber was kann man gegen eine verliebte Mama machen? Sie singt und springt in der Wohnung herum. Warum kann ich eigentlich nicht bei meinem Vater wohnen? Er muss doch auf mich nicht mehr aufpassen. Ich sage es ihm, sage meinem Vater, dass ich keine Lust auf Gustav habe, keine Lust auf Umziehen, keine Lust auf eine frisch verliebte Mama: »Kann ich nicht endlich zu dir kommen? Ich mache dir auch gar keine Arbeit!« Doch geht der Traum leider nicht in Erfüllung. Wieder sagt mir mein Vater, dass es unmöglich sei, zu ihm zu ziehen: »Ich habe zu viel Arbeit – ich kann einfach nicht alleine für ein Kind sorgen, figlio mio!« – »Ich bin kein Kind mehr! Ich bin schon groß!« – »Glaub mir, Junge, es geht nicht«, sagt Papa und schüttelt traurig den Kopf. »Versteh mich bitte!«
Natürlich verstehe ich das. Ich verstehe immer alles.
Also packen wir wieder einmal unsere Siebensachen: Mama, Nadine und ich. Wir ziehen raus aus der Stadt, in eines

der nächsten umliegenden Dörfer. Es ist jetzt also mein fünfter Umzug innerhalb von wenigen Jahren. Unser neues Haus ist eigentlich ganz schön. Ich bekomme sogar ein eigenes kleines Zimmer, Nadine auch. An Gustav kann man sich irgendwie gewöhnen; er ist auch recht nett zu uns. Ich habe das erste Mal das Gefühl, dass wir so etwas wie eine Familie sind. Ich bin zufrieden. Ein Schulwechsel ist angesagt. Ich bekomme eine Empfehlung für die Realschule. Der Lehrer sagt meiner Mutter: *»Also, von seiner Intelligenz her schafft er locker das Gymnasium. Leider, von seinem Benehmen her sicher nicht einmal die Sonderschule.«* Ich störe einfach zu viel, bin im realen Leben über- und in der Schule unterfordert. Ich suche zu oft nach verstärkter Aufmerksamkeit, sagen die Lehrer. Ja, ich möchte angesehen sein. Ich will, dass sie mich lieben, möchte bei allen beliebt sein.

Warum sieht mich denn niemand? Warum interessiert sich eigentlich keiner richtig für mich?

7. Unerbittliche Jahre, Nachklang

Eichsfeld, Sommer 2008

Wie einsam ich doch damals war. Ein Film der schrecklichen Erinnerungen rattert mir durch das Hirn: Diese panische Angst – jede Nacht vorm Einschlafen war sie wieder da, die Angst vor dem Tod. »Sind Sie sich sicher, dass Sie Angst vor dem *Tod* hatten? Nicht vor der nächsten Klassenarbeit oder dass Sie beispielsweise Ihrem Vater nicht gefallen könnten?«, fragt mich meine Psychologin, die sich das kaum vorstellen kann. »Angst vorm Tod – das ist nicht ganz gewöhnlich für ein neunjähriges Kind.« – »Es war aber genau so, hundertprozentig«, antworte ich ihr. »Wie äußerte sich das?« – »Ich lag im Bett, mein Herz raste wie ein ICE, mir lief der Schweiß ins Gesicht, ich zog die Decke an mich und suchte nach irgendeinem Mittel gegen den Tod.« – »Mittel gegen den Tod?« – »Ja, was ich dagegen tun kann, dass er mich nicht holt. Wie ich ihm ein Schnippchen schlagen könnte.« – »Würde er Sie mitnehmen?« – »Nein, er würde mich zerstören. Endgültig zerstören. Ich zermarterte mir den Kopf, wie ich dem Tod entkomme. Ich ertrug den Gedanken einfach nicht, eines Tages für immer fort zu sein. Ich drohte schon als kleiner Junge deshalb durchzudrehen. So lange, bis ich erschöpft oder mit einem Minimum an Trost endlich in den Schlaf sank.«

Schreckliche Erinnerungen. Mein Magen drückt. Dennoch fühle ich mich heute etwas besser. Seltsam. Ich habe den Tag sehr früh mit einem langen Gebet und einem guten Buch begonnen. Habe weiter und viel nachgedacht. Ich merke bereits, wie sich in mir vieles bewegt, vieles sich verändert. Die Konfrontation mit meiner Kindheit lässt nach und nach neues Licht hinein in die dunklen Regionen meiner Lebensgeschichte. Wo ich jetzt einmal genau hingeschaut habe, da habe ich etwas entdeckt; es hat keine Macht mehr über mich. Meine Gedanken wirken auf mich geordneter, klarer, und ich bin irgendwie viel ruhiger als sonst.

Am Nachmittag habe ich meinen Sohn von der Schule abgeholt. Wir spielen zusammen Fußball auf dem Bolzplatz im Dorf. Danach koche ich uns Spaghetti Bolognese, unser gemeinsames Lieblingsessen. Unser Verhältnis wird von Monat zu Monat besser. Ich habe schon immer eine gute Beziehung zu ihm gehabt, doch im Moment spüre ich, dass wir uns viel näher kommen. Das liegt wohl vor allem auch daran, dass ich endlich begonnen habe, ihm viel von mir und meiner eigenen Geschichte zu erzählen. Ich offenbare mich ihm immer mehr. Er will das wissen, kann es verkraften. Ja, er soll wissen, wer sein Vater eigentlich ist, warum ich so wurde, wie ich heute bin.

Auch heute wieder führen wir lange Gespräche. Mein kleiner Sohn ist zum Teil so verständig und einfühlsam, dass ich nicht weiß, woher das Kind diesen Horizont nimmt. Mir flößt das wirklich eine starke Ehrfurcht ein. Ja, Giuliano ist ein Kind – aber er ist deshalb kein Mensch, der erst im Werden begriffen wäre. Er ist jetzt schon *voll da,* mit einem Wert und einer Würde, über die ich nur staunen kann. Ich kann wirklich so viel von meinem eigenen Kind lernen. Darum ist es auch so wichtig, dass wir Erwachsene die Kinder nicht einfach wegschieben. Nein. Wir müssen sie aufwachsen sehen, sie ernst nehmen, sie lieben, auch damit wir unser eigenes Leben mit dem ihren vergleichen können. Wir sollen erkennen, was bei uns damals vielleicht nicht so schön war, nicht richtig gelaufen ist, uns dadurch besser kennen und verstehen lernen, um es bei ihnen dann besser zu machen.

Und was ich in den Gesprächen mit Giuliano lerne, das will ich im Umgang mit allen Menschen beherzigen: dass wir ihnen nicht immer nur die Maske unseres Daseins zeigen, sondern eben auch unser wahres, verletzliches und oftmals unbeholfenes eigenes Ich, mit allen Schwächen und Ängsten, Träumen und Wünschen! Ich darf es Giuliano ruhig zeigen, dass es ganz normal ist, einmal Angst zu haben, Fehler zu haben und auch Fehler zu machen. Ich sage ihm aber auch: Du bist dabei jedoch nie alleine und wirst es auch in Zukunft nie sein. Ich sage ihm das Wort, das ich so gerne gehört hätte als Kind: Ich werde immer bei dir sein! Ich werde immer hinter dir stehen! Von mir und vielen anderen Menschen bist du sehr geliebt! Ich sehe, wie gut es meinem kleinen Jungen tut, dass ich ihm das sage. Seine braunen Augen strahlen mich an:

»Dieses Gespräch werde ich nie vergessen, Papa!«

Es gibt diese Zeiten, die einem nicht in guter Erinnerung bleiben und die man einfach auf ewig hinter sich lassen muss. Das ist sie, meine tiefste Sehnsucht, dass ich meinen Kindern den bitteren Stoff erspare, aus dem meine Kindheit bestand: Einsamkeit und Verwirrung. Gott behüte Giuliano davor! Gott segne die Wege meiner lieben, kleinen Emily!

Es ist ein warmer Sommertag, ein Mittwoch. Die Ruhe und die Zeit zum Nachdenken tun mir sehr gut. Ich weiß gar nicht, wann ich letztes Mal zwei gesamte Wochen Urlaub am Stück gemacht habe. Ich glaube mich zu erinnern: Es

war noch nie der Fall! Ich habe in den letzten Jahren im *Ambiente* immer nur gearbeitet und versucht, aus mir und meinem Leben irgendetwas Bedeutendes zu machen. Zumindest dort, wo es um meinen Job ging, war ich viele Jahre lang der gnadenlose Perfektionist, war oftmals streng, ja unerbittlich zu mir selbst. Eigentlich war ich immer nur gestresst. Selbstausbeutung nennt es meine Psychotherapeutin. Jetzt, wo ich »ruhig gestellt« bin, brandet mein unglaubliches Leben in immer neuen Wellen an mich heran. Ich muss aufpassen, dass es mich nicht für immer wegspült. Oh ja, ich habe schon sehr, sehr viel erlebt auf meinem bisherigen Weg. Mir scheint, als ob ich geradezu doppelt gelebt hätte, so viel packte ich in die Zeit rein. Mehr! Immer noch mehr! – schrie es immer wieder in mir. Gierig ohne Ende – nach Erlebnissen und Erfahrungen, Freuden und Freunden. Ich muss nur mein Handy zur Hand nehmen. Es sind mehr als 450 Telefonnummern, nein: Menschen gespeichert. Wo habe ich die nur alle kennen gelernt? Ich könnte wahrscheinlich zu jeder einzelnen Adresse eine krasse, lustige oder auch ernste Story erzählen. Zwölf Jahre lang war ich die Spinne im Szenenetz meiner Heimatstadt, fühlte mich als Everybody's Darling (war es auch wirklich vielleicht ein bisschen), leitete zwei »Läden« als Geschäftsführer, hatte im *Ambiente* zwischenzeitlich ein Team von 17 Menschen, organisierte Events ohne Ende, machte in den Jahren mehrere hunderttausend Euro Umsatz ...
Hey Dario, kannste nicht mal? Machste nicht mal? Willste nicht mal? Ich konnte, machte, wollte. Zielstrebig versuchte ich, alles zu tun, »Namen« in meine Heimatstadt zu ziehen, auch solche, die man aus dem Fernsehen kennt. Heute würde ich sagen: Es waren meist nur hohle Promi-Party-Knalltüten. Gleich und gleich gesellt sich eben gern. Ich sonnte mich darin, ein scheinbares Riesenrad zu dre-

hen. Finanziell ist mir davon rein gar nichts geblieben. Nichts. Vater lockte mich zwar mit der Aussicht, ich könne das Eventlokal ja eines Tages übernehmen, aber ich habe darauf verzichtet. Es ging einfach nicht mehr. Nichts ging mehr. Nach meinem »Damaskuserlebnis« vor drei Jahren habe ich dann ein neues Leben begonnen, einen völlig anderen Weg eingeschlagen.

*

Man sagt mir jedoch an einigen Stellen nach, dass ich sehr viele Menschen berührt habe. Durch meine Arbeit, mit meinem Wesen, meinen Ideen und den vielen attraktiven Veranstaltungen. Ich kann das bis heute nicht wirklich nachvollziehen. Ich kenne mich ja selbst nicht. Ich bin immer nur von einem Event zum nächsten gehetzt, eigentlich immer nur auf der Suche nach Liebe und Anerkennung. Vor allem in den jungen Jahren. Ich versuchte mir wohl vor allem selbst zu beweisen, dass man mich gern haben kann, nein, ich wollte das allen beweisen. Meine Seele, von der ich bis vor drei Jahren nicht einmal wusste, dass ich sie habe, äußerte ihre Sehnsüchte damals ganz vertrackt. Meist war ich nur Körper. Ich wollte berühren, fühlen, Schmerz empfinden, Grenzen überschreiten, daher wohl meine damalige Sucht nach Anerkennung, nach Sex und körperlichen Grenzerfahrungen. Musik durfte nicht leise sein; sie musste bis zur Schmerzgrenze gehen, Alkohol laufen, bis der Arzt kommt. Jetzt, so viele Jahre später, habe ich die Quittung: Meine Seele und mein Körper bilden irgendwie keine funktionierende Einheit mehr. Die letzten sechsunddreißig Monate meiner radikalen Umkehr haben mich nun erst recht und völlig durcheinandergebracht.

Heute werde ich mich wieder zu meiner Psychologin aufmachen. Ich freue mich darauf. Die Gespräche dort bedeuten heilende Nähe für meine seelischen Wunden. Ich brauche diese Gespräche in der Distanz zu einer völlig neutralen Person, eine Atmosphäre des Wohlwollens und der völligen Offenheit. Dass ich derart unverstellt reden kann – vor ein paar Jahren hätte ich es mir nicht zugetraut. Ich führte viel zu lange ein großes Schauspiel auf – und ich fürchte: die anderen auch! Da ist sie wieder. Die große Frage: Warum reden wir Menschen nicht viel mehr und vor allem ehrlicher miteinander? Warum habe ich selbst das nicht viel mehr getan? Wovor hatte ich nur solche Angst? Ich weiß heute: Man kann über alles reden. Nicht nur über Sex; das kann ich schon länger. Nein. Auch über Gefühle. Sorgen. Auch über irrationale Ängste. Sogar über Religion. Man darf um Worte ringen. Man darf dabei die Fassung verlieren. Man darf sogar als Erwachsener heulen. Ja. Warum denn nicht? Ich bin froh. Ich tue es endlich. Ich rede. Ich weine. Ich schreibe es auf. Nie hätte ich gedacht, dass ich einmal die Hilfe einer Psychologin in Anspruch nehmen würde.

Wieso eigentlich nicht?

8. Buchungen im Paradies

Eichsfeld, 1987

Die Luft ist rein. Ich schaue mich noch einmal kurz um, ob wirklich niemand zu Hause ist. Nur Nadine weiß Bescheid. Und Franz natürlich. Franz ist mein bester Freund in der Realschule. Nadine hat mir ihr großes Ehrenwort gegeben, dass sie nicht petzt. Mit einem großen schwarzen Koffer in meiner Hand verlasse ich das Haus des Mannes, der jetzt der neue Mann meiner Mutter ist. Es ist ein warmer Sommertag. Ich halte es hier nicht mehr aus. Ich muss zu Vater ziehen. Ich bin jetzt dreizehn Jahre alt und habe mich entschieden zu gehen. Und zwar für immer! Mama hat ihren Gustav geheiratet. Oh ja, die Feier war schön; ich habe meine Mama selten so glücklich gesehen. Sie hat den ganzen Abend getanzt und gelacht. Für sie hat es mich richtig froh gemacht. Mama ist voller Hoffnung. Sie hat mit ihren 33 Jahren noch einmal eine Ausbildung zur Krankenschwester gemacht. Sie leistet wirklich sehr viel. Nur hat sie dadurch noch weniger Zeit für uns Kinder. Unser Haus ist schön. Aber glücklich bin ich nicht. Ich mag einfach nicht mehr bei Gustav sein. Er ist schon irgendwie nett, aber er ist eben doch nicht wie Vater. Gustav arbeitet in einer großen Firma hier in der Stadt, macht da irgendwas. Papa aber ist überall richtig bekannt und dazu noch richtig erfolgreich. Er hat sich gerade erst einen BMW 635 CSI gekauft. Schwarzmetallic. So ein rich-

tig tolles Super-Auto. Bloß weg von hier! Ich will meine Freiheit, meinen Vater und eines Tages auch einen BMW. Einen mit Niederquerschnittsreifen.
Mist, da kommt Mama!
Mit ihrem schwarzen Mazda 323 kommt sie um die Kurve in die Einfahrt gefahren. Der Staub in der Einfahrt wirbelt hoch. Sie sieht mich mit meinem Koffer, kapiert sofort, was Sache ist, springt aus dem Auto und schaut mich völlig entgeistert an:
»Dario, wo willst du denn bitte hin?«
Ich erwidere ihren Blick, schaue sie bestimmt, ja geradezu trotzig an: *»Ich ziehe zu meinem Vater! Ich bleibe hier nicht. Ist doch auch egal ... Du hast ja noch Nadine!«*
Das ist mal eine Ansage. Sie versucht mich zu fassen. Ich entziehe mich ihr. Sie bekommt mich am rechten Arm zu fassen, versucht mich zu rütteln: *»Dario, du bist 13 Jahre alt, das geht nicht so einfach! Du bleibst gefälligst hier!«*
Mama kann mich nicht halten; ich reiße mich mit Gewalt los, entkomme ihr. Sie schreit mir hinterher. Ich kann mir nicht die Ohren zuhalten, denn ich schleppe diesen Koffer mit mir, in dem alles ist, was ich habe. Mit dem baumelnden Monstrum, das ich abwechselnd in die linke und dann in die rechte Hand nehme, renne ich die Straße hinunter. Vom Laufen und von der Aufregung pulst mir das Blut im Kopf. Ich weiß: Mama weint. Ich kann aber einfach nicht anders. Ich kann nicht. Bitte versteh mich.
Ich muss hier weg.

*

Vater! Da ist Vater! Wie ich mich freue! Ich strahle ihn an, wische mir den Schweiß von der Stirn, wuchte ihm den Koffer vor die Füße und sage: *»Papa, da bin ich! Ich lebe ab sofort bei dir!«* Mein Vater ist erst einmal sprachlos. Eine herzliche Begrüßung sieht anders aus. Ich versuche

zu überbrücken, rede wie ein Wasserfall. Dass ich nicht bei Gustav sein kann. Dass ich schon fast erwachsen bin. Dass ich ihn wirklich ganz toll finde. Dass ich ihm auch gar keine Arbeit mache. Dass ich alles mache, was er will. Nur bei ihm bleiben möchte ich. Nur das eine. Vater sagt nur: *»Figlio mio. Lass mich mal telefonieren!«* Ich stehe dabei, ein paar Meter entfernt von meinem Vater. Er zündet sich eine Zigarette an und wählt hinter dem Tresen eine Nummer. Klar, es ist meine Mutter. Was das soll?
Ich höre nicht, was meine Mutter sagt, höre immer nur die Reaktion meines Vaters, der die Sache »molto rumoroso« angeht. Wie beim Pingpong wechseln Schuldzuweisungen die Seiten.
Irgendwann legt Papa entnervt den Hörer auf, zündet sich eine neue Zigarette an. Ich stehe immer noch da wie bestellt und nicht abgeholt. Nächste Nummer. Aus dem Zusammenhang kann ich erschließen, dass es sich um die neue Frau meines Vaters handelt. Wieder großes Geschrei. Ich soll natürlich von allen überzeugt werden, zurückzugehen zu meiner Mutter. Doch ich bin fest entschlossen, mich keinen Millimeter zu bewegen. Wie um es zu unterstreichen, setzte ich mich auf einen der Stühle in der Gaststätte – trotzig entschlossen, diese Festung niemals mehr preiszugeben. Verschränkte Arme. Lippen nach vorne geschoben. Dieser Mann ist mein Vater; ich liebe ihn und ich habe ein Recht, bei ihm zu sein. Basta.
Das Ergebnis der multilateralen Verhandlungen: Ich ziehe noch am selben Abend in drei Räume über der Gaststätte meines Vaters ein. Da steht so einiges leer, wird als Abstellraum für Stühle und sonstiges Gastrogerümpel genutzt. Vater bringt es wohl doch nicht übers Herz, mich wieder wegzuschicken. Geht auch nicht. Ich bin stur. Richtig stur. Also diese Lösung. Wow, das hat sich ja mal gelohnt! Mein

Dickkopf hat sich tatsächlich durchgesetzt. Ich bekomme eine eigene Wohnung! Mit 13 eine sturmfreie Bude!!! Ich rieche den süßen Geruch der Freiheit, der mich für einen Moment geradezu betäubt. Ab sofort bin ich also für mich selbst verantwortlich. Ich bin bei Vater und dazu auch noch völlig selbstständig. Hammer. Meine Mutter gibt in den nächsten Wochen das Sorgerecht an Vater ab, da sie von nun an gar keinen Einfluss mehr auf mich hat.
Von Nadine höre ich, wie viel Mama in diesen Tagen um mich weint. Es gibt mir einen tiefen Stich.

*

Von einem auf den anderen Tag bin ich nun mein eigener Herr. Vater betritt mein Zimmer fast nie. Ich möchte das auch gar nicht. Ich bin jetzt schließlich schon erwachsen! Ob und wann ich zur Schule gehe, ist mehr oder weniger meine Sache. Papa hat Vertrauen zu mir und macht nur Rabatz, wenn es Ärger von dritter Seite gibt. Ich gehe schon zur Schule, komme aber immer häufiger unpünktlich, da ich mich selbst wecken muss. Das darf Vater nur nicht mitkriegen. Mittagessen ist kein Problem; ich muss mich nur in der Küche unseres Restaurants melden, schon habe ich was auf dem Teller. Lasagne. Pizza. Pasta. Insalata. Klasse. Das Paradies. Meist schiebe ich es mir zwischen Tür und Angel hinein. Danach soll ich Vater im Lokal ein wenig helfen. Dafür bekomme ich dann auch immer etwas Taschengeld. Mach ich gerne! Und dann freue ich mich schon darauf, mich in meiner wilden Bude vergraben zu können. Ich richte es mir richtig schön ein in meinem neuen Reich. Ich streiche die Wände selbst, in abartigen Farben. Schwarz. Lila. Grau. Rot. Es muss ja knallen, wenn meine Freunde auf meine Bude kommen. Ich hänge mir irgendwelche Poster an die Wand und Bilder, die ich auf dem Dachboden gefunden habe. Passt zwar nicht zusam-

men, sieht aber geil aus. Und ich klebe natürlich meine Helden an die Wand: die Toten Hosen. Die sind richtig krass. Die lassen sich nichts sagen; sie genießen ihr Leben, sagen immer, was sie denken, scheißen auf die Gesellschaft, machen, was sie wollen. So wie ich. Ist doch alles nur Trash! Die haben es kapiert. Genießen und sonst einfach auf die gesamte Gesellschaft scheißen. Das ist cool!
Ich lerne alle ihre Texte auswendig:
»Wir haben gerade nichts zu tun, / so wie jeden Tag. / Schon morgens läuft die Glotze und der erste Schnaps ist dran. / Gegen Mittag sind wir dann so weit, / keiner kann mehr stehen. / LSD reißt unsere Augen auf, / wir können 1000 Farben seh'n. /…/ Irgendwo geh'n wir schon hin, / überall sind wir im Weg. / Gucken, was der Tag uns bringt, / was der Tag uns bringt.«
Ich habe ein neues Vorbild gefunden: Campino, der Frontmann der Toten Hosen!
Ja, so möchte ich auch mal sein: frei, wild, mutig und überall beliebt! Das ist also meine neue Familie. Campino und seine Freunde, meine Bücher, mein schwarzer Koffer. Außerdem stößt jetzt ein neuer Freund hinzu: der Alkohol. Der ist hier ganz leicht zu organisieren. Unten im Restaurant und im Gewölbekeller stehen ganze Batterien von Stoff herum. Grüne Sachen, blaue Sachen, braune Sachen. Von dem einen oder anderen Zeug kriegt man Kopfschmerzen. Aber das meiste zieht tierisch rein. Wow, jetzt kann auch ich die tausend Farben sehen.

*

»Und die Jahre ziehen ins Land, und wir trinken immer noch ohne Verstand, Korn, Bier, Schnaps und Wein, und wir hören unsere Leber schrei'n …!«
Geile Scheibe. Saufparty auf der Kirschplantage in meiner Heimatstadt. Ich brülle den Text meines Lieblingslieds von den Hosen laut mit. Bin wieder einmal total breit.

Habe zwei Kumpels im Arm. Franz und Marco. Wir haben einen geheimen Pakt: Bis zum bitteren Ende! Alkohol ist ja so geil! Die Pubertät schlägt nun voll zu. Bei allen in der Crew. Keine Sorgen. Keine Hemmungen. Viele Kumpels aus meiner Klasse und einige Mädels feiern mal wieder, bis der Arzt kommt. Dosenbier. Karlsquell Pils. Palettenweise. Dosenstechen. Loch unten rein und ab. Ex oder Arschloch. Also Ex. Jedes Wochenende feiern wir jetzt, immer woanders, immer heftig. Punkrock. »Anarchie!« und »Nazis raus!« habe ich mir auf meine Jacke genäht. Tote Hosen forever. Was für ein geiles Leben. Scheiß auf die Gesellschaft. Zerrissene Jeans. Schmuddelpulli mit langen Ärmeln. Zerzauste Haare. Wie Campino. Charmant und: völlig breit. *»Und die Jahre ziehen ins Land, und wir saufen immer noch ...!«* Anarchie! Wir wollen Anarchie! Ich will es brennen sehen! Alles soll brennen auf dieser Welt! Ich mache den Oberanarcho, den Superpunk, werfe kurzerhand alles Greifbare ins lodernde Lagerfeuer: Schlafsäcke, Becher, Dosen. Weg damit! Die Mädels kreischen. Brennen soll es! Alles! Paaaarty! Yeaaah! Anarchiiiie!

»Und die Jahre ziehen ins Land, und wir saufen immer noch ohne Verstand ...«

Ein Jahr ist jetzt vergangen, seit ich bei meiner Mutter weg bin. Das war wohl das Beste, was mir passieren konnte. Ich bin jetzt vierzehn. Vater kontrolliert mich nicht besonders streng. Er vertraut mir und hat auch keine Zeit, da er sehr viel mit seiner Arbeit beschäftigt ist. Er ist täglich von morgens bis abends im Restaurant und muss nun Geld verdienen. Geld. Scheiß auf Geld! Ich will leben! Scheiß auf die Gesellschaft! Ich will und werde Party machen.

*

Einmal im Jahr darf ich aussteigen und ein ganz anderer sein als der verlassene Junge, der sich so ungelenk nach

Leben sehnt, seine Schmerzen betäubt und sein Herz hart macht. Einmal im Jahr, im Sommer, darf ich nach Taurasi. Taurasi ist das Paradies. Es liegt nicht hinter den sieben Bergen. Taurasi gibt es wirklich; Taurasi liegt in Italien. Taurasi ist nichts Besonderes – nur ein kleines, unendlich liebenswertes, romantisches Bergdörfchen, 60 km von Neapel entfernt, sehr hoch über der in allen Blau- und Grüntönen glitzernden Amalfiküste gelegen. Weinberge, Orangenhaine, Pinienwälder, Haselnusssträucher säumen die sich hinaufwindende Straße zum Dorf. Taurasi ist ein einziger Traum. Ich liebe Taurasi über alles. Als kleines Kind schon durfte ich fast jedes Jahr allein zu meinen Großeltern fliegen. So auch heute. Mein Vater winkt mir mit der Zigarette noch einmal durch die Glasscheibe zu. Den Rest mache ich alleine. Früher hatte er mir einfach ein Schild um den Hals gehängt: »Nach Napoli!« Eine Stewardess achtete dann darauf, dass ich auch wirklich in Neapel ankam. Ich sauge den bestialischen Dieselgestank auf dem Flughafen in mich ein, als stünde ich auf einem südfranzösischen Lavendelfeld. Welche Wunder werden mich dieses Mal erwarten? Ich weiß: Es werden keine spektakulären Dinge sein, allenfalls Wunder der Gewöhnlichkeit. Aber für mich sind sie größer als alle Errungenschaften von Wissenschaft und Technik. Mein Onkel, der im selben Dorf wie meine Großeltern lebt, wird da sein und mich vom Flieger abholen.

Im Auto, das noch genauso unaufgeräumt ist wie im letzten Jahr, wird er die Fenster herunterkurbeln, damit uns der Fahrtwind ein wenig kühlt. Dann wird er sich wild gestikulierend und hupend durch den Stadtverkehr quälen, ein großes Palaver halten und mir bis ins Kleinste den neuesten Dorftratsch berichten. Von Nino und Maria – na, die mit der schiefen Nase! –, der schönen Carlita und dem alten Marcelino. Und dass Bruno ein noch größerer Furbacchione (= Schlitzohr) ist, als er sich immer dachte. Ich kenne sie alle nicht. Ist auch nicht wichtig, nur schön. Und dann werde ich sie endlich sehen: meine lieben Großeltern! Meine Großeltern sind ein typisches süditalienisches Ehepaar, in dem die Frau, meine Nonna Emmanuela, noch eine sehr klassische Rolle zu erfüllen hat: Sie bekam die Kinder, drei an der Zahl, und hatte ansonsten für das Haus zu sorgen. Das tut sie auch jetzt. Sie putzt und kocht den ganzen Tag. Meine liebe Nonna Emmanuela ist gerade mal 1,50 m groß, also eine sehr kleine Frau. Aber sie hat ungemeine Ausstrahlung, mit ihrer lustigen runden Brille und ihrem vulkanischen Temperament. Oh, Nonna Emmanuela hat Peperoni im Blut, rote Peperoni! Vom frühen Morgen bis in die späte Nacht wirbelt sie durch das dreistöckige Haus, man kommt ihr besser nicht ins Gehege! Morgens früh um acht Uhr, wenn ich aufstehe, rieche ich bereits irgendeinen herrlichen Duft. Hmm, was mag das dieses Mal sein? Raus aus den Federn! Auf leisen Sohlen schleiche ich in die Küche. Selbsteingekochte Tomaten aus dem eigenen Garten und das frische selbstgepflückte Basilikum köcheln bereits im Topf. Lecker! Au Backe, die Nonna hat mich beim Naschen erwischt! Es gibt was auf die Finger. Während ich mich aus einer großen Tasse am Kindermilchkaffee labe, rollt sie bereits, energiegeladen, mit einem Nudelholz den Pastateig für den Mittag aus. Das tut sie auf dem Balkon; und sie singt dabei fröhlich »Azzuro« von Adriano Celentano. Die Nachbarn sollen ja auch etwas davon haben! Vor den Nachbarn bleibt auch nicht verborgen, dass sie mit ihrem Mann eine durchaus »dynamische« Ehe führt. Mit anderen Worten: Es wird manchmal etwas laut. Wie aus heiterem Himmel bricht eine Schimpfkanonade über den guten Nonno Mario herein, der sich nichts hat zuschulden kommen lassen, außer dass er zu Mittag vielleicht ein Glas zu viel aus der funkelnden Karaffe zu sich genommen hat. Die Nonna ist ein kleines Kraftpaket, dazu noch sehr gläubig. Sie geht jeden Tag in die Kirche, um für ihren Mario und ihre Kinder zu beten, die nach Deutschland ausgezogen sind, um ihr Glück zu suchen. Mein Nonno Mario ist ein ewig lächelnder, blinzelnder und kauziger Italiener, mit schlohweißen Haaren und einer hoher Stirn. Was er im Moment eigentlich arbeitet, ist nicht exakt herauszubekommen. Er macht »Geschäfte«, heißt es. Den ganzen Tag ist er in seinem Revier unterwegs, redet mit dem Ersten, vereinbart sich mit dem Zweiten, verhandelt mit einem Dritten. Der kriegt das von dem. Klappt hundertprozentig! Dafür geht eine Ladung von irgendwas nach irgendwo. Na klar, noch übermorgen. Auf mich kannst du dich doch verlassen. Wer sind wir denn? Ich habe dieses süditalienische Networking nie vollständig begriffen. Das muss man auch gar nicht. Es funktioniert nämlich. Außerdem gibt es noch andere Einkünfte. Nachdem Nonno Mario fast 25 Jahre in Australien auf Montage arbeitete, hat er jetzt auch als Rentner noch drei Weinberge, von denen er den leckersten Rotwein für das Dorf produziert. Der ganze Keller im Haus ist voll davon. Natürlich braucht so ein Superwein auch Qualitätssicherung. Immer mal wieder den Tag über nimmt der Nonno ein Gläschen. Auch zwei. Oder drei. Nonna Emmanuela ist so gar nicht für Qualitätssicherung. Manches Mal schenkt er mir auch ein bis zwei kleine Gläschen ein. Wenn Nonna nicht schaut. Danach kann ich mich gleich hinlegen.

*

Abends geht er dann mit mir in die Bar und spielt Karten. Der Nonno lässt sich nicht lumpen; er kauft mir ein

Eis. An der Bar geht es lustig zu. Der Nonno flirtet immer wieder charmant mit den adretten jungen Damen, die an der Bar vorbeiflanieren. Mit halbem Auge schaut er auf die Nonna, die soll es nicht merken, wo sie gerade mit den Nachbarinnen Rezepte austauscht. Doch die Nonna sieht alles. Armer Nonno! Meine Großeltern streiten sich eigentlich den ganzen Tag, und immer lautstark! Das geht jetzt schon über 30 Jahre lang, aber sie denken nicht im Traum daran, sich zu trennen. So etwas tut man nicht in Italien zu dieser Zeit. Wahrscheinlich lieben sie sich auch ganz tief. Sie sind einfach toll, denke ich – ich finde die beiden herrlich. Mein Herz gehört ihnen. Es stört mich nur immer, dass ich kaum ein Wort verstehe. Ich spreche kein Italienisch. Ich verständige mich mit Händen und Füßen; das kennen die dort schon. Irgendwie verstehen sie mich. Oh, könnte ich doch für immer in Taurasi bleiben! Hier ist die Welt ganz anders als zu Hause. Sie fühlt sich so warm an. Es ist nicht so ordentlich und sauber, aber die Leute sind so liebevoll. Hier stehen immer alle Haustüren offen. Die Kinder rennen von einem Haus ins andere. Man hilft sich gegenseitig. Die alten Menschen werden gerne von den jungen unterstützt. Im ganzen Ort gibt es kein einziges Altenheim. Ich finde das schon als kleiner Junge sehr beeindruckend. Die Taurasini scheinen das Leben wirklich zu genießen. Es geht nicht so hektisch zu wie bei uns in Deutschland. Geld ist Mangelware. Aber was da ist, ist nicht mit Geld zu bezahlen: Die Menschen sitzen abends zusammen vor ihren Häusern, reden und philosophieren über den Tag und das Leben, teilen sich den Wein oder die Haselnüsse, gehen von Tür zu Tür. Niemand, denke ich, ist hier allein. Hier ist sie also zu finden. Die Zuwendung. Die Kommunikation. Die Wärme. In Taurasi habe ich gar keinen Bock zu trinken.

In Taurasi bin ich glücklich. Wie konnte Vater nur von hier wegziehen?

*

Wieder in Deutschland, wieder in meiner Bude – das ist ein Absturz in die Kälte. Vorbei die Sonne. Vorbei das Lachen und die Kommunikation. Vorbei die Wärme. Niemand ist scheinbar wirklich da, der sich für mich interessiert, mit dem ich reden könnte. Will ich das selbst überhaupt noch? Nein. Versteht mich doch eh keiner. Sind doch eh alle hohl. Abend für Abend hänge ich alleine vor der Glotze. Sonst habe ich nur meine Musik und meine Bücher. Manchmal mache ich einen auf 16 und schmuggle mich in die Disco. Sofort greifen die Rituale wieder. Party feiern. Saufen. Mädels. Von Freitag bis Sonntag. Mittwoch auch noch, manchmal Donnerstag. Warum nicht Donnerstag? Ist doch krass! Wie kommen wir auf das Tote- Hosen-Konzert? Haste die neue Ärzte-Scheibe schon? Zieh dir endlich mal »Slime« rein! Dimple Minds. Kennst du schon die »Abstürzenden Brieftauben«? Daily Terror. Das sind die Bands! Punkrock eben. Scheiß doch auf die heile Welt. Ich bin 14 Jahre alt.

*

Die Kumpels beneiden mich: Bei mir gibt es ohne Ende, wozu sie logistische Intelligenz aufwenden müssen: Zigaretten, Alkohol, gutes Essen, Musik ohne Dezibelbegrenzung, eine Bude ohne Kontrolle durch Erwachsene. Das ist total cool. Klar kann ich Freunde zu jeder Tages- und Nachtzeit in meiner Wohnung haben. Vater bekommt das auch gar nicht mit; er weiß nichts davon. Ich verstecke das alles vor ihm. Werde immer geschickter darin. Ich könnte eine Geldfälscherwerkstatt anlegen, Pornofilme drehen oder eine Armenküche einrichten – er würde es nicht merken. Natürlich ist auch Mädchenbesuch bis spät in der Nacht angesagt. Ich bin ja mein eigener Herr. Klar, dass ich mich immer mehr wie der King unter meinesgleichen fühle. Ich bin der verrückte Sohn eines erfolgreichen italienischen Gastwirts. Ich lade mir immer wieder Leute nach Hause ein. Nachts ist in meiner Bude der Teufel los. Für die größer werdende Schar meiner Freunde und Freundinnen sind meine vier Wände ein einziger verruchter Abenteuerspielplatz. Mindestens einmal am Wochenende. Sobald das Lokal unten schließt, kommen alle zu mir, hoch in die Bude. Party feiern. Sie bringen den Alkohol und die Kippen von ihren Eltern mit. Einfach mal aus den diversen Partykellern gemopst. Saufen. Mucke hören. Rauchen. Ja, rauchen. Ich rauche jetzt bereits eine Schachtel Marlboro am Tag. Na und? Mutter und Vater rauchen. Campino auch.

*

Wieder mal eine Saufparty. Samstagnacht. Es gibt heute drei Liter Lambrusco ganz für mich alleine – ich bestehe darauf. Die anderen sollen saufen, was sonst noch da ist: Bier, Bacardi – was eben so kickt. Die ganze Nacht wird durchgemacht. Unmengen von Alkohol lassen die Hemmschwellen sinken. Richtig gute Mädels sind da, lassen sich nicht lumpen, ziehen mit. Und (in den Schmuseecken) ein paar Klamotten zu viel aus. Hammer. Alle rauchen. Die Luft ist zum Schneiden. Wir spielen unsere Lieblingsmucken rauf und runter, beginnen mit: *»Wir wollen keine Bullenschweine...!«* Dann kommt: *»Eisgekühlter Bommerlunder, Bommerlunder eisgekühlt ...!«* Alle schreien mit. Wer brüllt am lautesten? Punkrock! Und wieder von vorne: *»Wir wollen keine Bullenschweine ...!«* Yeaaaah! Der Zigarettenqualm beißt in den Augen. Einer fängt einen gigantischen Luftgitarrenwettbewerb an, kippt theatralisch nach hinten um. Der Nächste legt noch hemmungsloser los.

Du bist dran. Jemand schmeißt mir die Luftgitarre rüber. Rauch verdeckt die wilden Knutschereien und Fummeleien mit den Mädels. *»Eisgekühlter Bommerlunder, Bommerlunder eisgekühlt ...!«* Hände unter T-Shirts, Zungenküsse und Busengegrabsche. Pubertäre Ausbrüche. Ist das Leben nicht eine Hammerparty! Einfach geil! Punkrock! Dann die fällige Initiation: meine erste Alkoholvergiftung. Als alle weg sind, holt mich das Morgengrauen ein. Ich kotze mir den ganzen Morgen eine seltsam stinkende, rote Suppe aus dem Leib, kotze alles mitten auf das weiße Laken. Krass! Am nächsten Tag erst versuche ich die Geschichte mit dem Staubsauger verschwinden zu lassen. Vorher mache ich noch ein schönes Foto von dem Kotzfleck. Die heftigsten Bilder der Partys lege ich immer schön in meinen schwarzen Koffer. Der süßlich-eklige Gestank geht wochenlang nicht mehr raus aus dem Zimmer. Fenster auf! Hilft nicht. Dann lege ich mich halt ins nächste Zimmer! Mir doch Latte. Habe doch drei davon. Ich hau mich weg. Heftige Nummer. Was soll's! Scheißegal. So ist Punkrock! Wie die Hosen. Wie Campino. Bis zum bitteren Ende. Anarchie. Punkrooooock forever! ...! *»Eisgekühlter Bommerlunder, Bommerlunder eisgekühlt ...!«*
Scheiß auf diese Welt! Yeah!

9. Vorne ein Schimmer von Licht

Eichsfeld, Sommer 2008

Den schwarzen Koffer von damals besitze ich noch immer. Über zwanzig Jahre ist es jetzt her, seit ich mit dreizehn Jahren von zu Hause ausgezogen bin. »Alles, was ich habe, trage ich mit mir«, soll der antike Philosoph Bias gesagt haben, als ihn die Bürger seiner Stadt fragten, ob nicht auch er sein Hab und Gut vor den Feinden in Sicherheit bringen wolle. Ja, es war nur dieser schäbige, mit Schrammen übersäte Koffer, den ich mit mir trug, als ich mich als Kind in Sicherheit brachte – mich und meine heiligen Sachen, Bilder vor allem. Man soll mir alles nehmen, aber nicht meine Bilder. Das Bild vom Kotzfleck habe ich zwar entsorgt. Aber die wirklich wichtigen Bilder habe ich verwahrt. Alle meine Erinnerungen, meine ganze wild wirre Vergangenheit, sind in ihnen aufgehoben. Noch immer lebe ich mit leichtem Gepäck, könnte innerhalb von zwei Stunden meine Zelte abbrechen. Viel wäre nicht mitzunehmen, an dem mein Herz hängt. Aber mein schwarzer Koffer ist mein *»Heiligtum«*, die einzige Konstante in meinem Leben.
Er wird mit mir gehen – bis in meine letzte Wohnung.

*

Komisch, plötzlich und so intensiv über sich selbst nachdenken zu sollen. Als ich noch das gierige Etwas war, damals in der Musicclub-Zeit etwa, waren alle meine Sinne allein auf die Außenwelt gelenkt. Ich wollte *haben*, wollte mir die ganze Welt einverleiben. Erfahrungen. Menschen. Leben. Liebe. Ich selbst war nur ein großer, gieriger Mund, ein großes, aufgerissenes Auge. Nun spüre ich zum ersten Mal meinen Körper und auch meine Seele. Ich entdecke mich über den tiefen Schmerz in mir, bin verletzt. Fühle mich wie ein getroffenes Tier, das sich in seine Höhle zurückgezogen hat, um sich die schweren, im Kampf zugezogenen Wunden zu lecken und gesund zu werden. Ich bin verletzt durch den Kampf um Anerkennung und Rang in dieser Welt. Schwäche durfte ich nicht zeigen, wollte ich nicht zeigen, konnte ich nicht zeigen. Wer heute in dieser Welt schwach ist, wird aussortiert, wird zum Opfer, wird gefressen. Wer zu früh zurückzieht, wird besiegt und verwundet, manchmal sogar tödlich. Ich wollte unbedingt ein Ansehen in dieser Welt haben. Wollte auch ein »Jemand« sein. Tausend Augen sollten auf mich blicken, mich bewundern und begehren. Das alles hat sich heute ins Gegenteil verkehrt. Nun liege ich hier, verletzt in meiner Höhle, und keiner schaut mehr auf mich – nur der, an den ich glaube: mein Vater im Himmel.

*

Das Wetter draußen ist heute herrlich; die Sonne überzieht das Land wie mit einem Glanz von Lachen und Freude. Der Rosenstrauch vor meinem Fenster wiegt sich sanft im Wind, als würde er in einem Zeitlupentanz einer geheimen Musik folgen, die ich nicht hören kann. Drei Jahre ist es her, seit mir die Augen geöffnet wurden. Seither fühle ich mich in einen völlig neuen Zusammenhang gestellt. Es kam von oben: Licht fiel auf mich, in mich hinein, noch und noch. Ich begann zu wachsen und mich zu bewegen nach einer neuen Musik. Der Rosenstrauch im Garten blüht seit Wochen in voller roter und gelber Pracht. Zauberhaft. Er hat ein Ziel in sich, entfaltet sich nach einem inneren Plan. Ist es nicht ein Wunder, wenn nach einem langen, kalten Winter die ersten zarten Pflänzchen und Blätter wieder durch den Schnee brechen? Ich möchte gar nicht im Süden leben, wo man keinen richtigen Winter kennt. Ich liebe die Jahreszeiten, diese wechselnden, geheimnisvollen Übergänge von Leben und Sterben. Auch in mir ist ein Plan. In allen Menschen ist ein Plan. Davon bin ich heute überzeugt. Jesus spricht vom Sterben des alten Menschen, damit er als ein neuer Mensch geboren werden kann. Ja, in mir ist noch Winter, aber ich spüre es deutlich, die Erde bricht auf. Unter meinen Verkrustungen ist ganz viel Leben. Ich bin so froh, dass ich heute Leute habe, mit denen ich reden kann. Und dass es diesen Versuch gibt, mein Leben auf Papier zu bannen. Das ist mein Weg der Erkenntnis und Heilung. Ich werde immer mutiger, kann meine Vergangenheit immer weiter anschauen und alles, was mich herunterzieht, vollends sterben lassen. Es hat keine Macht mehr über mich. Ich möchte endlich befreit und gesund ein neues Leben beginnen. Das ist keine absurde Idee. Es ist Gottes Plan mit mir, dass ich die Krusten meiner Herkunft durchbreche, dass auch ich blühen und tanzen darf, wie der Rosenstrauch im Frühsommerwind. Zu dieser geheimnisvollen, neuen Melodie in meinem Leben.

*

Heute ist Sonntag, und Uta ist da. Seit zwei Jahren gehen wir mittlerweile zur sonntäglichen Morgenmesse. Früher wäre das undenkbar für mich gewesen. Um diese Zeit schleppte ich mich gerade erst aus den Clubs nach Hause. Entweder war ich zugedröhnt, oder ich hatte eine Frau im Schlepptau. Kirchen habe ich damals gar nicht wahrgenommen. Ich habe sie überhaupt nicht gesehen, bin an ihnen vorbeigelaufen wie an Telegrafenhäuschen. Sie waren für mich einfach nicht existent. Als ich vor drei Jahren zum ersten Mal seit meiner Kindheit wieder an einem Gottesdienst teilnahm, fühlte ich mich mindestens so fremd wie ein Punk im Opernhaus oder wie eine Großmama in der Chill-out-Lounge. Was reden die da? Was ist das für ein Hantieren mit dem Goldgeschirr? Und warum tragen die alle diese seltsam antiquierten Klamotten? Na, exotisch war es schon auch! Nun sehne ich mich nach einem solchen heiligen Ritual, wie ich es heute Morgen erlebe. Es ist ein schöner, ruhiger und auch froher Gottesdienst. Die Kirche ist hier sehr gut besucht. Im Eichsfeld ist das nicht wirklich ungewöhnlich. Es ist immer noch eine sehr katholische Region. Hier war, neben Leipzig, einer der Ursprungsorte für die friedliche Revolution in den achtziger Jahren, die schließlich zur Wiedervereinigung führte. Wir lebten hier direkt an der Grenze, bekamen das Ganze aus nächster Nähe mit. Es war wirklich unglaublich. Die ganze Stadt war plötzlich voll von Menschen, die Straßen überfüllt von dauerhupenden Zweitaktern. Schwaden von Braunkohle und Jubelschreie waberten durch die Luft. Wildfremde Menschen lagen sich in den Armen, als wollten sie Beethoven einlösen, die Neunte Symphonie: Freude über Freude. Wie euphorisiert erlebten wir damals die monumentale Bedeutung dieser Stunden. Die Einkaufszentren öffneten nachts um 24 Uhr ihre Pforten. Sektkorken knallten. Leuchtraketen wurden in die Luft gefeuert. Mein Vater spendete Freibier für alle und ließ wildfremde Menschen in seinem Lokal kostenlos übernachten. (Gerade überfällt mich ein ganz warmes Gefühl für Vater: Ja, das konnte er, großzügig sein! Eine tolle Eigenschaft!) Auf den Tischen, hinter der Theke, auf Toiletten, sie lagen überall und wollten nicht mehr heim. Freiheit, endlich Freiheit!

Es waren unfassbare, tief berührende Momente, die sich überall ereigneten. Im Obereichsfeld war es der Montag, an dem für die friedliche Beendigung des Unrechtsstaates gebetet wurde, und zwar über Jahre hinweg. An mir ging das damals alles völlig vorbei. Aber in der Nacht der Wende, da hörte ich ihn immer wieder, diesen Satz:
»Wir haben den Glauben nie aufgegeben, wir haben immer gebetet für diesen Moment, jahrelang!«
Das war für mich damals nur sentimentales Blabla. Aber heute weiß ich, dass niemand das Wesen der Ereignisse besser zusammenfasste als ausgerechnet das Politbüromitglied Horst Sindermann. Er starb nicht einmal ein Jahr nach der Wende – nicht, ohne zuvor zu bekennen: »Wir hatten alles geplant, wir waren auf alles vorbereitet, nur nicht auf Kerzen und Gebete.«
Was Gebete alles können, das sollte ich einmal am eigenen Leib erfahren.

10. Ehrenrunde

Eichsfeld, 1989

Ich sitze vor dem Lehrerzimmer der Realschule und bin sehr aufgeregt. Ich bin jetzt 15 Jahre alt. Es ist Lehrerkonferenz. Ich schwitze, kaue auf meinen Nägeln herum, wackle mit den Beinen. Mist, ich bräuchte eine Zigarette! Oder einen Beamer, mit dem ich mich nach Timbuktu versetzen könnte, in den Urwald, in meine Bude, mein Bett, wo ich mich unter die Decke verkriechen könnte.

Eigentlich bin ich in Wahrheit verdammt schüchtern. Dabei habe ich doch sonst immer die größte Klappe von allen Schülern. Ich, Dario P., der ungezähmte coole Typ, der große Klassenkasper, der sich einfach alles erlauben kann. Klassensprecher. Taschenplayboy. Frontmann der Sauftruppe. Reporter der Schülerzeitung. Schulsprecher. Theater AG. Angeblich Talent über Talent. Überall dabei. Und jetzt? Alles ist zu spät. Oder doch nicht? Ich rechne fieberhaft nach, ob es nicht doch noch irgendwie reichen könnte für mich. So eine Scheiße! So eine verdammte Scheiße! Noch drei andere Schüler wird es wohl erwischen. Sie sitzen mit ihren bedrückten Eltern vor dem noch geschlossenen Raum. Ich bin alleine. Wie so oft. Warum sind jetzt meine Eltern eigentlich nicht bei mir? Ich sehe die Eltern der anderen Schüler und werde richtig wütend auf Papa und Mama! Wo stecken diese Alten eigentlich? Ich kicke gegen die leere Kakaotüte, die zufällig vor meinen Füßen liegt. Das hinterlässt Kakaospritzer auf den glatt gewienerten Steinfliesen. Oh Mann, warum nur bin ich immer auf mich alleine gestellt? *Weil du es selbst immer so willst ...!* Und warum öffnet sich diese bescheuerte Tür nicht endlich? Abschlusszeugniskonferenz. Was gibt es da so endlos zu beraten?

Alle anderen Schüler aus unserem Jahrgang haben ihren Abschluss bereits in der Tasche, nur wir, die wir hier sitzen, sind noch so genannte »Wackelkandidaten«. Ruhig, Junge, ganz ruhig! Du bist doch sonst immer der Coolste! Ist doch immer alles für dich gelaufen! Hast dich doch immer noch irgendwie durchmogeln können! Anflüge von Reue überfallen mich: Wenn du Blödmann doch nur öfter da gewesen wärst! Scheiße! Ich ärgere mich plötzlich tierisch über mich selbst. Mein akribischer Klassenlehrer hat mir letzte Woche meine Fehlzeiten in diesem letzten Schuljahr vorgerechnet: stolze 320 Stunden! Ich fühlte mich wie der König. Aber mein Lehrer meinte nur: »Eindeutig ein bisschen viel – findest du nicht auch?« Er sagte mir auch, wie schade er das alles findet, bei dem ganzen Talent, das ich so mitbringe. Das weiß ich natürlich auch. Aber ich kann ihm doch nicht sagen, dass ich eigentlich völlig allein bin – ohne ein »backoffice« von Eltern oder Menschen, die sich irgendwie um mich kümmern. Er hat keine Ahnung, dass ich wie Robinson in meiner Bude lebe. Selbst gewählte Einsamkeit. Vater würde mich anschauen wie ein Kühlschrank, wenn ich ihm mit einer Matheaufgabe käme! Und aus allen Wolken fallen, wenn er hören würde, wie oft ich hier geschwänzt habe! Ich überlege, warum ich eigentlich so oft nicht in der Schule war. Gut, es gab da ein paar Tote-Hosen-Partys, außerdem ist das mit den Discobesuchen eingerissen. Die fragen schon gar lange nicht mehr, ob ich 16 bin. Stammkunde halt. Nächtelang laufe ich heimlich draußen herum. Es gibt noch andere, die nichts nach Hause zieht. Manche sind von zu Hause ausgebüxt. Bald sind wir eine große Clique. Es sind auch Mädchen dabei. Wir feiern die ganze Nacht, saufen und prügeln uns mit anderen Teenies aus der Stadt. Ich immer vorneweg. Der große Anführer. Danach geht es oft noch zu mir, und da wird weitergemacht. Es kontrolliert mich nie jemand. Bin immer geschickter im Verheimlichen meiner Aktionen. Ich habe viel mehr Geld als die anderen Jugendlichen in meinem Alter, weil ich ja mittags nach der Schule immer im Lokal von Vater arbeite. Das Geld muss schließlich unter die Leute. Noch bin ich 15, aber ich gehe jetzt schon regelmäßig am Nachmittag in Spielhallen. Nach meinem Alter fragt mich hier niemand. Spielhalle, das bringt einen Hauch von Las Vegas in mein kleines Leben. Wenn ich mich morgens im Spiegel dabei betrachte, wie ich mir mit nacktem Oberkörper die Haare kämme, komme ich mir wie einer dieser Typen in den amerikanischen Filmen vor, denen heiße Bräute an die Schulter gelehnt zuschauen, wenn sie mal lässig ein paar Jetons auf 17/Rot setzen. James Dean. Der große Gewinner. OK, bei Licht besehen, verzocke ich jede Menge meines selbst verdienten Geldes wieder. Immer wieder überfallen mich auch mal Momente von Hellsicht. Dann ahne ich, dass ich längst zum Spielball meiner wirr einschießenden Trieb- und Geltungswünsche geworden bin. In solchen Momenten kotze ich mich an. Das ganze Scheißleben kotzt mich eigentlich an. Ich weiß einfach nicht, was ich damit überhaupt anfangen soll. Alles kickt zwar für den Moment. Der Alkohol. Das Mädchen, das ich gerade betatsche. Die Münze, die ich in den Schlitz des Automaten werfe. Und doch kriege ich dieses Grundgefühl nicht weg: Tristesse. Diese schreckliche innere Leere.

Mein Herz wird mit jedem Tag etwas kühler. Aber sagen tue ich nichts. Zu niemandem. Auf keinen Fall! Ich bin nicht mehr allein. Ich habe, wie man so sagt, eine Beziehung, die zweite übrigens mit etwas längerer Haltbarkeit. Dafür geht nun eine Menge Zeit drauf. Natürlich haben wir auch unseren ersten Sex. Sie ist verdammt hübsch, klug und heißt Michaela, hat lange, gelockte Haare und würde mit ihrer erotischen Ausstrahlung jeden jungen Mann verrückt machen. Vater fährt mich oft zu ihr, in seinem tollen BMW, weil sie einige Kilometer entfernt wohnt. Ich bin total verliebt in sie. Aber ich bin ihr nach einiger Zeit nicht mehr richtig treu. Das geht irgendwie nicht. Wie denn auch? Ich habe einfach diese vielen Angebote von den anderen Mädchen. Wir alle, die ganze Clique, wir liegen uns ständig in den Armen. Die Mädchen fühlen sich so gut an, so weich. Sie haben einen geheimnisvollen Duft, der mich anzieht. Ich nehme sie gerne in den Arm, komme ihnen entgegen, wenn sie was von mir wollen. Ich kann diese Mädchen irgendwie nicht ablehnen, will sie nicht zurückweisen. Michaela ist total okay, superlieb, aber die anderen Mädels sind auch alle sehr interessant. Jede ist irgendwie anders. Jede hat etwas Besonderes. Ich will es herausfinden. Außerdem hilft es mir, ein begehrter Lover zu sein. Es hilft mir auf der großen Suche nach Anerkennung und gegen diese schreckliche Einsamkeit. Ich habe nämlich in letzter Zeit eine geradezu panische Angst, allein zu sein. Diese Scheißangst vor dem Tod, verdammt! Was soll ich nur dagegen machen? Das Paradies einer eigenen Wohnung verwandelt sich unter der Hand in die Hölle, wenn ich allein in meinen vier Wänden bin. Ich brauche jetzt unbedingt immer jemanden in meiner Nähe. Brauche Hautkontakt. Jemand, der redet. Der mich ablenkt. Ich halte das Alleinsein nicht mehr aus. Diese panische Angst vor dem Tod killt mich innerlich. Ich rede nicht darüber. Mit niemandem. Dabei quillt sie fast über, die Angst, sickert aus allen Poren. Mein ständig rasender Herzschlag vorm Einschlafen macht mich noch wahnsinnig. Ich muss noch besser werden im Verstecken meiner Gefühle. Noch cooler, muss noch mehr lernen zu schauspielern. Warum schaffe ich es nicht, regelmäßig in die Schule zu gehen? Oft bin ich einfach viel zu betrunken, um morgens aus dem Bett zu kommen. Montags und donnerstags nach der Disco geht schon mal gar nichts.

Da kann ich einfach nicht aufstehen. Vater ahnt von nichts etwas. Manchmal jedoch schöpft er leisen Verdacht. Natürlich, lüge ich ihm ins Gesicht, ich sei in der Schule. Wenn Briefe von der Schule nach Hause kommen, unterschreibe ich sie einfach selbst. Ich traue mich nicht, ihm die Wahrheit zu sagen. Ich will ihn doch nicht enttäuschen. Nein, auf keinen Fall. Ich bin schon groß. Ich bin kein Versager. Ich will meine Freiheit ja auch nicht wieder hergeben. Zu meiner Mama fahre ich immer nur dann, wenn es mir richtig schlecht geht. Mit ihr habe ich aber ein Abkommen darüber getroffen, dass sie meine Wäsche wäscht. Sonst bekommt sie nur wenig von mir mit. Natürlich fragt sie, wie es mir geht. Ich lüge ihr eine heile Welt vor. Mir geht's super. Richtig gut. Komme voll klar. Keine Sorge, Mutter. Innerlich aber schreit schon zu dieser Zeit alles in mir:

»Hilfe! Ich schaffe mein Leben nicht alleine!«

Aber ich werde das natürlich nie offen zugeben. Dazu bin ich viel zu stolz. Mit Vater habe ich leider auch immer öfter Streit. Er ärgert sich tierisch darüber, in welchem Aufzug ich in der Stadt herumlaufe, dass ich lange Haare habe, dazu zerrissene Jeans trage und einen alten Schmuddelpulli. Na klar, ich werde meinem Idol Campino täglich

ähnlicher. Ich weiß, was Vater denkt – dass ich mit so einem Benehmen und Outfit seinen guten Ruf in der Stadt ruiniere. »Punker. Was ist das überhaupt? Denk gefälligst mal an den Ruf der Familie!«, alle diese Sprüche bekomme ich zu hören, selbst den einfallslosen Standard: »Solange du deine Beine unter meinen Tisch steckst ...« Ich winke ab. Alter, du hast wohl keine Fantasie! Hast doch selbst eine lange Mähne in den 70ern gehabt. Er kriegt den totalen Koller, wenn ich die Musik von den Toten Hosen wieder einmal so laut aufdrehe, dass man sie im Gastraum hört. »Mach sofort diese Penner-Musik aus!«, brüllt er durch den Flur. Ich teste seine Toleranzschwelle aus, probiere mich aus. Hey, Vater, ich bin schon ein Mann! Komm doch hoch! Ich will den Kampf! So leicht gebe ich mich nicht geschlagen. Gleichzeitig bin ich noch ein Kind, das in diesen Momenten immer öfter denkt:
Warum liebt er mich nicht so, wie ich bin?

*

Ein Jahr ist es her. Da ist Vater richtig explodiert. Ich kam mit einem Ohrring an. Das war zu viel des Guten. »In Italien, mit Ohrring, bist du ein Schwuler!« Papa gestikuliert mit allen zehn Fingern, wiederholt noch einmal: »Bist du ein Schwuler!?!« He, ich bin doch kein Schwuler! Ich habe mir nur einen Stecker stechen lassen, so wie meine Freunde. Wie Franz. Wie Mario. Ich kenne diese ganzen italienischen Traditionen gar nicht; sie interessieren mich auch nicht. Ich wachse ja hier in Deutschland auf. Die Kulturen und Generationen prallen plötzlich aufeinander. Vater ist mit nichts zu beruhigen; er rastet völlig aus, vor allen Leuten in seinem Lokal. Worte fliegen hin und her. Klatsch! Eine dicke Ohrfeige landet in meinem Gesicht. Sie brennt sich in meine Wange ein. Für den Bruchteil einer Sekunde will ich zurückschlagen. Aber dann breche ich innerlich

zusammen. Tränen laufen mir über das Gesicht. Ich heule haltlos. Spinnt der? Ist doch nur ein Scheiß-Ohrring. Ich kapiere diese italienischen Empfindlichkeiten einfach nicht. Fast ein halbes Jahr lang hat er dann nicht mehr mit mir geredet. Sogar die Straßenseite wechselte er, wenn er mich in der Stadt sah. Dieser Stolz, dieser verdammte süditalienische Stolz meines Vaters – er brachte mich damals fast um meinen Verstand. Er tat, als wäre ich Luft, als gäbe es mich nicht. Noch heute schockt mich dieses Verhalten. Mehr als die Ohrfeige. Als er zum ersten Mal an mir vorüberging, ohne mich zu sehen, habe ich mich direkt danach erst einmal richtig volllaufen lassen, so weh tat das. Ab diesem Moment war ich ein richtiger Punk. Vorher spielte ich ihn nur. Ich scheiße doch auf dieses Leben. Ich trinke es mir jetzt schön und bunt!
Dieses verfluchte Leben.

*

Zurück in der Schule. Der Ohrring ist immer noch drin. Aber er hilft mir jetzt nicht. Die Tür des Lehrerzimmers geht auf. Mein Herz rast, meine Knie beginnen zu zittern. Wir sollen alle hereinkommen. Ich sehe meinen Klassenlehrer, kann an seiner Miene nicht ablesen, was Sache ist. Er sieht mich gar nicht an. Die anderen Lehrer sitzen im Kreis am Tisch, blicken seltsam kühl und unheilvoll zu uns herüber. Ich spüre: Das hier wird wohl nicht gut ausgehen für mich. Ich komme als Zweiter dran: »Tja, Dario ...!« Es werden drei Fünfen auf meinem Zeugnis stehen. »Nur drei?«, melden sich Restbestände von Stolz in meiner geknickten Seele. »Geht doch eigentlich, bei so viel Fehlstunden – oder?« Ich bleibe tatsächlich sitzen. Meine Wangen glühen. Ich werde knallrot. Der Schweiß läuft mir die Schläfen herunter. »Da ist sie, die Quittung für dein verpfuschtes Leben. Du bleibst sitzen! Das kann doch nicht wahr sein.« Ist es aber. Aber das ist noch nicht alles. Der nächste Schock folgt auf dem Fuß: Kein Lehrer des nächsten Schuljahres will mich, diesen verrückten, verzogenen Punkerjungen, in seiner Klasse haben. Man hat Angst (!) vor mir und meinen Eskapaden. Ich schaue flehend in die Runde. Hier muss mir doch mal einer eine Chance geben!? Irgendetwas schreit in mir: »Papa! ... Mama!« Aber es kommt nur ein gestammelter Satz über meine Lippen:

»Es tut mir sehr leid, das alles, bitte ...«

Niemand reagiert auf mich. Das Weitere stehe jetzt nicht an. Ich möge jetzt gehen. Ich ziehe die Nase hoch. Gehe. Schleiche mich mit hängendem Kopf aus der Schule raus, streune ziellos durch die Stadt, rotze gegen eine dieser grinsenden Plakatwände, kicke Steine auf die Fahrbahn, schmeiße eine halb gerauchte Kippe in den nächsten Vorgarten, klimpere mit den Münzen in meiner Batik-Schlabberhose. »Okay, erst werde ich mir mal was zu saufen besorgen!« Ich hasse mich. Selbst schuld. Deine große Fresse! Dein bescheuerter Stolz! Deine Schauspielerei! Dieser blöde Ohrring! Diese beschissene Partywohnung! Scheißleben! Scheißschule! In den folgenden Tagen bin ich permanent betrunken und rauche so viele Zigaretten wie noch nie.

Dann halt Punker.

*

Es gibt in diesen Tagen auch eine positive Überraschung. Am letzten Freitag vor den Ferien werde ich ins Lehrerzimmer bestellt. Herr Toto, den ich immer sympathisch fand, obwohl er als strenger Lehrer bekannt war, will mit mir sprechen.

»Pass auf, Junge. Du kannst in meine Klasse kommen und da deine Ehrenrunde drehen.« Ich schaue ihn mit großen Augen an: »Sie geben mir eine Chance!?« Er gibt mir einen aufmunternden Knuff: »Mich interessiert nicht, was vorher war. Ich weiß, was du kannst, nun beweise es mir und dir selbst!« Das sind Worte, die ich noch nie gehört habe. Mich durchfährt ein warmes Gefühl der Dankbarkeit und Freude. Am liebsten wäre ich dem Mann um den Hals gefallen. Ich laufe aus dem Zimmer. Es ist, als hätte jemand einen Hebel bei mir umgelegt. Ich weiß, ich werde es packen. Ich werde es allen zeigen. Mein Ehrgeiz ist jetzt geweckt wie noch nie in meinem jungen Leben. Und es funktioniert. Ich saufe weniger. Lerne nach der Schule. Gehe halbwegs pünktlich ins Bett. Ich mache in dem Jahr meinen erweiterten Abschluss ohne Probleme, ohne weitere Fehlstunden und mit einem guten Zweierschnitt! Na also – es geht doch, denke ich. Dank meinem Lehrer, der an mich geglaubt hat. Danke. Ich bin sogar ein bisschen stolz auf mich. Vater spricht auch wieder mit mir. Ich bin so erleichtert. Ich möchte ihm doch gefallen. Vielleicht ist die Gesellschaft und die Welt doch nicht nur daneben? Ach, was weiß ich.

*

Ich bin 17 Jahre alt und soll nun eine Ausbildung im Vier-Sterne-Hotel in der Stadt machen, um die imposante Gastronomiekarriere meines Vaters fortzuführen. Na gut. Aber will ich das überhaupt? Ich weiß es gar nicht.
Was will ich überhaupt von diesem Leben? Eigentlich spukt in mir ein ganz anderer Traum. Schauspieler! Das wäre es! Theater spielen! Ich hänge Gedanken nach, wie es denn wäre, ganz vorne zu stehen, umjubelt zu werden, mit gelassener Geste die Zeichen der Zuneigung entgegenzunehmen. Gerade hatte ich bei unserer Theater AG die Hauptrolle in »Die Welle« gespielt. Da konnte ich mein Ego pinseln. Aber es ist wohl nicht alleine die Sucht nach Zuneigung, die mich von Schauspielerei träumen lässt.

Ich habe tatsächlich irgendetwas Künstlerisches in mir. Ich kann es nur nicht richtig erfassen. Irgendwie muss ich mich und meine seltsamen Gedanken und Gefühle ausdrücken können, am besten auf einer Bühne, vor Publikum. Ich möchte kreativ sein und Leute berühren. Doch dafür habe ich keine Lobby.

»Lerne mal lieber was Anständiges und spinne nicht so herum!«, heißt es von allen Seiten. Abwarten. Scheiße. Dann eben später. Und ich möchte auch nicht schon wieder alle enttäuschen, Vater, meine Mutter, die Familie, die in Wahrheit doch schon lange keine mehr ist. Doch das will ich noch immer nicht wahrhaben. Ich schneide mir die Haare kurz und benutze neuerdings einen Kamm. Chucks und Punkerkutte kommen weg. Ich ziehe vernünftige Klamotten an, erwerbe sogar ein Sakko. Dario P. versucht jetzt mal, irgendwie erwachsen zu sein: arbeiten, Geld verdienen, dazugehören, professionell sein.

Trotzdem fühle ich mich schrecklich. In mir ist immer noch ein großes, gähnendes Loch. Niemand sieht meine Einsamkeit. Niemand sieht mein immer kälter werdendes Herz. Niemand kennt meine Scheißangst vor dem Tod.

Jetzt schreien nicht einmal mehr meine Kleider.

11. Slotmachine

Eichsfeld, Sommer 2008

Ich bin wieder überrascht, wie gut meine Erinnerungen noch sind. Ich kann das letzte Jahr meiner Schulzeit abfahren wie einen inneren Film. Es war eine relativ schöne Zeit. Nur für Lernen blieb wenig Raum. Franz, mein bester Klassenkamerad von damals, ist bis heute ein guter Freund geblieben. Nun arbeitet er bei der Bahn als Telekommunikationselektroniker. Franz ist immer da, wenn man ihn braucht. So war das früher. So ist das heute. Es gibt eben auch konstante Menschen. Franz ist ein toller und guter Kerl. Den ganzen Tag war ich heute mit dem Wagen unterwegs. Ich fühle mich schrecklich ausgebrannt. Die letzten Meter im Auto nach Hause kommen mir wie eine Ewigkeit vor. Nun beginnt es auch noch leicht zu nieseln. Ich schalte die Scheibenwischer an. Im Radio läuft gerade Thomas Godoj. Soll der neue Superstar sein. Ich mag ihn und seine Stimme. Er hat was hinter sich, das spüre ich, höre ich, fühle ich. Ich merke sofort, ob einer durch die Schule der Leiden gegangen ist. Andere Menschen sind auch nett. Aber Tiefe, so denke ich, wahre Tiefe kriegst du nur durch echtes Leiden. Echtes Leben erfahren wir durch echtes Leiden. Die den schweren Weg gegangen sind, sie haben einen Riecher füreinander. Sie sind wie vom selben Orden. Sie sind demütiger, verstehen den anderen in seinen Grenzen, haben eine Ahnung von Barmherzigkeit.

Schon wieder bin ich bei meinen Leiden, den Wunden meiner Kindheit. Zum siebten Mal werde ich durch den Wendekreis der Hölle geführt. Immer wieder muss ich darauf zurückkommen, bis es nicht mehr weh tut. Ich weiß sehr wohl, was die Leute sagen: »Ja, ja, jetzt entschuldigen sie sich wieder alle mit ihrer Kindheit!«

O nein, es geht gar nicht um Entschuldigung. Es geht nur um Verstehen, um Annahme, um Versöhnung, um tieferes Lernen. Die familiären Bindungen, die vorhandene oder fehlende Liebe, das geschenkte oder entzogene Vertrauen, sind das nicht die psychischen Bausteine, aus denen sich stabiles, gesundes, starkes Leben aufbaut? *Liebe* – das ist es doch, was die Menschen ihr Leben lang suchen. Das einzige Ziel, für das es sich zu leben lohnt. Der einzige authentische Antrieb. Liebe. Was ist eine intakte Familie? Die einzige Lebensform, so denke ich heute, in der wir einander gerecht werden können. Bis vor drei Jahren habe ich noch an den Zufall geglaubt. Ich dachte, es gibt so eine Art universale Slotmachine, die uns die diversen Gelegenheiten vor die Füße kegelt. Alles nur Glück. Schicksal. Die Cleveren greifen halt zu. Ich glaubte nie an einen Plan für mein Leben und nicht daran, dass mich jemand tatsächlich auf dem Monitor haben könnte, jemand, der mich begleiten würde, jemand, der mich liebt von Ewigkeit her.

Der Regen wird stärker draußen. Ich blicke auf den Wagen, der zufällig vor mir fährt. Ich denke, dass ein Mensch darin sitzt, der geführt wird, wie ich heute weiß, dass ich geführt werde. Ich schicke dem unbekannten Fahrer einen kleinen Gedanken des Segens hinüber – dass Gott ihn gut und deutlich führt und auf seinen Wegen bei ihm ist. So fällt ihm etwas zu. Sofort hat das Wort Zufall einen anderen Klang. Was ist denn, wenn eine Situation, ein Mensch, ein Buch oder auch eine Chance im Berufsleben und so weiter durch *Zufall* in mein Leben tritt? Wer wirft mir da eigentlich was zu? Gibt es nicht vielleicht jemanden, der es doch sehr gut meint mit uns und dieser Welt? So frage ich mich heute.

In dieser Perspektive lerne ich auch langsam die Wunden meiner Kindheit anzunehmen. Es hilft mir nichts, wenn ich bis zum Jüngsten Tag auf meiner Vergangenheit und der ihrer Protagonisten herumhacke und dabei mein böses Schicksal beschwöre. Schönes und Schweres in manchmal kaum erträglicher Mischung *fiel mir zu.* In einem 3000 Jahre alten Psalm, singt einer:

»Auf schönem Land fiel mir mein Anteil zu. Ja, mein Erbe gefällt mir gut!« Ja, das bete ich heute gerne. Seit ich vor nun etwa drei Jahren zum christlichen Glauben gefunden habe, kann ich mit der Vorstellung eines irrational operierenden Zufalls nicht mehr viel anfangen, gerade weil mein Weg so seltsam schwer und undurchsichtig war. Ohne diesen Weg, ohne die Mühen und Leiden wäre ich heute nicht der, der ich bin. Mir fällt mein Lieblingsschriftsteller C. S. Lewis ein, in dessen Zeilen ich mein Leben wiedererkenne:

»Darum glaube ich dem Christentum. Es ist eine Religion, die man sich nicht hätte ausdenken können. Würde uns der christliche Glaube ein Weltbild vermitteln, das genau unseren Erwartungen entspricht, so würde ich ihn für menschliche Erfindung halten. Tatsächlich aber gehört er zu den Dingen, die man sich so nicht ausdenken kann. Es geht um eine persönliche Begegnung. Eine Beziehung zu Jesus Christus. Dieser Jesus führt uns Menschen zutiefst in unsere eigene Wahrheit. Wir sind Kinder Gottes. Gott ist die Liebe. Gott ist in Jesus auf die Welt gekommen. Er sagt: Ich bin der Weg, die Wahrheit und das Leben. Gott selbst also, der die Liebe ist, ist der Sinn unseres Lebens.«

Ich komme zu Hause an und lege mich erst einmal eine Stunde hin. Langsam kehrt wieder Frieden in meine Seele ein, und ich spüre, dass ein Gefühl der Wärme in meiner Brust aufsteigt. Endlich raffe ich mich auf. Ich möchte nicht einfach so in den Abend hinüberdämmern. Ich will noch einmal hinaus in die Natur. Es ist ein wunderschöner Moment. Ein milder Abendwind umfächelt mich. Von drüben, von den reifen Getreidefeldern, treibt ein starker Duft herüber, mit dem ich mir die Lungen vollsauge. Da muss ich hin. Bald stehe ich im wogenden Gold, das intensiv gegen den Abendhimmel leuchtet. Diese Schönheit zum Anfühlen tut mir gut. Ich schließe meine Augen, doch blinzele leicht. Lasse es ganz still werden in mir. In mir ist Ruhe gegen den Wind, von dem ich spüre, dass er mich streichelt. Das Wort Acht-sam-keit kommt mir in den Sinn. Irgendwo habe ich es vor kurzem aufgeschnappt. Jemand nahm es in den Mund. Ich betrachte mir lange eine Kornähre, fasse sie an, folge mit den Kuppen meiner Finger ihrer Kontur. Natürlichkeit. Es atmet in mir.
Ich atme mit allem, werde Teil meiner Umgebung. Da steigt es auf – ein Gebet. Ich bete, wie selbstverständlich, ohne mich verbiegen zu müssen. Es kommt einfach und direkt aus meiner Seele:

Herr, es ist gut, dass ich da bin,
mein Leben ist schön,
ich habe so viele Menschen,
die mir etwas bedeuten,
und es gibt viele Menschen,
denen ich etwas bedeute.
Und da bist Du,
dem wir alle
alles bedeuten.

Ich danke Dir, Vater.
Ich denke an meine geliebten Kinder.
Meine Uta.
Meine Freunde.
Mein Studium.
Meinen Glauben.
Meine Eltern.
Meine Krankheit.
Ich bin auf einem guten Weg.
Das fühle ich so stark.
Danke.

Ich öffne die Augen und atme tief durch. Beten ist gar nicht schwer. Es ist wie die Fühler ausstrecken, wenn die Seele ein bisschen bereit ist. Ich liebe es zu beten. Seit wann bete ich eigentlich? Seit drei Jahren, klar. Und was war vor dem großen Loch? Habe ich als Kind denn nie gebetet? Mit Mama nicht. Mit Papa nicht. Aber da muss doch etwas gewesen sein! Mit der Nonna? Ganz bestimmt hat sie *mit mir*, mehr noch: *für mich* gebetet. Ich bin sicher: Sie hat Gott in Italienisch bestürmt, dass ihm die Ohren geklingelt haben. Sie hat oft genug sehen müssen, wie ihr Enkel schon früh erwachsen sein wollte. Welchen Dickkopf er hatte! Was er für krumme Wege ging. Und diese vielen Mädchen ... Immer wieder eine andere! Sie hat es mit Geduld durchgetragen. Gott segne meine liebe Nonna! Was bist Du für ein wunderbarer Gott, dass Du sie erfunden hast! Nein, es stimmt ja gar nicht, dass mein Leben aus 30 Jahren Karfreitag und drei Jahren Ostern besteht. Ich hatte mir diese Formel vor einer Weile einmal zurechtgelegt und sie jedermann auf die Ohren gebunden. Sie klang so wunderbar reflektiert. Nein, auch in den dunklen Jahren war Gott da.
Im geschenkten Licht des gefundenen Glaubens sind

auch die ganzen dunklen Jahre drin – wie der finstere Bildhintergrund, auf dem Rembrandts Bilder leuchten. Mir fällt gerade die Geschichte ein von dem Mann, der am Strand entlanggeht und sich bitterlich bei Gott beklagt: »Wo warst Du nur in all den schweren Jahren? Sieh Dir die Spuren im Sand an. Da ist immer nur *eine* Spur zu sehen!« Gott aber sagt zu ihm: »Das ist richtig. Es ist nur eine Spur zu sehen. Weil es dir so schlimm erging, habe ich dich die ganze Zeit getragen.« Dass ich als Kind getauft wurde, noch zur Erstkommunion ging und dann aus allen transzendenten Bezügen herausfiel, keinen Gedanken mehr an Gott verschwendete und keine Kirche mehr von innen sah – das ist sicher nur die halbe Geschichte. Es hat wohl doch, auch in meinen dunkelsten Jahren, immer mindestens einen Menschen gegeben, der mich mit Liebe, Tränen und allen Wünschen des Segens vor Gott brachte. Wie ein Stromstoß durchfuhr es mich damals, als ich zum ersten Mal in den *Confessiones* [lat. = Bekenntnisse] von Augustinus las – einem 1500 Jahre alten Buch – und dort den Satz fand:

»Ich war nicht bei dir. Aber du warst bei mir.«

Da sind sie wieder – diese Erinnerungen an die Borderlines meines Lebens, an den Absturz. Sie überfallen mich wie ein knallhart geschnittener Kinotrailer, wenn du in der ersten Reihe sitzt. Ich kann sie mittlerweile nur noch im Horizont des Gebetes ertragen.

Ohne IHN hätte ich diese Phase meines Lebens nicht überlebt. Heute weiß ich: ER war da. Die ganze Zeit.

12. Insomnia – Der kleine Gott auf dem dreckigen Bett

Göttingen/Eichsfeld, Anfang der 90er

Hey Leute, jetzt wird gefeiert! Ich habe es geschafft, bin ausgelernter Industriekaufmann! Ich kann es noch gar nicht fassen. Ungläubig starre ich auf meine Prüfungsergebnisse. Eine »2,5« habe ich hingelegt. Ich balle meine Faust und springe in die Luft. Ist der Brief wirklich an mich adressiert? Ist er. Drei brettharte Jahre habe ich in einem Göttinger Haus- und Versorgungsbetrieb und an einer Wirtschaftsschule meine Ausbildung gemacht.

Ganz allein machte ich mich seinerzeit auf die Suche nach der Stelle. Davor hatte es einen kleinen Crash gegeben. Eigentlich hatte ich eine Ausbildung zum Hotelfachmann bei uns in der Stadt begonnen, aber sie in einem Anfall pubertärer Rebellion nach nur drei Monaten (und noch in der Probezeit) abgebrochen. »Ich bin doch nicht bescheuert«, hatte ich mir damals gesagt, »von morgens bis in die Nacht nur Besteck polieren!« Es war eine reine Schikane. Acht Stunden am Tag. Besteck polieren. Nein danke. Was soll das? Außerdem hatte ich das Gefühl, die Eigner des Unternehmens wollten mich nicht wirklich gerne bei sich haben; denn sie sahen in mir nur den Sohn eines Mitbewerbers. Nur meine Kollegen dort waren sehr nett gewesen. Trotzdem, ich musste unbedingt von da fort. Deshalb machte ich mich auf den Weg, mir etwas Neues zu suchen.

Ich schrieb zwanzig Bewerbungen, erntete drei Zusagen und entschied mich dann für die Firma in Göttingen. Als ich damals die Zusage bekam, war ich stolz wie Oskar. Vater teilte ich die Geschichte erst mit, als ich den Ausbildungsvertrag bereits unterschrieben hatte. Er quittierte sie mit tiefer, stummer, unverhohlener Enttäuschung. Ich weiß noch, wie ich versuchte, ihm meine Motive so gut wie möglich zu verkaufen. Irgendwie musste ich einen Bogen schlagen zu seiner familiären Vision. »Schau, Papa, eine kaufmännische Ausbildung, das ist doch auch sehr wichtig für die Gastronomie!« Was in seinem stolzen süditalienischen Schädel vorging, verdankte sich wahrscheinlich einer Mixtur aus Kränkung, verletzter Ehre, Verrat und dem Gefühl, einen ganz und gar undankbaren Sohn gezeugt zu haben. Aber eigentlich weiß ich nie wirklich, was in seinem Kopf vorgeht. Er nicht, was in meiner Schaltzentrale abläuft. Wir können einfach nicht miteinander reden. Über emotionale Dinge schon mal gar nicht. Er redet nicht mit mir darüber. Ich nicht mit ihm. Basta.

*

Lehrjahre in Göttingen: Als ich die Ausbildung beginne, bin ich 19 Jahre alt, stolzer Besitzer eines Führerscheins und einer schrammeligen gelben Karre von Auto. Fast täglich fahre ich insgesamt 60 km hin und zurück.
Leider merke ich schon nach Tagen, dass dieser Beruf mich nicht im Geringsten anspricht, ja dass er mich in Wahrheit total abtörnt. Fast zwei Jahre lang verbringe ich meine Zeit mit Kopieren, Faxen, Rechnungen schreiben, Lager aufräumen. Ich bin einsam, habe keinen wirklichen Kontakt zu Menschen, außer in der Berufsschule. Das ist schrecklich für ein kommunikatives Wesen meiner Bauart. Natürlich »organisiere« ich mir schnell eine neue »Beziehung«. Die Beziehung hat lange dunkle Haare; ich übernachte oft

bei ihr und den Eltern. Mein altes Problem: Ich kann einfach nicht alleine sein. Obwohl meine Verbindungen zu dem Mädchen im Innern seltsam oberflächlich sind und bleiben müssen, mache ich in ihrem Elternhaus doch eine irritierende neue Erfahrung. Voll Staunen sehe ich zum ersten Mal, wie eine »richtige Familie« lebt. So etwas gibt es ja tatsächlich! Das sind wirklich sehr nette Menschen. Für mich ist es eine echte Premiere, bewusst zu versuchen, an einem echten Familienleben teilzunehmen. Doch hey, ich bin zwanzig Jahre! Zu früh für die Hollywoodschaukel, die Zelebration von Grillspezialitäten und die hingebungsvolle Pflege von Blumenrabatten! An den Wochenenden wird jetzt exzessiv gefeiert. König Alkohol spielt mittlerweile die Hauptrolle, neben dem mittlerweile obligatorischen Nikotinkonsum. Aber nun kommt etwas Neues, Aufregendes, Verbotenes hinzu: Haschisch! Dope! Gras!

Klar, brauchen wir! Her damit! Die nächste Stufe in der rituellen Initiation zur Mannbarkeit steht an. Es hat einen wildwasserartigen Sog; es ist wie Canyoning der riskanteren Sorte. Ich kann da einfach nicht nein sagen. Ich muss springen, muss mich mit dem Kopf vorweg in den Abgrund stürzen. Nur Mut. Nur die Feiglinge sagen nein. In der Winnetou-Welt schlichen sich die Kühnsten an die feindlichen Feuer heran; in Mitteleuropa konnten zu Karl Mays Zeiten die echten Kerle noch in reale Kriege ziehen und sich in der ersten Reihe totschießen lassen. Wir wollen auch die Ersten bei den jeweils gerade härtesten Sachen sein. So schleichen wir uns an die feindlichen Drogenfeuer heran.

Ist doch auch nur ein ausgegrabenes Kriegsbeil und auch nur halb so gefährlich wie die Ostfront. Oh ja, es haut mich fast um. Jemand spricht von Bewusstseinserweiterung! Kann sein. Worte sind egal. Freude! Frieden! Peng!

Ich finde das Zeug einfach nur klasse – und mich obercool. Nun kenne ich schon vier Türen, die zu kleinen und den großen Kicks führen: Tabak, Alkohol, Frauen, Drogen. In der Stadt habe ich mir bald einen gewissen Ruf erworben. Irgendwie scheine ich für die Community der Mütter halbwüchsiger Töchter die Seuche zu haben. Schlechter Umgang, No-Go-Area für Mädchen aus besserem Hause. Aber auch bei meinen Kumpels besitze ich mittlerweile einen einschlägigen Ruf: Für die einen bin ich der krasse Leadertyp, andere halten mich schlicht für einen Playboy und ein arrogantes Arschloch. Wie Recht sie damit haben! In Wahrheit bin ich gerade eine Mischung aus Minderwertigkeitskomplex und Größenwahn. In gewisser Hinsicht halte ich mich jetzt tatsächlich für etwas Besseres. Sehr viele Frauen mögen mich. Das scheint in der Familie zu liegen. Wie mein Nonno. Wie Vater. Er hat das auch drauf, diese Flirtnummer. Bei ihm kann ich mir noch eine Scheibe abschneiden. In seiner Nähe komme ich mir ganz klein vor. Er ist fantastico. Gerade hat er ein weiteres 200 m^2 großes Lokal in der Stadt eröffnet – ein Billardcafé und Bistro. Ihm gelingt alles.

Ich bin nur seine Taschenausgabe. Ich werde das nie schaffen, denke ich oft traurig. Ich bin irgendwie nicht so gut. Wie schafft er das alles nur? Vater reibt mir das auch immer wieder gern mal unter die Nase »Dario, figlio mio!«, ruft er und hebt beschwörend die Hände: »Da war niente … das habe ich alles aus dem Nichts aufgebaut. He, Junge, ganz allein! Hat mir niemand bei geholfen!« Und dann kommen die Details. Von nichts kommt nichts. Ich schaue auf den Autoschlüssel in Papas Hand. Er spielt damit, während er auf mich einredet. Gerade fährt er einen schwarzen BMW 850i und einen Porsche Carrera 911. Ich verdiene in meiner Ausbildung ganze 345 Mark. Auch wenn ich keine Freude

an der Arbeit habe, ziehe ich das durch. Ich lasse nicht noch eine Ausbildung platzen, auf keinen Fall! Am Wochenende lerne ich immer mehr Menschen kennen, die kiffen, Haschisch rauchen. Ich mag die Geselligkeit und dass sie alle dabei so friedlich und »kreativ« sind. Ich lerne auch ein paar neue Freunde kennen. Bei ihnen fühle ich mich irgendwie das erste Mal geborgen. Ich finde auch die Tattoos der Leute toll. Sie sind alle so frei. Freie Gedanken. Freie Liebe. So eine wunderbare, ungezwungene und herrliche Community. Und wenn ich mit ihnen zusammen bin, muss ich vor allem nicht so oft über dieses sinnfreie Leben und den Tod nachdenken. Ich lasse mich auch tätowieren. Einen Indianer auf meinem linken Oberarm. Der soll von nun an für meine Freiheit im Leben stehen. Es wird nicht mein letztes Tattoo sein – Mann, der Körper hat 1,8 m^2 Oberfläche! Die Wochenenden werden ab sofort komplett durchgefeiert. Meine Mama und Nadine sehe ich nur noch sehr selten. Sie leben mit Gustav weiterhin in dem Haus am Stadtrand. Mein Zimmer dort steht jetzt schon lange leer. Bei Vater esse ich noch ab und an im Restaurant. Er ist jetzt natürlich noch mehr mit seinen Geschäften beschäftigt. Das verstehe ich ja auch. Er hat sein Leben und ich meines. Oder?
Ich habe weiterhin, außer meinen Freunden und meinen wechselnden Kuschelgefährtinnen, niemanden, mit dem ich wirklich reden kann. Ich versuche mein Leben irgendwie alleine zu meistern. Nur meine Oma Marga besuche ich noch ab und an. Aber leider viel zu selten. Sie lebt jetzt nach dem Tod von Opa Karl ganz allein. Sie tut mir leid. Ach was! Wozu diese Anwandlungen von Sentimentalität? Das Leben schenkt mir ja auch nichts. Man muss, sage ich mir, einfach richtig hart sein, sein Ding durchziehen, seinen eigenen Weg gehen. Egal was die anderen sagen. Gefühle blockieren ja eh nur – »ohne« bist du viel mobiler. Ich

will cool sein, ja ich sage mir eines Tages sogar einen Satz, bei dem mir heute ein Schauder über den Rücken läuft; ich sage: »Ich will endlich ein kaltes Herz!« Die panische Angst vor dem Tod, die ich tagsüber hinter meiner Maske verberge, frisst mich in der Nacht. Ich kann jetzt einfach nicht mehr nüchtern ins Bett gehen. Ich brauche unbedingt etwas Betäubendes im Kopf, um ja nicht nachzudenken. Muss mein Herz weiter betäuben. Ich lese auch nicht mehr so viel wie früher. Kann mich nicht mehr auf die Zeilen konzentrieren, wenn ich völlig breit oder bekifft im Bett liege. Die Wohnung, die mir Vater vermittelt hat, lasse ich nach und nach völlig verwahrlosen. Ich schäme mich. Verdammt, ich schaffe dieses verfluchte Leben einfach nicht alleine! Warum sieht das niemand? Warum?
Aber ich traue mich nicht, das jemandem zu sagen.

*

Ich bin also 20 Jahre alt und stehe im Innern völlig neben mir. Aber die Prüfung bestehe ich – keine Ahnung wieso – mit Bravour. Seltsam. Von meinen Eltern bekommt das gar keiner richtig mit. Wir gehören durch ein Vater-Mutter-Kind-Ding irgendwie zusammen, existieren in einiger räumlicher Nähe, aber wir leben nur synchron, nur nebeneinander, wie Fixsterne, die zwar aus dem gleichen kosmischen Stoff sind, sich aber in ihren Umlaufbahnen nie berühren. Niemand fragt mich wirklich nach meiner beruflichen Entwicklung – ich sage nichts. Keiner ahnt scheinbar etwas von meinem Doppelleben am Wochenende. Ich strahle den ganzen Tag um die Wette und bin fast überall beliebt. Das glaube ich zumindest. Was meine Zukunft angeht, so habe ich nur die entschiedene Vorstellung, dass es nun für immer genug der Schufterei und Lernerei gewesen sein muss. Das Leben ist wohl nicht mehr als eine Spaßveranstaltung.

Das hat sich in meine Gehirnzellen eingegraben. Ich lebe nur einmal! Also, ab zum Feiern!

*

Ich möchte mein Leben strategisch genießen und kehre dafür in meine Heimatstadt zurück. Auf gar keinen Fall möchte ich jedoch bei Vater arbeiten, der wohl immer noch die Hoffnung nicht aufgegeben hat, der Patrone eines großen familiären Gastroclans zu werden. In dieser Vision spiele ich die Rolle des 100 % loyalen, unterwürfigen, aufs Wort gehorchenden Sohnes, der sich für den Vater zerreißt, einfach nur funktioniert und dafür eines Tages selbst der patriarchale Herrscher über den Clan sein wird. Nein danke. Brauche ich nicht.

Ich brauche jetzt maximale Freiheit für den maximalen Spaß. Über meine langsam gewachsenen Connections bekomme ich das Angebot, einen Music-Pub in der Stadt zu leiten. Das ist genau das Richtige, denke ich, der ideale Mix aus Arbeit (sprich: Kohle), Mini-Karriere und »Feiern«. Das Ganze hat einen kleinen Schönheitsfehler: Der Laden ist eine Konkurrenz für Vater; aber daran denke ich im Moment gar nicht wirklich. Interessiert mich auch gar nicht. Ich mache jetzt halt einfach mein Ding. Meine aktuelle Freundin kommt mir dabei abhanden. Sie ist eigentlich ein wunderbares Mädchen, wohl aber viel zu lieb für mich. Doch ich fühle mich nicht einmal richtig schlecht dabei, als ich mich ihr still und leise entziehe. Frauen kommen, Frauen gehen. Wahrscheinlich hat sie ohnehin etwas Langweiligeres verdient als mich. Regt sich wirklich nichts in meinem Gewissen? Ich lasse es nicht an mich heran. Liebe? Scheiß drauf. Ich bin nicht in der Lage, wirklich zu lieben. Vor allem mich selbst nicht. Weiß doch gar nicht, was das überhaupt ist. Ich sage diesen Satz zwar oft, aber das Gefühl dazu? Was immer Liebe sein mag – ich kann das im Moment eh nicht gebrauchen. Ab sofort soll die wildeste Zeit meines Lebens beginnen! Verfluchtes Leben. Ich werde dich durchfeiern. Bis zum Schluss. Will nur noch Spaß haben! Den richtig großen Schluck aus der Pulle nehmen!

Wenn ich schon eines Tages sterben muss, dann nehme ich mir jetzt auch alles, was ich vor dem großen Abgang bekommen kann!

Es sieht aus, als wäre das eine ganze Menge.

*

»I can't get no sleep ... – Insomnia.«

Insomnia – Schlaflosigkeit. Das Lied von *Faithless* hämmert jede Nacht durch die großen Boxen des Music-Pubs, den ich seit diesem Jahr leite, und macht die Nacht zum Tag. Bumm. Umppf. Umppf. Bummm. Bumm. *Insomnia* – Favouritesong meiner Gäste, einer verschworen verschwitzten Truppe von Leuten, die den Kick suchen, indem sie dem Schlaf entfliehen. Das kalte Licht peitscht wild und bunt durch den Saal. Stroboskopblitze zucken in den Augen. Die Stimmung pulsiert. Die Leute tanzen und schreien, kreischen ihren Übermut heraus. Einige haben ihre Oberteile ausgezogen, tanzen fast nackt. Ich bin der Mittelpunkt der wogenden Inszenierung von Leibern. He, das ist es doch, was ich immer wollte! Seit meiner Kindheit war ich versessen auf Musik, Rhythmus, Geräusch, auf alles, was vibriert, schwingt, in Bewegung bringt. Das hilft mir jetzt. Ich stehe jeden Abend am Mischpult und bringe die Stimmung zum Kochen. Mein Job beginnt am Abend – und er endet am Morgen, und das ist gut so. Ich bin 20 und wäre ohnehin schlaflos. Ich liebe diesen kleinen Laden in der Passage der Einkaufsstraße. Ich schwöre mir: Ich werde ihn zum besten in der ganzen Stadt machen. Bumm. Bumm. Ummpf. Ummmpf. »I can't get no sleep ... – Insomnia ...« Ich stehe hin-

ter der Anlage. Meine Hand ist ausgestreckt. Mein Finger zeigt nach oben.
Zwei Jahre später. Der Music-Pub läuft. Eine Riesenzeit! Neue Droge. Neue Mucke. Neue Szene. Punk is dead. Techno & House are on. Ich komplettiere jetzt das Arsenal meiner Kicks, habe zum Haschisch, dem Alkohol, den Zigaretten und den Frauen noch einige neue Begleiter für mich gefunden: chemische Amphetamine und Kokain! Wow, Amphetamine – einen Moment stockt mir der Atem, als ich das Tütchen Stoff in den Händen halte, von dem mir jemand gesagt hat, es würde mich leistungsfähiger und selbstbewusst machen ohne Ende. Ich kann es kaum erwarten, mir das Zeug durch die Nase zu ziehen. Nur eine kleine, weiße Linie bin ich jetzt noch vom Paradies entfernt. Ab in den Keller! Ich muss es sofort haben, reiße die Tür zur Toilette auf, knie mich vor der Schüssel hin und verteile das weiße Pulver auf dem Toilettenring. Rein mit dem Zeug! Ahhhh – gut! Der Stoff knallt schon nach nur einer Minute. Meine Augen werden feucht. Ein unfassbares Summen unter der Schädeldecke. Es brennt und kribbelt in der Nase. Brrrr. Ich spüre, wie mir das Zeug langsam in den Hals läuft. Das leicht taube Gefühl im Rachen und im Mund ist der Startschuss. Meine Augen beginnen nun richtig zu tränen. Jetzt geht die Fahrt ab. Mein Herz rast. Ich bin völlig geflasht, werde vom einen auf den anderen Augenblick völlig euphorisch und hemmungslos. Schnell hoch! Muss sofort was saufen! Alkohol, o Alkohol! Richtig Party machen. Noch mal *Faithless:* »I can't get no sleep ... – Insomnia ...« Party, Party und noch mal Party! Ist das Zeug geil! Die Lichter ziehen voll rein. Rot ist röter. Gelb ist gelber. Grün ist blau und grün zusammen. Geile Mucke. Geile Frauen. Ich arbeite wie verrückt, springe hinter der Theke auf und ab. Drogenbefeuert, völlig größenwahnsinnig.

Ich saufe Jägermeister, die ganze Nacht. Mein Unterkiefer schiebt sich von einer Seite zur nächsten. Im Saufen bin ich der Größte. Ich zieh mir das Zeug rein und tanze alles wieder raus. Ich saufe sie alle weg, die anderen. Irgendwas lässt nach. Dann mal wieder kurz in den Keller. Zack. Taube Rotze. Weiter geht's. Ah, ich bin wieder der Größte! Der Größte! Der Geilste!
Am Ende der Nacht fühle ich mich nüchtern: Was für ein Hammer-Zeug! Die Mega-Droge! Keiner hält mich jetzt mehr auf! Keiner ...
Alles wieder gut. Am Ende der Nacht wieder alles im Griff. Völlig nüchtern. Gibt's ja gar nicht. Alles ist völlig unter Kontrolle.
In Wahrheit ist es die Klarheit des Teufels ...
»I can't get no sleep ... Babum ... Babum ... – Insomnia ...«

*

Alle drauf hier oder was? Ich bin überrascht zu sehen, wie viele Leute zu dieser Zeit hier in der Stadt und Umgebung Drogen nehmen. Hammer! Ich gehöre jetzt auch zur Community der Gut-drauf-Typen. Was haben diese blöden Leute einem in der Schule bloß immer erzählt? Das geht doch total locker. Diese ganzen Partydrogen und Amphetamine sind einfach nur faszinierend. Ich habe das alles im Griff.
Ich will diese Sachen. Ich bin schließlich intelligent genug, alles zu kontrollieren. Und wenn ich sie nicht wollte, würde ich sie einfach weglassen. Ich fühle mich total rational, lege mir ganze Argumentationsketten zurecht: Drogen sind ab sofort ein Stück meines exzessiven Lifestyles. Wer auf Kante lebt, braucht auch extremen Support. Die Drogen sorgen immer für einen total klaren Durchblick, trotz der ganzen Sauferei, und machen mich auch viel leistungsfähiger. Sie erweitern vor allem mein Bewusstsein.

Kann mir mal einer sagen, was daran schlecht ist? Ich hab jetzt den Turbo an. Und keiner merkt was. Keiner weiß, warum ich auf der Überholspur bin. Ich lach mich kaputt. Ein geiles Leben. Endlich. Ein Paradies. Ich kriege, was ich will. Alles. Alk. Sex. Drugs. Mucke. Schnell habe ich einen großen Kreis von »Jüngern« um mich herumgeschart, vor allem auch viele junge Frauen, die mich regelrecht anhimmeln, als wäre ich einer, der keine Grenzen und keine Scham kennt, der weiß, wie volles Leben geht. Ja, das habe ich doch immer gewollt. Mein ganzes Leben habe ich das gesucht. Endlich werde ich bewundert, geliebt und anerkannt. Die Drogen helfen mir, endlich der zu sein, der ich im richtigen Leben nicht sein kann, weil da, wo ich wäre, ein klaftertiefes Loch im Raum steht – ein dunkles Nichts, das mich zu verschlucken droht. Mit etwas Schnee in der Nase, mit ein bisschen Chemie in der Blutbahn, mit einer Frau im Arm muss ich nicht nachdenken.

*

Ich bin ein echter Maniac. Mein ganzer Ehrgeiz besteht jetzt darin, immer wildere und verrücktere Partys zu organisieren. Meine Ein-Zimmer-Bude zu Hause ist noch immer eine Müllhalde. Aber im Geschäft gebe ich den versessenen Perfektionisten. Ich will alles selber machen, einfach alles: die Plakate, die Deko, die Bestellungen, die Mucke. Ich organisiere schicke Mädels und zeige ihnen noch, wie sie ihren Job machen und wie sie sich bewegen sollen. Das alles zunächst einmal für 1000 Mark im Monat. Aber das Geld interessiert mich dabei auch gar nicht so. Was soll ich damit? Ich brauche nur den weißen Stoff und meine Bewunderung. Es ist eine One-Man-Show. Eine Zaubershow, bei der ich alle anderen und vor allem mich selbst hereinlege. Niemand kennt die Wahrheit. Nur ein paar »Freunde«, die selbst völlig »drauf« sind. Ansonsten

bescheiße ich jetzt, wen und wie ich will. Mich am meisten. Besser, man traut mir nicht. Ich weiß, dass ich große braune Augen habe. Mein Herz sieht ja niemand.
Mein kaltes Herz.

*

Die Leute kommen weiter in hellen Scharen. Meine Masche klappt. Der Music-Pub funktioniert wie sonst kein Laden in der ganzen Umgebung. Sie tanzen nachts auf der Theke, feiern und trinken bis in die frühen Morgenstunden. Jede Woche ist es im Grunde das gleiche Programm, das meine Gäste erwartet: Aber sie wollen es so, sie finden den Club klasse. Endlich ist mal wieder was los in der Stadt! Und dann setze ich die Sahnehäubchen obendrauf: Halloween-Party, House-Night, Jägermeister-Promotion, Discopartys.
»Du, das ist der Hammer!«, ruft eine laute, schrille Frauenstimme. Ich werde immer wieder in den Arm genommen und geknutscht. Manchmal kriege ich das nur wie durch einen Schleier mit. Ich bin jetzt fast keinen Tag mehr nüchtern, aber irgendwie schaffe ich es permanent, charmant und äußerlich richtig gut »drauf« zu sein. Der Pub, vermute ich einmal, wird zum zentralen Drogenumschlagplatz im weiten Umfeld. Mit den Drogen kommt auch Drogenpublikum. So genau will das scheinbar keiner wissen, außer vielleicht die Polizei. Mein Chef ist zufrieden, weil der Laden richtig läuft. Ihm gefällt es, dass der junge Typ da gleich an beiden Enden brennt. Shakehands unter Partnern. Er merkt ebenso wenig wie alle anderen, dass ich nie nüchtern sein kann. Aber ich merke es in diesem Augenblick – Zwischentief! –, in dem ich meine Probleme habe, mich halbwegs gerade auf den Beinen zu halten. Ich hau mich weg. Wie blind die alle sind! Kapieren die das alle echt nicht? Nein, offensichtlich nicht. Ich bin einfach

zu genial. He, Chef – kennst du Pippi Langstrumpf? »Ich mach mir die Welt, wie sie mir gefällt.« Haha. Es ist meine Party, mein System: Einfach nur viel und erfolgreich arbeiten, ansonsten mache ich, was ich will! Wer viel arbeitet, darf auch viel feiern. Oder so. Jede Nacht Paaaaarty. Mehr wollen die anderen nicht. Mehr will ich nicht. Ich stehe körperlich immer mehr unter Strom, möchte immer mehr, immer höher, immer weiter hinaus – nebenbei spiele ich sogar noch Fußball in der Landesliga. Eine tödliche kleine Weile ist die Welt des Dario P. in Ordnung. Er ist jetzt Gott. Ein geiler, dreckiger kleiner Provinzgott von Gnaden Seiner Majestät der Drogen, der sich für allmächtig hält, weil er für 1000 Mark hinter einem High-Tech-Schaltpult sein Universum dirigiert und ihm ein paar gutgläubige junge Damen ihre Körper schenken und ihm am liebsten auch noch ihre Seele verschreiben würden.

*

In den Morgenstunden nach den ganz wilden Nächten kann ich nicht pennen und nicht essen. Ich will und kann dann auch keine Frauen sehen. Der kleine braunschwarze Klumpen in meiner Hand wird weich. Ich halte mit zitternden Händen ein Feuerzeug drunter und versuche krampfhaft, ihn auf die drei zusammengeklebten Blättchen zu bröseln. Verdammt, warum sind meine Hände nicht ruhig? Ich brauche immer mehr von dem Zeug. Ich muss doch endlich mal schlafen. Ich will pennen. Ich fange zu heulen an, weil ich nicht schlafen kann. Ich will schlafen! Drei komplette Nächte habe ich jetzt durchgemacht. Ich kann einfach nicht mehr! Komm runter, Dario! Komm auf die Erde! Tränen. Zuckungen im Körper. Ich muss ... irgendwie runterkommen ... Einmal, dann immer öfter habe ich das Gefühl, dass ich durchdrehen könnte. Die Kehrseite meiner Hybris sind diese geistigen Totalabstür-

ze. Das darf niemand sehen, wie ich da in meinem Dreck liege, selbst ein Stück Dreck. Niemand darf hinter meine Fassade gucken. Auf keinen Fall! Dort sind sie nämlich, die schrecklichen seit meiner Kindheit gähnenden Abgründe, die durch die Drogen nun noch im Quadrat verstärkt werden. Dort ist sie, die panische Angst vorm Tod. Dort sind die Gespenster. Dort ist die totale Verzweiflung. Stille Angst wächst sich zur Horrorshow, zur Paranoia aus. Hinter den Kulissen liegt der kleine Gott immer öfter stark zitternd in seiner stinkenden Koje, liegt da auf seinem Bett, auf zerknautschten Laken – nackt und mit weit aufgerissenen Augen. Irgendeine Chill-out-Mucke dudelt gegen die schwarze Depression an. Sein ganzer Körper juckt und zuckt nur noch vor sich hin. Er kratzt sich überall, bis er von oben bis unten wund und blutig ist. Seine Gedanken spielen völlig verrückt. Er starrt dazu stundenlang an die Decke. Versucht sich mit einem Joint nach dem anderen in den Schlaf zu kiffen. Es geht nicht. Scheiße.
Gott will pennen. Scheiße. Gott fühlt sich tot.
»I can't get no sleep ... – Insomnia ...«

13. Die Marionette meiner Gier

2008 Sommer, Eichsfeld

Ich habe nicht gut geschlafen diese Nacht; mein Rücken schmerzt auch heute Morgen noch. Die vielen schrecklichen Erinnerungen der Vergangenheit wühlen mich mehr auf, als ich erwartet hatte. Wie war das damals nur möglich? Drei bis vier Nächte nicht zu schlafen? Die vielen Frauengeschichten, die wilden Verhältnisse ohne jegliche Verantwortung?! Wieder steigt er in mir auf – der Horror, mit diesen weit aufgerissenen Augen stundenlang in das Nichts zu blicken. Wie nah war ich wohl in diesen Tagen dem Ende meines Lebens? In welchen sonnenlosen Regionen, welchen Irrgängen der Hölle trieb ich mich damals herum? Wie schuldig hatte ich mich nur gemacht?! Schrecklich. Ich muss schlucken. Tränen steigen mir in die Augen.

Gott, wie nahe warst Du mir – doch wie fern war ich Dir!

*

Ich bereite mir ein kleines Frühstück zu. Während ich mir ein paar Brote schmiere, rattern die Gedanken. Der Zusammenhang – wo ist der Zusammenhang der Ereignisse, wo der rote Faden? Die Grundmelodie, das ist klar: Einsamkeit. Letztlich immer einsam, nie wirklich geborgen. Nie im Nest. Immer halb draußen. Das frühe Fehlen Vaters in der Familie. Die oftmalige, völlige Nichtbeachtung meiner kindlichen seelischen Bedürfnisse. Die schreckliche

Drogensucht meines Stiefvaters und die oftmals seltsam kalte Stimmung in meiner Kindheit. Die vielen Lügen, untereinander, damit es ja keinen Streit gab. Die schreckliche Angst, dass mich der Tod kriegt. Dass ich versagen würde. Niemand da, der mit mir jemals darüber geredet hätte. Die ständig wechselnden Partner meiner Eltern. Fortwährend Umzüge. Jedes Mal habe ich dabei meine Freunde aufs Neue verloren. Was sich nicht einstellte, einfach nicht einstellen konnte: Ruhe, Heimat, Kontinuität. Niemand hat mir jemals erklärt, wie *Leben* eigentlich geht. Wozu das Ganze? Die Drogen? Die Süchte? Ja, ich weiß es heute, Sucht kommt von siechen. Süchte sind Krankheiten, schleichende Hilfeschreie der Seele. Meine Seele war so einsam. Die Flucht in die Extreme? Ja klar, es war so schrecklich kalt und tot in mir. Ich musste doch irgendwie spüren, dass ich lebe. Was hätte mich damals bremsen sollen? Keiner hat mir irgendeine Form von Ideal vorgelebt; alle folgten sie nur der Logik pragmatischer Arrangements. Wertorientierungen jenseits von »Wir wollen es endlich schön haben!« waren scheinbar nicht bis zu uns vorgedrungen.

Das ist wohl auch der Grund, warum ich mich in Phase eins meines Lebens so schwertat, eine dauerhafte und ehrliche Beziehung zu anderen und vor allem auch zu mir selbst aufzubauen. War der heutige Crash, der »Infarkt der Seele«, also überhaupt zu vermeiden? Ich weiß es nicht. Es lief jedoch mit der unerbittlichen Konsequenz fallender Dominosteine, eigentlich ohne einen wirklichen Moment von Freiheit. Ich musste das jetzt haben. Und dann das. Und gleich drauf noch jenes. Ich wollte mich irgendwie entdecken. Wofür war ich nur da, wozu bin ich fähig? War das alles Schuld, Sünde, Bosheit? Meine Handlungen trugen gewiss teuflische Früchte. Oh ja. Aber zur Schuld gehört auch Freiheit. Man muss eine Wahl haben. Ich war einfach kein freies Wesen, obwohl mich meine Freunde scheinbar genau deshalb bewunderten. »Mann, der Typ ist cool. Der nimmt sich einfach die Freiheit!« Hatten die eine Ahnung! Ich war der Unfreieste der Unfreien, war ein Getriebener, Gehetzter, eine Marionette meiner Gier. Ich war wie ein Hund, der apportierte, wenn einer einen Knochen schmeißt. Ich hätte früher zu buchstäblich nichts, was glitzerte, blinkte, verlockte, nein sagen können. Sind also diese ganzen Schuldgefühle, die ich mir und anderen gegenüber immer hatte, überhaupt berechtigt? Habe ich nicht viel zu viel von mir selbst erwartet? Ich muss tief ein- und wieder ausatmen. Ich werfe das Marmeladenmesser von mir.

Nein! Verdammt noch mal, nein! Schuld ist hier das falsche Wort. In klarer Erkenntnis all meiner eigentlich unentschuldbaren schrecklichen Gedanken, Worte und Taten darf ich mir sagen: Das Wort Schuld passt zu damals einfach nicht. Es ist viel zu groß für meine lichtlosen Jahre, für meine fast schon sklavische Existenz in dieser Zeit. Alle die Menschen, die spotteten und urteilten, die Anklage von außen gegen mich erhoben haben, wissen sie eigentlich, welchen inneren Spielraum ich hatte? Steht es uns Menschen überhaupt zu, über den anderen zu urteilen? Sie alle kennen nur die Fassade des strahlenden, selbstbewussten Lebemannes, der allen Menschen (und vor allem sich selbst) etwas vormachen wollte, vormachen musste. Alles, fast alles war nur eine große Show. Das war jedoch meine einzige Chance, überhaupt zu überleben. Es war damals *meine* Art und Weise, mich irgendwie durch die vielen emotionalen Katastrophen meines Lebens durchzumogeln. Und trotzdem – und obwohl ich in vieler Hinsicht scheinbar nicht schuldfähig war – regte sich immer wieder ein klares Wissen um die Falschheit dessen, wie ich mich damals mit meinem Leben arrangiert hatte. Ich wusste schon, dass vieles davon nicht in Ordnung war. In lichtvollen Momenten war ich plötzlich fähig zu echten Bekenntnissen, zu Entschuldigungen, ja, auch zu Tränen. Und je mehr ich später den Zipfel der Freiheit zu packen kriegte, desto engagierter habe ich mich auch immer wieder mit den Scherben befasst, die ich hinterlassen, und den seelischen Wunden, die ich bei anderen geschlagen habe. Eine zynische Ratte war ich seltsamerweise selbst in meinen fatalsten Abstürzen nicht. Als ich zu mir kam und langsam Mensch wurde, war ich mir nicht zu schade, mich aufrichtig bei den betroffenen Personen zu entschuldigen und die mir bewussten Fehler so schonungslos wie möglich einzugestehen. Das ist vielleicht eine große Gnade, die mir der liebe Gott geschenkt hat, dass ich immer *in Beziehung* sein muss mit den Menschen, die mir einmal begegnet sind, und sei es, dass ich sie in einer gewissen Phase meines Lebens nur »gebrauchte«. Ich kann einfach nicht gleichgültig neben jemand herleben. Ich muss die Beziehung immer klären. Natürlich gibt es auch heute noch Menschen, die ich manches Mal enttäusche, da ich *meinem Weg* folgen muss. Aber ich bin ehrlich dabei. Auch wenn es weh tut. Es ist doch wirklich ein großes Glück für mich, dass ich *alle* meine damaligen, *echten* Freunde und auch meine Ex-Freundinnen *nicht* als Kollateralschäden oder peinliche Verirrungen abgelegt habe, sondern dass sie weiter in meinem Horizont sind, ja dass ich sie in meinem Leben sogar in enger Freundschaft präsent habe. Ich bin froh, das alles hier aufschreiben zu können.

*

Sammy, der kleine Nachbarsjunge von oben, klopft mit einem Stock an meine Tür. Er ist zwei Jahre alt. Seine Mama macht sich gegenüber in der Waschküche zu schaffen. Wenn ich die Tür öffne, watschelt er schnell fort. Er ist so niedlich. Ich liebe kleine Kinder sehr. »He, kleiner Sammy, willst du einen Schokokeks?« Klar kommt Sammy wieder aus seinem Versteck. Er freut sich über den süßen Keks, strahlt dabei bis über beide Ohren, ein richtig glückliches Kind. Mama kommt auch auf einen kurzen Plausch unter Nachbarn. Wonnen der Normalität! Einfach gut sein miteinander. Von Mensch zu Mensch. Wenn Gott will, werde ich bald eine eigene Familie haben, eine spießnormale, eigene kleine Familie. Es schmerzt mich heute, scheinbar coole Leute aus der ehemaligen Szene zu sehen, die sich über die »Familie« lustig machen. Auch ich habe mir einmal darin gefallen, ein großer Hasardeur der Liebe zu sein, ein Freibeuter in Sachen Sex. Was für ein schrecklicher Unsinn! Nicht die idealistischen Familienmenschen sind die Spießer. Die anderen, die sie verlachen (und doch heimlich von ihren Werten zehren), sind es. Nicht als der geborene Spießer, nein, als eine Art *Familienkrüppel* sage ich: Eine intakte, liebevolle Familie ist der wahre Nährboden für gesunde und selbstbewusste Menschen. Nur Menschen, die bereit sind, wieder und wieder und wieder Liebe zu geben, werden unsere Gesellschaft freundlicher und menschlicher machen. Nur diese. Die anderen zehren nur von ihrem Kapital. Eine Gesellschaft kann nicht leben, wenn jeder ohne Rücksicht auf Verluste nur danach schaut, was er für sich am besten herausholen kann. Ich wünsche mir heute eine Familie, weil ich ein *Gebertyp* sein möchte. Wer hat das noch gesagt, dass man auf keine Weise schneller glücklich werden kann als dadurch, dass man andere glücklich macht?

*

Eine wahre Liebe habe ich doch noch gefunden, Uta. Die Liebe meines Lebens. Auch sie wünscht sich eine Familie. Sie ist ein echtes Geschenk Gottes. Werde ich auch die materiellen Mittel besitzen, eine Familie zu gründen, meinen Kindern endlich auch eine Heimat zu schenken? Ich wünsche es mir. Denke dabei an Gott. Dass wir alle dafür seinen Segen brauchen werden. Reich möchte ich nicht werden. Auf keinen Fall. Aber ich möchte zumindest für das Nötige sorgen können, ökonomische Verantwortung tragen, ohne Angst.

Jesus sagt: *»Sammelt euch keine irdischen Schätze, die von Motten gefressen werden, sondern sammelt euch die wahren Schätze im Himmel, die ewig währen.«*

Geld, nicht menschliche Größe, scheint heute jedoch der einzige Gott zu sein, dem es sich zu unterwerfen lohnt. Das kann ich nicht. Erfolg, so weit bin ich schon lange, wird und darf für mich nicht alles sein. Karriere und Geld, diese scheinbar allgewaltigen Wörter unserer westlichen Gesellschaft, die bei vielen von uns jedes rücksichtslose Verhalten zu rechtfertigen scheinen. Ich werde dafür meine Seele nicht verkaufen. Der Philosoph Aristoteles sagt einmal, die Tyrannen erkennt man daran, dass sie den Untertanen keine Muße gestatten, um sie dabei ununterbrochen in die Leistungsfunktion zu zwingen.

Kommt das jemandem bekannt vor? Wozu das alles?

Ich will und werde mich vom kalten Schimmer der Karriere und des Mammons so wenig wie möglich beeindrucken lassen, will Geld so funktional wie nur möglich ansehen und nutzen. Es für die Familie, den Unterhalt, für gute Zwecke einzusetzen – das ist okay. Alles andere nicht. Eines Tages werden wir alle vor Gott stehen, und ER wird uns sicher nicht fragen, wie viel Geld wir verdient haben oder was wir alles Großes geleistet haben; ER wird uns vielmehr fragen: *»Wie viel Liebe habt ihr euren Kindern und euren Nächsten geschenkt?«*

*

Was denke ich da gerade? Was sind das nur für neue Träume, die meine Fantasie beleben? Vor einigen Jahren noch wäre für diese Gedanken auch nicht in den entlegensten Hirnwindungen Platz gewesen. Der »Seeleninfarkt« zieht sich mehr und mehr zurück. Noch schmerzt mich mein Burnout. Aber in der Wüste meiner Seele zeigt sich erstes, zartes Grün. Ja, tatsächlich. Ich bin in den letzten Jahren ein völlig anderer, ja, ein neuer Mensch geworden. Im Geist steige ich in einen Hubschrauber, betrachte mich aus 100 Metern Höhe. Der da unten, der Dario, das ist heute ein junger Mann mit neuen, christlichen Werten, dazu ein glücklicher, fürsorglicher Vater und ein Mensch mit dem aufrichtigen Wunsch nach Verantwortung für seine Mitmenschen. Er hat ein durch tiefes Leiden geweitetes Herz. Er hat Glauben, möchte noch mehr davon, möchte Glauben, der Berge versetzt. Er hat sich vor kurzer Zeit einer atemberaubenden Hoffnung verschrieben. In seiner verwüsteten Seele ist endlich Liebe. Er hat wieder Tränen. Er ist nicht mehr hart. Was mit ihm geschehen ist und was noch geschehen wird, ist ein echtes Wunder.

14. Papi auf Drogen

Eichsfeld/ Mallorca, Mitte der 90er

Ich bin jetzt Anfang 20. Lebe mit einem neuen Mädchen an meiner Seite zusammen, in einer kleinen Zweizimmerwohnung mit Parkett und Dachterrasse am Stadtrand. Sie hat ihre Arbeit geschmissen. Ihr Elternhaus verlassen. Für mich. Ich verliebte mich sogar in sie, sie sich in mich. Mist, das hatte ich nicht erwartet! Oder? Ist es Liebe? Egal. Ich weiß es nicht. Es ist, wie es ist. Was soll's? Dann sind wir wenigstens beide nicht mehr allein. Eines Morgens steht sie vor mir.

»Ich bin schwanger!«

Ich habe den Mund offen, weiß nicht, was ich sagen soll. Schwanger? »Ich denke, du nimmst die Pille?« Ich soll Vater werden? Jetzt? Um Himmels willen, weiß sie nicht, was bei mir hinter der Fassade los ist? So eine Verantwortung kann ich doch niemals übernehmen. Mir wird schlecht. Sie hat Tränen in den Augen. Die Luft ist mit einem Mal sehr dünn im Wohnzimmer. Das packe ich doch nicht! Ich muss erst einmal an die frische Luft, nehme meine Jacke, packe mir die Zigaretten und laufe stundenlang durch den Regen, verwirrt, unfähig zu einer Folge klarer Gedanken. Ein wilder Wirbelsturm durchfährt mein Hirn. Eine Kippe nach der andern muss dran glauben. »Dann bekommste jetzt also eine Familie«, durchzuckt es mich. »Das wolltest du doch sowieso immer! Oder etwa nicht?«

Zumindest ein Teil meiner chaotischen Seele gibt Resonanz. Aber ich bin doch gerade erst voll im Partyleben der Stadt angekommen. Da geht was nicht zusammen. Das exzessive Leben, die Drogen, die Anerkennung im Club – das ist doch jetzt mein wildes, abgefahrenes Leben. Und nun die Papi-Nummer? Stoned hinterm Kinderwagen? Scheiße. Andererseits, hey, warum denn nicht? Ich mag Kinder ja auch. Sehr sogar. Aber jetzt schon ein eigenes? Ach, denke ich, lassen wir es doch erst einmal kommen, das wird schon alles werden. Ist ja eigentlich immer irgendwie weitergegangen in meinem Leben. Irgendwann bist du tot, dann ist das doch eh alles sinnlos hier! Ich gehe langsam nach Hause zurück und drücke meine Freundin fest an mich. Jetzt ist Show angesagt. Ich vereinbare mit mir die Nummer: »Mach nicht den Ratlosen. Mach den Mann!« Ich habe das Stück ziemlich gut drauf. Ich gaukele ihr meine scheinbare Selbstsicherheit vor. Wir schaffen das schon, tröste ich sie. Ich weiß, dass ich lüge. In Wahrheit denke ich: »Niemals!« Ich bin verzweifelt. Gut, ich *versuche* es immerhin, versuche in den nächsten Wochen, wie ein Familienvater zu denken. Wie geht das eigentlich? Ich kenne so etwas ja gar nicht. Mich damit auseinandersetzen? Dafür habe ich keine Zeit. Hallo? Ich habe jetzt jede Menge Arbeit, bin oft weg. Eine von mir organisierte Party jagt die nächste. Alkohol und Drogen spielen weiter eine zentrale Rolle. Ich bin ständig auf Achse; manchmal komme ich gar nicht erst nach Hause. Ich packe das doch eh nicht. Scheiß doch auf »Familie«! Ich habe gar keinen Etatposten dafür, brauche die Kohle, um mein Leben und die Drogen zu finanzieren. An meine Verantwortung für die beiden denke ich plötzlich nicht mehr. Ich kriege privat doch sowieso nichts mehr richtig auf die Reihe. Diese ganze Gefühlsduselei – wenn sie kommt und einen auf die

Mami-Papi-Tour macht – kotzt mich an. Ist doch eh alles vorn Arsch. Mein Herz ist mittlerweile eiskalt.

*

Als mein Sohn Giuliano geboren wird, bin ich ein emotionales Wrack. Mein Herz ist Packeis. Niemand erkennt das jedoch richtig. Über die vielen Jahre hatte ich so viel zu verstecken, dass ich ein richtig guter Schauspieler geworden bin. Bei der Geburt bin ich dennoch die ganze Zeit dabei. Es ist der 10. Juni. Draußen ist es sehr heiß. Nicht einmal ein Lüftchen bewegt sich. Die Geburt ist ein harter Akt; sie dauert ganze 24 Stunden. Dann ein lang gezogener Schrei: Er ist da – Giuliano, mein Sohn, unser Sohn! Vom ersten Augenblick, an dem ich in die braunen Augen dieses Kindes sehe, liebe ich ihn über alles. Es ist wie ein Pickel, der durch den Eiskordon geht, der sich um mein Herz gelegt hat. Es ist das erste Mal, dass ich so etwas wie einen Anhauch von *echter* Wärme in meinem kalten Herzen spüre! *Mein* Sohn, unser Sohn. Er ist 58 cm groß und hat ein wunderschönes, kleines rundes Köpfchen. In der Erinnerung verschmelzen alle Sinneseindrücke. Ich sehe dieses Köpfchen und rieche den Geruch von Desinfektionsmitteln auf der Babystation. Ich weine vor Freude, während die Schwestern in ihren weißen Kitteln an mir vorbeihetzen. Vor allem aber weine ich auch, weil ich weiß, dass ich kein Vater für ihn bin und keine Hoffnung in mir ist, es jemals sein zu können. Das Kind weiß es noch nicht. Es blinzelt mir, meine ich, mit einem seiner Äuglein zu. Ich drücke mir die Nase am Wärmebrutkasten platt. Was für ein Wunder! Ein neuer, anderer Mensch! Mehr als die Summe von zwei Genkombinationen, mehr als die Folge einer zufälligen erotischen Verbindung! Dieses kleine Wesen mit den niedlichen weißen Söckchen lässt mich staunen ohne Ende. Oh Mann, Giuliano packt mit seinem Händchen meinen hingestreckten Zeigefinger! Wie winzig, zart und zerbrechlich er doch ist. Der Kontrast zwischen dem Wunder eines hilflosen Kindes und meiner erwachsenen Hilflosigkeit zerreißt mir plötzlich das Herz.

*

In meiner Clique werden noch andere plötzlich Eltern. Da purzeln also die Kinder in die Welt, irgendwie. Sie bräuchten Väter und Mütter. Aber ihre etatmäßigen Väter und Mütter sind selbst noch Kinder, groß gewordene vielleicht, nicht fertig gespielte, mit Kuscheldefizit belastete, ewig unreife Wesen, die in eine Rolle geschubst werden, die sie einfach nicht draufhaben. Wo soll das alles eigentlich noch enden?

Die nächsten Monate verstecke ich mich wieder hinter meiner Arbeit und immer neuen hammerharten Dosen aus der Barbituratabteilung. Ja, ich schaffe es einfach nicht mehr, ohne diese chemischen Kicks zu leben. Ich mache mich krank, sonst halte ich diese kranke Welt nicht aus. Äußerlich verändere ich mich noch nicht. Ich gebe weiter den strahlenden Playboy, der Flirts und Amouren nicht abgeneigt ist. An den Gelegenheiten bei jungen Frauen während meiner ständigen Arbeit im Nachtleben fehlt es natürlich nie. Es sind heftige Versuchungen für mich, denen ich schließlich exzessiv erliege. Einmal, zweimal, oft. Ich schaffe es einfach nicht, standhaft zu bleiben, und betrüge meine Partnerin. Giulianos Mama hält das nicht aus. Sie verlässt mich mit dem Jungen, als er gerade ein Jahr alt ist. Aus. Vorbei. Endstation Sehnsucht Familie. Wieder einmal. Ich bin jetzt alleine, sitze in meiner Wohnung und starre die Wände an. Stundenlang. Kapiere nichts. OK. Weiter wird die Reise des Lebens gehen. Wieder allein. Wie immer. Ich habe nicht viel mehr mitzunehmen als ein paar Klamotten, meinen vergammelten

schwarzen Koffer, meine Bücher und meine riesige CD-Sammlung. Plötzlich muss ich weinen, an diesem Abend, in dieser Nacht, trotz aller Betäubung. Zwar verlasse ich meine Wohnung am nächsten Tag. Aber sobald ich wieder in sie zurückkehre, in den dunklen Nächten, überfällt es mich wieder, dieses verzweifelte Weinen, über viele Tage hinweg. Meine Tränen haben eine einzige Quelle: Jetzt wird mein Sohn auch alleine, wie ich selbst, aufwachsen – das darf doch alles nicht wahr sein. Wie kann ich diese Duplizierung des eigenen Schreckens nur zulassen? Das darf doch nicht wahr sein! Ich kotze mich so an. Ich hasse mich. Ich hasse die Welt. Ich hasse diese verfluchte Lügenscheiße, aus der mein Leben besteht, dieses sinnfreie, nicht steuerbare Etwas aus Schicksal und Trieb.
Wozu ist dieses Leben gut? Wozu?
Ich nehme jetzt immer mehr Drogen, habe quasi permanent die Alkoholflasche an der Kehle, um diese heftige Trennung von meinem Kind zu verkraften.

*

Ab sofort sehe ich meinen Sohn nur noch einmal die Woche; dann darf ich ihn zu mir holen. Manchmal fahre ich mit dem kleinen Giuliano bei meiner eigenen Mama vorbei, denn ich brauche unbedingt jemanden zum Reden. Wenn ich dort bin, versuche ich immer absolut nüchtern zu sein. Klappt fast immer. Was nicht klappt: Ich kann mich meiner Mutter nicht eröffnen in meiner wahren Not. Ich kann ihr nicht die Wahrheit über mich und mein Leid sagen. Ich bekomme mein Leben einfach nicht in den Griff. *Siehst du das nicht* – schreit alles in mir. *Durchbrich doch meine Fassade! Glaub mir doch nicht! Schrei mich doch an! Gib mir doch die volle Portion Wahrheit!*
Aber meine Mama sieht einen anderen jungen Mann. Einen coolen Typen, einen Sohn, der einfach alles im Griff

hat. Alles läuft ganz locker. Mit Vater habe ich fast gar keinen Kontakt mehr, da er nicht sehr erfreut ist über Sohnemanns unternehmerische Konkurrenz innerhalb der gleichen Stadtmauern. Egal. Ich kann es nicht mehr ändern. Außerdem trage ich mittlerweile drei Ohrringe, Piercings und drei Tattoos am Körper – bin somit nicht mehr das beste Aushängeschild für ein traditionelles italienisches Familienunternehmen. Warum nur befinde ich mich im Herzen in einer Festung, die niemand knacken kann? Warum bricht mich niemand auf? Warum kann ich selbst die Panzer des Stolzes und der Lüge nicht von innen her sprengen, warum bin ich nur so unfähig, mit jemandem reden? Das wird zusehends zu meiner zentralen Frage. Ich fahre oft weinend zur Arbeit. Wo soll das alles noch hinführen? Das Design meines Lebens hat eine schillernde Oberfläche; aber darunter ist einfach keinerlei Spur von Sinn. Ich schleppe mich nur noch von Tag zu Tag, provoziert durch die Arbeit, belebt und betäubt durch putschende Drogen, gehalten von einer kleinen Drogencrew, mal bewundert, mal verachtet von vielen ahnungslosen Gästen. Im Club fühle ich mich jedoch zumeist bestätigt und geliebt. Sobald ich wieder im Geschäft bin, strahle ich wieder über beide Ohren.
Was geht? Was geht? Da bin ich! Auf geht's. Immer wieder einsteigen. Immer wieder dabei sein. Achtung. Wir starten! Im Wagen siebzehn eine Blondine. Uh. Uh.

*

An den Wochenenden klappere ich jetzt mit Freunden nach der Arbeit noch die neu aufkommenden House Clubs in Deutschland ab. Muss ja schauen, was der Trend will. Dort lerne ich nebenbei auch noch meine zukünftigen Begleiter – neue und härtere Partydrogen, Ecstasy, LSD und Opium – näher kennen. Ich schlafe jetzt manchmal vier oder fünf Tage am Stück nicht. Dazu wiege ich bereits acht Kilogramm weniger als noch vor einem Jahr. Mein Sohn ist weg, meine Mutter, Vater, meine Schwester, meine Freundin. Ich bin vogelfrei. Was soll ich machen? Ich fühle einfach nichts mehr. Mein Herz besteht weiter nur noch aus gefrorenem Eis. Ich bin innerlich tot. Ich finde auch einfach keinen Weg mehr dort heraus. Scheiß doch drauf.

*

Das sieht ja aus wie Löschpapier, wie rosa Löschpapier. Und das soll LSD sein? Ich sitze mit Steven aus Kassel in der kleinen Hütte am Strand von Mallorca und starre auf das kleine Stück Papier in meiner Hand. Das ist also ein *Trip*. Steven ist groß, blaue Augen, hat eine rasierte Glatze und Arme, so dick wie Beine. Wir haben uns neulich beim Feiern in Kassel kennen gelernt. Im »Aufschwung Ost«, *dem* Techno-, House- und Szeneladen Nummer eins im Deutschland der neunziger Jahre. Eine alte, riesige Fabrikhalle. 3 Floors. Chill-out-Zone. Alles da, was der Mann von Szene so braucht. Steven ist ein echter Verticker. Finanziert seinen Drogenkonsum damit, indem er anderen Abhängigen Drogen verkauft, mir jetzt auch. Steve hat immer den besten Stoff. Ich mag ihn irgendwie. Ist 'ne coole Sau. Studiert sogar nebenbei. Diese Mischung. Drogen und Intelligenz. Klasse. Lassen sich eben doch vereinen. Sag ich ja.

Eines Tages fragte er mich auf einer House-Party in Frankfurt, ob ich nicht mal Bock auf einen Trip hätte. Nach Mallorca. Sven Väth, der DJ, Guru lege dort auf. Er habe zwei Flugtickets über. Klar, hatte ich Bock. Eine Woche Sex, Drugs und den Master of DJ's. Hammer. Auf geht's.

Als wir in unsere Unterkunft ankommen, packt Steven seine Tasche aus. Mannomann, das ist ja, als ob der Klempner seine Werkzeugkiste aufmacht! Die vielen weißen Tütchen und die ganzen bunten Tabletten liegen verteilt auf dem Bett. Krass. Der scheint mir mehr Drogen statt Unterwäsche mitgenommen zu haben. Wow. Na, das wird 'n Fest! Und so kommt es auch. Malle bebt. Am Tag hängen wir zugedröhnt am Strand ab, in den Nächten machen wir die Clubs und Bars unsicher, vollgepumpt bis zur Halskrause mit starken Amphetaminen und Ecstasy.

Zwei Tage und Nächte treiben wir schon die ungesündesten Sachen, da spricht mich Steve kennerisch auf einen Trip der ganz besonderen Art an: »Haste mal Lust auf eine ganz andere Reise?« LSD. Kenne ich noch nicht. Ich weiß aber, dass es saugefährlich werden kann, wenn man das Ding nicht in den Griff kriegt. Das ist aber noch lange kein Argument dagegen. Wir sitzen in der kleinen runtergekommenen Bruchbude, die wir uns als Urlaubsdomizil ausgesucht haben: das Miniappartement besteht aus drei Betten, einem Tisch und einer Dusche.

Der Putz rieselt von der Decke. M & M's schwirren durch den Raum: Mega-Mücken. Auf dem Tisch steht der nähere Reisebedarf: die große schwarze Wasserpfeife und eine Menge Bacardi, Wodka und Red Bull. Es riecht nach Haschisch. Die ersten Marihuanazüge aus der Blubber haben wir ja auch schon hinter uns, nur das Frühstück noch nicht. Der süßliche Rauch lässt die Augen brennen. Die Mucke hämmert laut aus dem kleinen Ghettoblaster. Ummpf. Ummpf. Ummpf. »Can you feel it? Ummpff. Ummpf. Ummpf.« Ich bin total aufgekratzt, zum Zerreißen gespannt. Er sieht mich an: »Das ist nicht irgendein LSD, Pizza, das ist *das* LSD! Das sind Hoffmänner. Die heftigsten Teile, die es überhaupt gibt. Lass uns erst mal 'n halbes schmeißen. Mache ich sonst auch immer. Hinterher können wir immer noch nachlegen.« Ich starre weiter auf diese Fitzelchen Papier in meiner Hand. Ich habe jetzt bis auf Heroin und LSD in den letzten beiden Jahren schon

eine Menge ausprobiert, und bisher war alles genial und ungefährlich. Also, was soll es. Er wird schon wissen, was er mir da anbietet. Er nimmt es ja auch. Mir ist es egal. Rein damit. Ummpff. Ummpff. Ummpf. »Can you feel it?« Feel it! Was denn? Ich habe grade gar kein Zeitgefühl. Wie spät ist es? Die Musik wird lauter. Der Bass hämmert in meinen Eingeweiden, und ich warte auf das, was da passieren wird. »Wie lange dauert das denn, bis das hier richtig wirkt?« Ich habe echt gar keine Ahnung von dem Kram. Löschpapier fressen. Mannomann! »Das merkst du dann schon, keine Sorge, irgendwann geht eine Tür auf, und dann kann die Reise auch schon beginnen. Wichtig ist, das wir immer zusammen auf dem Trip bleiben.« Hehehe. Steven lacht laut und hysterisch. Er hat eine fette, silberne Sonnenbrille auf und ein dunkles Muskelshirt an. Wieso lacht der so scheiße? Ich finde seine Fratze plötzlich total eklig. Bäh. Das gefällt mir nicht. Seine Zähne sind so widerlich. Irgendwie gelb. Jetzt grün. Bäh. Spinne ich jetzt? Was soll das? Rot. Seine ganze Knabberleiste ist jetzt eine einzige Lichtorgel. Mir wird tierisch heiß. Die Wände von der Bude hier werden auch immer enger, irgendwie. Mann, ist das heiß hier. Mir läuft der Schweiß runter. Mein Magen spielt verrückt. Ummpff. Ummpff. Ummpf.
»Can you feel it?« O ja, es brennt wie Feuer in meinem Innern. »Mir geht's nicht gut!« Ich gucke ihn hilflos und irritiert an. Steven grinst. Was lacht der denn die ganze Zeit so bescheuert?! Bilde ich mir das ein? Lacht der mich aus? Das Zimmer hier wird immer enger, ich muss hier raus, endlich raus. Hilfe. Ich kriege überhaupt keine Luft. Ich ziehe immer wieder mit meinen Händen an meinem Kragen. Ich brauche Luft. Steven brabbelt irgendwas. Häh? Was redet der denn da? Will der mich verarschen? Luft. Ich brauche Luft. Ummpf. Ummpf. Ummpf. Ich kriege

hier gleich ’nen Knall. Mann, das ist ja voll daneben hier. Raus. Weg hier. Sonst drehe ich durch. »Can you feel it?« Ummpf. Ummpf. Ummpf. Eine seltsame Tür in mir geht plötzlich auf. Hereinspaziert und willkommen in LSD Valley. Wo bin ich hier? Strand. Ich bin am Strand. Wie komme ich denn hier so schnell her? Das Meer ist leuchtend grün. Wackelpudding, grüner Wackelpudding. Haha. Ich lache, hysterisch. Ich bin eine Comicfigur. Hallo, Spencer! Am grünen Meer. Hallo, Spencer – am grünen Strand von Mallorca! Ich lache mich tot. Hahaha. Die wissen alle nicht, wer ich bin. Keiner weiß das. Ich hau mich weg. Ich bin Spencer. Jaha, Spencer. Der Himmel ist ja der Hammer. Die Raumschiffe habe ich doch sonst nie gesehen. Hammer. Hammer. Etwas frisst meine gesamten Eingeweide auf. Mann, das brennt total krass in mir. Oh Mann. Was ist das denn hier für ein schräges Szenario? Krasse Kulisse. Das grüne Meer schwappt langsam immer mehr auf mich zu. Plopp. Plopp. Schmatz. Schmatz. Die Raumschiffe am knallroten Himmel werden jetzt immer größer. Ich gucke auf meine Hände. Das sind ja nur noch Stumpen. Wo sind denn meine Hände? Scheiße, Scheiße, Scheiße! Das ist LSD?? Was ist das für ein Scheiß-Trip hier? Wo ist Steven überhaupt?? Meine Hände werden zu Flügeln. Ich gucke dabei zu. Panik. Es ist niemand mehr auf der Welt. Welcher Welt? Ich bin allein! Ganz allein! Panik! Ich gucke mich um. Oh Mann. Wo sind die denn alle? Wo bleibt der Scheiß-Steven? Wo steckt der? Ich kenne mich mit der Nummer hier nicht aus. Das grüne Wackelpuddingmeer kommt immer näher. Plopp. Plopp. Schmatz. Schmatz.

Das ist ja was ganz anderes hier als Amphetamine oder solche Teile. Das ist viel zu krass. Ich brauche Hilfe. Ich komme hier nicht wieder raus. Wo ist die Tür, durch die ich gekommen bin? Wo ist diese verfluchte Tür? Panik. Ich renne

nach links, nach rechts, nach oben. Nach oben? Ich lauf in den Himmel. Ja, nach oben! Verdammt, was ist das hier? Scheiße, komm mal klar, Dario, komm klar. Du kannst doch denken. Dario? Du bist nicht Dario. Du bist Spencer, ja, Spencer, und niemand hält dich jetzt mehr auf. Du stehst auf der Himmelsleiter. Ohne Hände. Du hast Flügel. Sei das Raumschiff von Captain Future und ab dafür. Weg hier. Du bist grenzenlos. Keine Macht der Welt hält dich hier auf. Schweb, flieg los. Lass einfach los. Na los doch, du bist Spencer. Flieg, Spencer. Flieg. Breite deine Flügel aus und schwebe lautlos hinauf, höher, immer höher. Ich fliege. Sehe das grüne, gallertartige Meer unter mir. Plopp. Plopp. Ich fliege tatsächlich. Unfassbar. Das ist mir zu heftig. Nein, ich kann nicht mehr. Ich komme immer höher. Nein! Noch höher. Bin schon über den blauen Wolken. Ich will wieder auf der Erde sein. Runter. Runter. Höher. Ich halte das nicht aus. »Steeeeeeven! Wo steckst du, verdammt? Ich pack das nicht! Ich will raus hier, nur raus! Wo ist die Tür, wo bin ich hergekommen? Ich will nach Hause!« Ich schreie laut, während ich zu Boden trudele. Doch ich höre meinen eigenen Schrei nicht. Er ist nur in meinem Kopf. Kein Laut. Ich höre nichts. »Hilfe. Hilfe. Ich stürze ab!« Mit voller Wucht rase ich hinab und klatsche auf das Grün unter mir. Patsch. Patsch. Oh Mann, das Raumschiff Dario Enterprises geht unter. Ich sterbe. Hilfe! Raus hier. »Maaaaama, es tut mir leid!« Verzweifelt rudere ich mit meinen Flügeln, der grüne Wackelpudding verfängt sich in meinen Haaren, meinem Mund. Ich ersticke. Plopp. Plopp. »Hilfe!«
»Scheiße, Pizza, was'n mit dir los? Mach dich mal locker! Alles ist gut!« Steven steht da! Ich bin plötzlich wieder in der kleinen Bude. Häh? Ist der echt? Steven? Er hat noch die Sonnenbrille auf. »Ja, Pizza, komm mal klar, Alter. Trink mal was!«

Er hält mir ein Red Bull vor die Nase. Ich liebe ihn. Ich gucke mich hektisch um. Ich bin echt wieder in der Bude! Sitze immer noch auf dem Stuhl. Vor mir die Blubber. War ich gar nicht weg? Er ist da. Er hat mich nicht im Stich gelassen. Boah. Hammer. Ich möchte ihn umarmen, trinke das Red Bull mit einem Zug leer. Ah, schön kalt und süß, köstlich. Jetzt wird alles gut. »Wie lange war ich weg? War ich die ganze Zeit im Raum?« Ich bin wieder in der normalen Welt. Meine Fresse. Was war'n das für 'n krasser Trip? »Das war ja heftig, viel zu heftig, ich steige lieber aus, Steven. Ich lege mich hin. Das Teil ist nichts für mich. Mach die Mucke aus. Echt mal.« Ich lege mich auf meine Pritsche. Will schlafen. Nur schlafen. Schnell wieder normal werden.
»Pizza, spinnst du? Du hast 'n Ticket gefressen, da kann man sich nicht einfach hinlegen. Du kannst mich nicht im Stich lassen!« Steven springt auf und schreit mich an. Fletscht die Zähne. Sie sind immer noch rot. Oder ist das Blut? Ich schrecke jetzt richtig von meinem Bettersatz hoch, weil er immer lauter und hysterischer schreit. »Steeeeh auf, es geht doch erst los, Mann!« Wie bitte? Es geht erst los? Von wegen! Ich steige aus. Das hier ist sogar für mich zu krass. Ich ziehe mir die dünne weiße Decke über den Kopf. Ich war grad Spencer und ein Raumschiff und bin im Wackelpudding versunken! Hallo? Da hört der Spaß auf. Aufhören! Nein, nein, nein. Das soll aufhören. Mein Magen brennt. Weg. Ich will nur schlafen. Scheiße ist das hier, echt mal. »Pizza, so ein Ticket dauert 12 bis 20 Stunden, es geht erst los, steh auf, wir gehen jetzt raus!!« Wie bitte? 20 Stunden? Panik. Entsetzen. Mein Herz schlägt mir bis zum Hals. Ich starre ihn an. »Willst du mich verarschen? Das will ich nicht, auf gar keinen Fall!« Steven nimmt meine Hand, ich will mich losreißen. Ich will nicht. Plötzlich geht die Tür wieder auf:

Welcome to LSD City. Back in Town.
Da sind wir. Wieder am Strand. Nein. Es ist die Wüste Sahara. Viele Menschen sind da, alle dunkelhäutig. Steven und ich schauen uns an. Er ist schwarz. Das gibt's doch nicht. Na klar, wir sind doch in der Wüste. Da leben doch die Schwarzen. Hammer. »Bin ich auch schwarz?« Steven zeigt seine extrem weißen Beißerchen beim Lachen: »Und wie schwarz du bist, Pizza! Hehe.« Ich gucke auf meine Arme. Tatsächlich. Ich bin ein Schwarzer! Eine schwarze Pizza. Mannomann. Wie krass ist das denn? Wir stiefeln durch den Sand. Es ist heiß. Verdammt heiß. Eine schwarze Pizza, die zu lange im Ofen ist. Ich gucke zurück. Wo ist die Tür? Ich habe keinen Bock auf noch so 'nen Trip. Steven brabbelt mal wieder irgendwas Unverständliches vor sich hin. Was labert der da? Ich kapiere ihn einfach nicht! Scheiße, wo ist hier die Tür? Ich will wieder zurück. Ganz schnell raus hier aus der Story.
»Los Pizza, weiter geht's!« Steven treibt uns voran. Wir stolpern gemeinsam durch den Saharastreifen, immer weiter. Ich sehe nichts als Sand, schwarze Menschen und Tiere auf uns zukommen. Frauen. Kinder. Kamele mit Sonnenbrillen. Hier in der Wüste ist ja jede Menge los. Wo gehen wir überhaupt hin? Plötzlich höre ich Stimmen auf mich zukommen ... »Ja, ich muss noch ...«, » Ich liebe ihn ...«, »Hoffentlich ist das bezahlt ...« – Verdammt, was sind das für Stimmen? Ich gucke mich hektisch um. Wer redet denn da? Ich sehe keine Menschen reden. Steven? Labert der etwa wieder dummes Zeug? Ich gucke ihn von der Seite an. Ein schwarzer Steven. Unglaublich. Er latscht neben mir her und grinst nur vor sich hin. Sein silberner Ohrring glitzert und funkelt wie ein Diamant an seinem rechten Ohr. Er hat rote, fette und schlauchbootartige Lippen. Doch sie bewegen sich nicht. Er ist es also nicht. Wo

kommt das her? Diese Stimmen. Wie Bienenschwärme surren sie durch die Luft. Ich glotze zum Himmel. Nichts. Plötzlich kapiere ich: Das sind Gedanken! Ich kann Gedanken lesen! Ich gucke mich weiter hektisch um. Die schwarzen Männer, Kinder, Kamele und Frauen, die mir entgegenkommen: die denken das gerade, und ich hör alles! Krass! Ich kann Gedanken lesen!
»Alter, hörst du das auch, Steven?« Er hat seine Sonnenbrille immer noch auf. Plötzlich schaut er mich an, und ich sehe durch die schwarzen Gläser seine roten Terminator-Augen langsam auf mich zukommen. Er spricht wie eine Maschine: »Na klar, Pizza, ich lese sie genau wie du, wir sind nun mal beide auf demselben Trip! Kapierst du das nicht? Hör und guck mal ganz genau hin. Das alles hier ist 'ne riesige Verschwörung. Ein ganz schräger Streifen. Die stecken hier alle unter einer Decke!« Ich kapiere gar nichts. »Wie meinst du das, eine riesige Verschwörung? Mach mir mal keinen Schiss!« Ich drehe mich immer und immer wieder um. Was soll das hier? Ich hasse das. Ich will hier raus. Die Stimmen werden lauter. »Ich werde dich kriegen!«, ... »Es ist so weit, ich mache Schluss!«, ... »Er liebt mich gar nicht, er hat mich nur benutzt!«, ... »Ich muss los, einkaufen gehen ... das Auto und Benzin, Versicherung«, ... »Ich werde dich kriegen, es ist soweit ...«
Ich presse mir die Hände auf die Ohren. Scheiße, ich will das alles nicht hören. Ich gucke wie ein gehetztes Tier nach rechts und links. Nur weg von hier! Ich werde wegrennen. Ich muss die Tür suchen. Ich setze zum Sprung an. Will losrennen. »Pizza, lass uns mal hinsetzen.« Steven zieht mich am Arm, und plötzlich, bevor ich überhaupt realisieren kann, was passiert, rollen und stürzen wir gemeinsam eine Riesendüne hinunter. Wir rollen, rollen immer schneller, der Sand in meinen Augen brennt wie Feuer, und ich be-

komme keine Luft mehr. Ich habe den ganzen Mund voller Sand. Ich ersticke, oh Mann, ich ersticke! Worauf habe ich mich hier nur eingelassen. Plötzlich, während wir immer tiefer Richtung Hölle trudeln, fällt mir mein Sohn ein. Giuliano. Oh nein! Ich muss das überleben hier. Für ihn, für mein Kind. Ich kämpfe verzweifelt gegen die Sandmassen, rudere wie wild mit meinen Armen und Beinen, versuche endlich wieder Boden unter den Füßen zu bekommen. Ich spucke immer wieder Sand aus. Päh. Päh. Er ist überall. Der Höllensand. Es knirscht in meinem Hirn. Ich schreie: »Hilfe!« Ich ersticke am Sand.

Auf einmal macht es einen Knall, und ich liege wieder am Strand!

Direkt am Wasser. Steven sitzt neben mir. Er guckt rauf aufs Meer. Wieder weiß. Seelenruhig. Was war passiert? Wie komme ich hier jetzt her? Mitten am Strand. Nur hundert Meter von unserem kleinen Häuschen entfernt. Ich hatte mich hier wohl im Sand auf und ab gerollt. Bis ich alles voller Sand im Haar und Mund hatte. Von wegen Sahara. Von wegen Gedanken lesen. Scheiße. Was ist hier los? Was ist das nur für ein Höllentrip? »Pizza, es wird alles gut! Mach dich mal locker. Hättest vielleicht doch nicht gleich 'n halbes schmeißen sollen. Was soll es. Da müssen wir jetzt durch. Hehehe.« Ich gucke ihn fassungslos an. Was? »Ja, Pizza, das war erst der Anfang – zwölf bis fünfzehn Stunden haben wir noch vor uns!« Mir wird schwindelig. Nein. Ich glaub das nicht. Ich werde das hier nicht überleben. Das muss aufhören. Ich packe das nicht. Aufhören. Was habe ich da nur für einen Scheiß geschmissen?

Ich habe diese Gedanken gerade zu Ende gedacht, da geht die Tür auch schon wieder auf.

Welcome to LSD City. Back in town.

15. Fast eine kleine Familie

Eichsfeld, Sommer 2008

Es ist Samstag, ein wunderschöner Tag heute. Draußen ist es sehr warm, dazu weht ein frischer Wind, und die Luft ist voll von interessanten Sommerdüften. Es riecht herrlich nach frischem Gras und Blumen. Das Leben ist freundlich zu uns. Wir kommen gerade vom Minigolfplatz der Stadt nach Hause. Uta, meine beiden kleinen Kinder und ich. Uta geht in die Küche und bereitet dort Pfannkuchen für alle zu. Bald mischen sich die betörenden Düfte aus Küche und Garten. Was Steven wohl heute macht? Ich werde ihn und diese LSD-Erfahrung nie vergessen. Es waren am Ende über vierundzwanzig Stunden, die wir uns in dieser unglaublich surrealen Welt aufhielten. Unbeschreibliche Dinge haben sich noch in meinem und seinem Inneren abgespielt. Ich schaffe es hier nicht, sie noch weiter in Worte zu fassen. Seit damals kann ich jedenfalls sagen: In der wahren Hölle war ich schon mal – einen ganzen Tag lang. Das werde ich nie vergessen. Steven geht mir nicht aus dem Kopf. Heute bete ich für ihn. Seit vielen Jahren nun nehme ich keinerlei chemische oder pflanzliche Drogen mehr. Vor sechs Jahren rauchte ich meine letzte Zigarette. Alkohol trinke ich fast gar nicht mehr, wenn, dann nur noch zu besonderen Anlässen, und dann nur wenig. Ein bis zwei Gläser. Mehr nicht. Ich lebe heute eine regelrechte »Freude an der Nüchternheit«. Ich hoffe sehr, dass auch er es geschafft hat. Dafür bete ich, immer wieder einmal.

*

Die Kinder und ich spielen »*Schwarzer Peter*« im Wohnzimmer. Meine kleine Tochter Emily gewinnt dabei eine Runde nach der anderen und lacht sich dabei halb schief über uns Männer. Ihre blauen Augen strahlen wie der Himmel. Sie ist wirklich bildhübsch. Nur ihre heftige Zahnlücke und ihr zartes Alter bewahren sie vor dem Auftritt bei Germany's Next Topmodel. Die Fotos, die wir demnächst machen, haben auch mehr mit ihrer Einschulung zu tun. Ich muss innerlich lachen. Ihr blonder Pferdeschwanz wippt immer lustig hoch und runter. Mein Sohn muss in Zukunft noch ein wenig lernen zu verlieren. Er schaut gerade sehr grimmig aus seinen braunen Augen hervor. Als er die nächste Runde gewinnt, ändert sich seine Laune aber schlagartig. Wie schnell das doch manchmal bei Kindern geht. Es ist wunderschön, das zu erleben. Es ist echtes Glück, denke ich. Ein großes Geschenk. Wir sind in den zurückliegenden zwei Jahren eine richtige kleine Familie geworden.

Ich bin tief dankbar darüber, denn das habe ich bei meiner Vergangenheit wirklich nicht erwarten dürfen. Alles, alles war schon zerstört. Völlig kaputt. Hoffnungslos. Ja. Vor ein paar Jahren dachte ich: Dein Zug ist für immer abgefahren.

»Papi, Du bist dran!!!«

Ich schrecke hoch aus meinen Gedanken. Meine kleine sechsjährige Tochter hat es mal wieder eilig, zu gewinnen. Nach dem Genuss der herrlichen Pfannkuchen mit Apfelmus und Zucker ziehen wir uns alle ein wenig zurück, und jeder geht seinen Dingen nach. Die Kinder schauen beide in ihre Donald-Duck-Bücher, Uta geht allein spazieren und der Papa kurz an den Computer. Eben mal die Mails checken und einen Blick auf den Kalender werfen! Ich denke gerade darüber nach, wie lange ich mich jetzt schon zu Hause eingegraben habe. Es sind fast sechs Wochen, in denen bereits eine ganze Menge passiert ist. Es klingt komisch, aber ich bin heute sogar sehr froh, dass ich krank geworden bin. Nein, ich muss es anders sagen: dass ich meine Krankheit erkannt habe. Was ist das eigentlich – Krankheit? Krankheit, so denke ich heute, ist immer auch Chance, ein Weg, eine Straße, die man gehen muss, um am Ende zu erkennen, wohin sie einen führte, wozu das Ganze diente. So konnte schließlich auch bei mir endlich ein tieferer, fundamentaler seelischer Gesundungsprozess eingeleitet werden. Dass ich aus der Tiefe heraus gesunde, merke ich unter anderem daran, dass seit kurzer Zeit die schlimmen körperlichen Attacken so gut wie weg sind. Nur noch dann, wenn es für mich nach draußen geht, wenn ich mich auf große Menschenmengen zubewege, spielt mein Magen ein sehr eigenes, seltsames Konzert, und mein Kreislauf dreht seine eigenen Runden.

*

Ich gehe ebenfalls raus an die frische Luft, um mit einem kleinen Spurt Uta einzuholen. Der Sommer zeigt sich wirklich von seiner besten Seite. Einatmen, das tut gut! Ich trage nur kurze Shorts und ein T-Shirt; Schuhe benutze ich beim Spazierengehen in letzter Zeit gar nicht mehr. Woher kommt dieser Wunsch, so sehr den Boden, die Erde unter den Füßen spüren zu wollen? Ich weiß es. Ich möchte festen Boden unter mir haben, möchte verbunden sein mit Mutter Erde. Ich bin Mensch, habe fünf Sinne und nicht nur einen Kopf. Ich habe mir in den vergangenen Wochen derart den Kopf zermartert; ich war so auf mich und mein Denken zurückgeworfen, dass ich dringend nach einem Gegengewicht im Leiblichen, in den Sinnen, der Natur verlange. Man kann nicht nur vom und im Geist leben. Früher wäre mir wohl in puncto Sinnlichkeit oft nur so etwas wie genitale Betätigung eingefallen. Heute hat sich mir ein breites Spektrum des Sinnlichen aufgetan, das körperlich-erotische Sehnsüchte sicher nicht entwertet oder ersetzt, sie aber einordnet in eine Symphonie sinnlicher Welterfahrung. Auf einer Sommerwiese zu liegen und den Grasteppich unter sich zu spüren, der Musik einer Quelle zu lauschen oder vom Duft eines Lavendelbusches betört zu werden – all das ist heute für mich geheimnisvoll erotisch – und nicht nur das bekannte Rein-und-raus-Spiel. Leib und Seele, Körper und Geist gehören zusammen. Es ist gar nicht egoistisch, einmal an sich, an seinen Leib und seine Gesundheit zu denken! Ich schaffe es jetzt auch, endlich einmal nein zu sagen, wenn ich keine Kraft und Lust mehr habe. Das habe ich früher nie getan. Nie gekonnt. Ich lerne täglich Neues hinzu, manchmal ganz elementare Dinge, die ich übersah, als ich noch pure Gewalt gegen mich anwandte.

Uta sehe ich von weitem schon auf einem Pfad, der durch ein großes Mohnfeld führt. Ich lege meine Hände als Schalltrichter an den Mund und rufe ihr zu: »Du Kitschpostkarte!« Sie versteht meine Liebeserklärung, lacht und winkt zurück. Das Mohnfeld kann nichts dafür. Ich liebe sie so sehr, halte sie nach gründlicher Prüfung für einen ziemlichen Engel und finde das Mohnfeld als Kulisse vollkommen angemessen. Ihr schulterlanges dunkelblondes Haar ist zum Zopf zusammengebunden, und ihr helles gelbes Top leuchtet durch den roten Mohn zu mir herüber. Sie ist der liebenswerteste und wertvollste Mensch, den ich jemals getroffen habe – und dabei bin ich schon sehr, sehr vielen Menschen in meinem Leben begegnet. Sie hat so ein sonniges Gemüt und ist zudem ein sehr gläubiger Mensch. Seit wir zusammen sind, ist das eher noch stärker geworden. Ich werde nie vergessen, wie und wo wir uns vor achtzehn Monaten kennen gelernt haben. Es war in der Kirche. Ich hörte ihre Stimme zur Gitarre singen. Ich muss wieder leise vor mich hin lächeln, wenn ich daran denke. Ich kann einfach oft noch nicht glauben, wie fest sie an meiner Seite steht. Ich bin sehr froh, wie verständnisvoll sie mit meiner und unserer aktuellen Situation umgeht. Sie bekommt mich ja nicht ohne meine beiden Kinder, und dann auch nicht ohne meine schwierige Geschichte und meine vielen tiefen Narben. Uta studiert in Marburg. Wochenende für Wochenende kommt sie zu mir, erträgt die Doppelbelastung mit ihrem Studium und der vielen Fahrerei ohne jede Klage. Sie liebt meine Kinder und mich rückhaltlos; ich hätte es mir nie zu träumen gewagt. Sie hat so eine starke, konstante Liebe, ist vollkommen geradeheraus und voller Ehrlichkeit.

»Selig sind jene, die ein reines Herz haben, denn sie werden Gott schauen«, heißt es in der Bergpredigt. Auch wenn Uta mir dafür ans Schienbein tritt, ändert das nichts an den Fakten: Uta ist so jemand, auf den dieses Wort passt. Ihre Familie ist ebenfalls aus diesem Holz geschnitzt. Ich wusste gar nicht, dass es so herzliche, ehrliche und gütige Menschen gibt. Sie nahmen mich vom ersten Augenblick an, einfach so, wie ich wirklich bin. Ich muss dort nichts leisten, um anerkannt zu sein. Das passt zu meinem heutigen Glauben: Gott ist jemand, der uns mag, *obwohl* ER uns kennt. Ja, vor kurzem habe ich es erst irgendwo gelesen: Gott liebt uns nicht, weil *wir* so wertvoll sind, nein, wir alle sind so wertvoll, weil *ER* uns liebt. Das ist wahr. Das wird mir immer klarer.

Endlich habe ich sie eingeholt. Uta steht vor mir. Sie lächelt. Ich nehme sie fest in meine Arme und schließe die

Augen. Tief einatmen. Ich spüre ihre Wärme, ihre Güte. Danke Dir, mein Gott. Ausatmen.

*

Als wir in die Wohnung zurückkehren zu den Kindern, klingelt es kurze Zeit später an der Tür. Es ist Heike, Emilys Mama, mit ihrem zukünftigen Mann. Sie sieht unserer kleinen gemeinsamen Tochter so ähnlich wie ein Zwilling – da ist nur dieser kleine Altersunterschied. Auch sie hat blonde, lange Haare und tiefblaue Augen. Es klingt verrückt, aber wir verstanden uns all die Jahre nach unserer Trennung bis heute sehr gut. Es ist keine Verbindung, die nur wegen unserer gemeinsamen Tochter da ist. Nein. Wir sind wirklich eng befreundet. Heike ist ein sehr wichtiger Mensch in meinem Leben. Einer der wichtigsten. Nach allem, was wir damals gemeinsam durchgemacht haben, hat uns das doch sehr eng miteinander verbunden. Für immer. Wenn sie nicht gewesen wäre – wo wäre ich heute? Ich bekomme Gänsehaut.

16. Stoppt die Welt, ich will aussteigen

Eichsfeld, Ende der 90er

Um mich herum ist tiefe Dunkelheit. Schrille Schreie hallen in meinem Kopf wider. Mein Inneres ist eine einzige weitläufige Bühne für paranoide Wahnvorstellungen. Vor meinem schweißgetränkten Bett, in dem ich mich seit Stunden herumwälze, liegen kleine Körper. Tote Kinder, oder was? Aber nein, sie sind ja gar nicht tot. Sie wachen mit einmal auf und wollen zu mir unter die Decke. »Weg! Weg mit euch!« Ich will diesen Horror nicht. Ich bin in der falschen Welt. Möchte aussteigen. »Nein, verschwindet hier! Ihr seid nicht echt. Verschwindet aus meinem Kopf, ihr Monster!« Heike kommt in das Zimmer gerannt und redet beschwörerisch auf mich ein: »Hab keine Angst! Es ist alles gut, du bist nicht alleine hier. Ich bin doch da. Du schaffst das! *Wir* schaffen das. Gemeinsam.« Sie nimmt mich behutsam in ihre Arme. Ich zittere wie loses Laub im Sturm. Die körperliche Nähe von Heike holt mich für einen Augenblick aus meinen Kopfwelten in die Wirklichkeit zurück. »Was schüttelst du so den Kopf?«, will Heike wissen. Ich bleibe stumm in ihren Armen. Meine Güte, was ist nur aus mir geworden, denke ich. Was ist nur passiert mit mir? Heike streichelt mir über den Kopf, bettet mich dann wieder in meine Kissen und deckt mich zu. Kaum ist sie aus dem Zimmer, geht der

Horror wieder los. Innerhalb von wenigen Augenblicken verwandle ich mich aus einem Menschen in ein zuckendes, zitterndes Etwas. Ich wälze mich hin und her. Meine Bartstoppeln reiben auf dem nassen Kissen, als wären sie elektrisch aufgeladen. Ich kann das nicht haben. Es ist so widerlich. Aber ich kriege den Kopf nicht mehr hoch. Klebriger kalter Schweiß bedeckt meinen Körper. Ich friere und zittere wie ein Schneider. Warum habe ich nichts an? Aber Kleider vertrage ich auch nicht. Herzschläge wie Faustschläge gegen den Kopf: Punch. Punch. Punch. Was soll das? Was soll das? Was soll das? Plötzlich wieder Klarheit, Hellsicht, abgründiger Realismus. Ich liege da mit aufgerissenen Augen, rasiertem Kopf, klammere mich an das Bettzeug, peile meine innere Totalinsolvenz: Ende. Aus. Nicht lebensfähig. Alles verpfuscht. Ich bin 25 Jahre alt, aber so fertig wie ein sabbernder, in die Hose machender Altenheimbewohner. Ein Junkie. Ein Wrack. Ein billiger Abklatsch vom Bahnhof Zoo. Das darf doch alles nicht wahr sein. »Ich muss kotzen!«, schreie ich. Heike ist da, bringt mir einen Eimer. Ich beuge mich aus dem Bett. Heike geht nicht weg. Heike hält mich, wischt mir mit einem Handtuch den schweißnassen Rücken, während ich mich in immer neuen konvulsivischen Zuckungen übergebe. Dass da noch was in mir ist; ich esse doch nichts?! Erschöpft sinke ich zurück in mein Kissen. Heike wischt mir die Spuren meiner Kotzerei aus dem Gesicht und geht. Ich blicke ihr nach, kriege einen Anfall von Sentimentalität, bin unendlich beschämt, unendlich dankbar. Und dann kommt dieser Gedanke, der noch andere Regionen meines Herzens aufwühlt: »Was wird mein Sohn nur später von mir denken, ich liebe ihn doch so sehr?!«

Ich weine. Das Weinen geht wieder über in einen neuen Absturz ins Irreale. Mein wirrer Verstand spielt mir einen

Streich nach dem anderen. Ich sehe ständig neue Menschen vor meinem Bett. Was machen die da? Die gehören da doch eigentlich nicht hin! Scheiße, nein! Tote Menschen, längst verstorbene Verwandte. Jetzt auch noch meine Oma Marga! Nein, das kann doch nicht sein! Weg, weg mit euch! Weg! Für einen Augenblick tun sie mir den Gefallen. Oma Marga ist vor kurzem an einem Hirnschlag gestorben und von meiner Tante tot und ganz allein in ihrem Bad gefunden worden. Meine Oma. Die momenthafte menschliche Wahrnehmung verändert sich wieder, verschiebt sich, verschwimmt ins Fratzenhafte. Neue körperliche Attacken überfallen mich, ergeben zusammen mit den Hirnattacken eine unerträgliche Mixtur. Ich muss wieder kotzen. Aber dieses Mal ist es zu spät für den Eimer. Eine gelbliche Soße bricht mir aus den Eingeweiden, läuft mir übers Kinn und breitet sich auf einem weißen Kissenbezug aus.

*

Als Heike in das Zimmer kommt, findet sie mich, wie ich mit zitternden Beinen am Fenster stehe. Heike sagt kein Wort. Ich weiß, dass sie hinter mir den beschmutzten Kissenbezug abnimmt und mein Bett mit frischer Wäsche bezieht. Aber ich bin nicht bei Heike. Ich fühle jetzt gerade nichts. Zumindest nicht für sie. Kann sein, dass ich ihr gleich die Füße küsse, mich vor ihr verdemütige. Jetzt nicht. Ich bin gerade auf Oma. Später nach dem Entzug wird mir klar, was es mit der Oma-Obsession während der schlimmen Tage auf sich hatte. Per Telefon hatte mich mitten im wüstesten Treiben die Nachricht erreicht, dass meine geliebte Oma tot im Bad lag. Es war wie die Zündschnur für ein bereitstehendes Pulverfass. Ich hielt das Handy noch in der Hand, als ich spürte, wie mein falsches Leben geradewegs hochging. Meine Oma tot! He, was?

Scheiße, sie kann sich doch nicht einfach aus dem Staub machen! Das ist gegen die Absprache. Das ist unfair vom Schicksal, eine brutale Unverschämtheit! Solange Oma noch da war, war die Welt zumindest noch ein klein wenig in Ordnung. Oma war Wärme, Verständnis, Freiheit, Liebe. Oma war für mich mein einziges *wirkliche*s Zuhause in der Kindheit. Alle anderen waren einfach zu sehr mit ihrem eigenen Leben beschäftigt. Sie war da. Jetzt lag sie, meine Oma, kaputt auf den kalten Fliesen im Bad. Das Harmonie-Ding Oma war mit einem Moment irreparabel hinüber. Es haute mir endgültig den Boden unter den Füßen fort. Plötzlich wusste ich gar nicht mehr, wo oben und unten war.

Als mich die Nachricht von Omas Tod ereilte, neigte sich auch die »glorreiche Zeit« meiner Arbeit sichtbar dem Ende zu. Ich war nur noch ein Schatten meiner selbst, magerte auf 62 Kg bei 1,80 Körpergröße ab, fühlte mich, wenn ich nicht gerade auf irgendeiner Sorte von Chemie war, ausgepowert und vollkommen leer. Ja, ich war mittlerweile abhängig von Alkohol und Amphetaminen. Ich konnte keinen Fußball mehr spielen. Die stellten mich schon lange nicht mehr auf, versuchten es mir schonend beizubringen (»He, spinnt ihr«, dachte ich, »ich bin doch euer del Piero!«). Freunde wandten mir immer mehr den Rücken zu. Vor allem einer. Und das traf mich mit einer analogen Heftigkeit wie der Tod von Oma. Der eine war Jörg, den alle nur Schorse nennen. Wenn ich einen Freund auf dieser Welt habe, dann trägt er den Namen Schorse. Ihn scheinbar für immer verloren zu haben erschien mir zu einem bestimmten Zeitpunkt meines Lebens wie eine Art *ergangenes Urteil,* das mich zum Verräter abstempelte und zu einer Art Kriminellen der Freundschaft machte. Hey, ich war doch der gute Junge, der nur manchmal ein kleines bisschen ausrastete. Das konnte man doch nicht mit dem Tod einer Freundschaft bestrafen. Das ging doch nicht. Aber genau damit bestrafte mich mein bester, mein einziger echter Freund. Ich hatte Schorse im Pub kennen gelernt. Er war total anders als all die anderen Leute dort. Anfangs munkelte man über den stillen Mann an der Theke nur, dass er Bayern-Fan sein sollte, einer von der harten Sorte (so mit »Ich-kann-nicht-schlafen-ohne-meine-Bayern-Bettwäsche«). Dass sich hinter dem unauffälligen Habitus ein außerordentlich intelligenter Mensch, ja ein richtiger Selberdenker befand, ahnte ich anfangs nicht. Wie denn auch?

Schorse sagte kaum einmal ein Wort, saß immer nur da, trank ein paar Gläser Alkohol, beobachtete gelassen die Welt und freute sich am Leben. Gegensätze ziehen sich an. Irgendwann wurden wir Freunde, so richtig enge Freunde. Vor allem, wenn es mir schlecht ging, war er der Einzige, dem ich mich teilweise anvertraute. Schorse wurde der einzige Ruhepol in meinem wilden Leben. Dass im Music Pub etwas mit Drogen lief, ja dass ich, sein Freund Dario, sie hinter den Kulissen exzessiv konsumierte, kam dem introvertierten jungen Mann nicht in den Sinn. Schorse hasste Drogen, kannte sie nicht und hatte keinerlei Verständnis dafür, wenn jemand damit experimentierte. Zwei Mal machten wir gemeinsam Urlaub in Spanien, lebten eng auf eng, doch Schorse hatte keinen blassen Schimmer, was ich da einwarf und warum ich immer einmal wieder auf der Toilette verschwand. Ich war eben nicht nur in der Beziehung ein exzellenter Schauspieler geworden.

Schorse ging ahnungslos wie ein Tor mit mir durch dick und dünn. Das war so bis zu dem Tag, an dem offenbar wurde, dass ich ihn belogen hatte. Denn es gab noch etwas, das Schorse hasste wie die Pest: Lügen. Ich hatte mich nie getraut, ihm die Wahrheit über mich und meine Drogensucht zu sagen. Ich hatte ja nie gelernt, ehrlich miteinander zu reden. Und darüber schon gar nicht. Als ihm eines Tages jemand im Lokal reinen Wein einschenkte, als die Beweise auf der Hand lagen und die Lüge klar im Raum stand, da hat er im Lokal bitterlich geweint und ist einfach nicht mehr wiedergekommen. Es hat mir fast das Herz zerrissen. Aber es musste noch etwas kommen, damit ich endlich reale Anstrengungen unternahm, um endlich wieder ins Leben zurückzukommen. Es kam zunächst die Polizei.

*

Eines Tages stehen zwei Drogenfahnder vor mir im Music-Pub, in dem ich die vergangenen Tage nur noch sehr sporadisch aufgetaucht war. Ich bin nicht grade gut drauf. »Kommen Sie bitte mal mit uns raus!« Ich muss etwas gezögert haben, denn plötzlich fühle ich mich unsanft am Arm gepackt. Ab in den Streifenwagen! Noch markiere ich den dicken Mann: »Was wollen Sie eigentlich von mir?« – »Hausdurchsuchung!«, knurrt einer der Fahnder und hält mir einen Wisch unter die Nase. Fünf weitere Polizisten und drei Hunde begleiten uns zu mir nach Hause.

Das war es jetzt für mich, denke ich für mich und überlege krampfhaft, was die Gruppe an belastenden Dingen bei mir finden könnte. Kann eigentlich nicht viel sein, denke ich dann wieder, aber was weiß der Teufel, was da noch an Spuren von den House-Partys in unserer WG dingfest zu machen ist. Man hält mich scheinbar für einen echten, gefährlichen Drogendealer. Unglaublich. Die ganze Wohnung wird auf den Kopf gestellt. Die Sache geht halbwegs glimpflich ab. Die Hunde schlagen nicht an, und die Beamten finden bei mir nur eine Tablette und 'ne alte Wasserpfeife. Zu wenig für einen Dealer, der ich aber auch wirklich nicht bin und nie war. Ich war immer nur Kunde, der beste vielleicht, aber Handel – das war nicht mein Ding. Die Fahnder sind unzufrieden. Ich muss wieder mit in den Streifenwagen einsteigen. Dann werde ich stundenlang auf der Wache verhört, soll den Ermittlern Namen nennen, die Drogenszene der Stadt aufdecken. Soll zugeben, dass ich unter Drogeneinfluss Auto gefahren bin. Ich gestehe nur meinen eigenen Konsum in den letzten drei Jahren ein. Dafür verliere ich für ein Jahr meinen Führerschein. Dann darf ich endlich gehen. Kaum ist es Abend, stürze ich mich wieder in die Szene. Das Finale steht noch aus. Drei Tage später fällt der letzte Vorhang.

*

Mein persönlicher Showdown ereignet sich außerhalb der Stadt, in einer großen alten Lagerhalle. Wie immer haben wir uns für die Silvesterfete eine verrückte Location und eine noch verrücktere Dekoration einfallen lassen. Viele Stammgäste und Freunde wollen mit dabei sein. Es ist kurz vor Mitternacht, die Party bewegt sich auf den Höhepunkt zu. Äußerlich bin ich der gleiche verrückte Vortänzer und Strahletyp wie immer. Ich springe rum wie das HB-Männchen, mache den Anheizer, umarme hundert Leute. Aber mir geht es beschissen. Ein Zentimeter unter meiner Haut ist rabenschwarze Nacht. Kein Wunder. Ich laufe ausnahmsweise an diesem Abend nur auf Alkohol und (deshalb?) irgendwie asynchron. Ich zapple nur *mit*, mehr aus dem Hirn als aus dem Bauch getrieben. Die Schocks der letzten Tage sitzen so tief, dass ich die Finger von allem lasse, was auch nur entfernt nach chemischer Droge aussieht. Bei den anderen läuft die chemische Performance hin auf den orgiastischen Zenit. Ich steuere nur sehr laute Musik bei und stehe wie daneben, ein zunehmend unbeteiligter Beobachter. Ich knirsche immer wieder mit meinen Zähnen, die innere Unruhe lässt mich nicht mehr aus ihrer Umklammerung. Gesichter tanzen an mir vorbei. Fette Beats hauen schmerzhaft in den Unterleib. Ich rieche die dampfenden Ausdünstungen der Tanzfläche. Plötzlich habe ich das Gefühl, so nüchtern wie noch nie zuvor in meinem Leben zu sein. Das hektische Licht sackt mir in der Seele ab; mir wird schlecht von den roten, blauen, gelben Blitzen. Der künstliche Nebel brennt mir in der Lunge. Die Menschen auf der Tanzfläche sehen aus wie Zombies. Oberkörperfreie Typen, die grotesk zu elektronischer Musik herumzappeln, erregen meinen Widerwillen. Kaugummi kauende Mädchen und Frauen gerinnen zu Masken. Große, verdrehte Augen starren mich über der Tanzfläche an. Die animalischen Freudenschreie, die mich sonst nach vorne peitschten, prallen an mir ab. Ich überlasse die Anlage sich selbst, kämpfe mich durch den Brei der Leiber zum WC. Auf der Toilette reihern gerade zwei Mädchen um die Wette. Mir ist schon schlecht. Bumm, bumm, bumm, bumm, bumm, bumm – wummert es herüber. Ich lehne an der Wand neben der Toilettentür, den Kopf im Nacken. Unecht. Alles unecht, denke ich. Ich werfe einen Blick hinüber auf die wogende Masse. Einigen laufen Speichel und Schweiß den Körper herunter. Gleichzeitig rieche ich das Erbrochene von der Toilette. Die Tür steht immer noch offen. Die beiden Mädchen stehen auf einem Mal vor mir: »Yeeeeah, geile Party hier! Dario, du bist der Beste. Yuchhhhu.« Eine ist von oben bis unten vollgekotzt. Es stinkt einfach erbärmlich. Sie bemerkt es nicht einmal.

Bumm. Mein Kopf droht zu platzen. Abartig. Bumm. Bumm. Bumm. Bumm. Eklig. Das ist doch einfach nur unecht und eklig. Und ich bin ein Stück von dieser gesammelten Scheiße hier. Bin zum Kotzen. Was tue ich hier?

Die Gedanken wirbeln: Hausdurchsuchung. Bumm. Meine Kindheit. Bumm. Drogen. Bumm. Führerschein weg. Bumm. Einsam ohne Ende. Bumm. Leere. Bumm. Mein Sohn. Bumm. Kein Abitur. Bumm. Verschwendete Talente. Bumm. Angst vorm Tod. Bumm. Aus. Für mich ist die Party vorbei. Ich muss hier weg. Ich schnappe mir meine Jacke und verlasse fluchtartig die Lagerhalle. Beim Rausrennen denke ich noch: »Das hier, hast du auf dem Konto! Das hier ist alles deine Schuld!« Ja, ich muss hier weg, sofort! Ich stolpere in die Nacht hinaus. Hinter mir die wummernde Hölle. Erst laufe ich, dann beginne ich zu rennen. In die Monotonie meiner schnellen Schritte spreche ich mein neues Mantra: »Nie wieder. Nie wieder. Nie wieder.« Durchgeschwitzt haste ich durch die Eiseskälte der Silvesternacht. Viel Kraft habe ich nicht mehr in meinen zittrigen Beinen; meine Kondition ohne Chemie ist mittlerweile erbärmlich. Die drei Kilometer bis zu meiner Wohnung ziehen sich wie Kaugummi. Da geht das Feuerwerk los, als wollte mir der Himmel meinen neuen heroischen Entschluss illuminieren. In meiner Tasche ist noch eine Tüte Amphetamin. Als ich keuchend zu Hause ankomme, kippe ich das gesamte gelblich weiße Pulver die Toilette hinunter. »Weg, weg mit diesem Dreck, weg! Nie wieder!« Ich keuche und heule zugleich, alles mit wild wirrem Blick in die Toilette hinein. Die Party ist vorbei. Es klingelt an der Tür. Heike steht vor mir. »Hey«, frage ich, »was machst du denn hier, warum bist du nicht im Club?« Heike arbeitet auch für das Unternehmen; ich selbst hatte sie vor einem Jahr eingestellt. »Das kannst du dir doch denken!«, gibt sie zurück. »Guck mal in den Spiegel. Schau dich mal an!« Ich muss nicht in den Spiegel schauen. Ich weiß, wie ich aussehe. Ich winke mit dem Kopf: »Komm rein!« – »Willst du reden?« – »Ja!« Heike kommt mit mir auf mein

Zimmer, und plötzlich schütte ich ihr mein Herz aus. Ich rede endlich das erste Mal über meine Sucht, meine Ängste, meine Vergangenheit, mein verpfuschtes Leben, die Waggonladungen an Schuld, die auf meinen Schultern lasten. Ich lasse auch die vielen Frauengeschichten nicht aus, die Heike verletzen müssen. Ich nenne die Lügen beim Namen, beschreibe den nur aus Unwahrheit bestehenden Komplex meiner Drogensucht, lasse sie teilhaben am Fegefeuer meiner Ängste. Es wird eine lange Nacht. Sie hört zu.
»Ich werde dir helfen. Du kommst die nächsten Wochen mit zu mir. Dort schließen wir dich ein. Du machst einen kalten Entzug. Ich sorge dafür, dass du zu essen hast, und passe auf dich auf!«
Wie jetzt? Mit zu ihr? Ich kann es nicht fassen. Entzug? Wie soll das gehen? Warum tut sie das? Für mich?
Sie sagt: »Weil du *eigentlich* ein guter und scheinbar intelligenter Mensch bist – und ich deinen Sohn Giuliano mag. Es wird also Zeit. Pack die Klamotten! Wir gehen.«

*

So war es. Deshalb bin ich hier. Seit einer Woche liege ich also bei Heike im Bett und durchschreite die Vorhöfe der Hölle. Sie schläft auf dem Sofa. Sie kocht für mich. Hühnerbrühe, Haferschleim. Ich kann kaum etwas essen. Ich kotze alles wieder raus. Mein Magen ist total hinüber. Meine ganzen Nasenschleimhäute sind von der Chemie ruiniert, die durch meinen Riechkolben ging. Manchmal, wenn ich meinen Anfall kriege, schreie ich die ganze Nachbarschaft zusammen: »Neiiiiin! Weg mit euch!« Wieder und wieder kommt Heike mit kalten Wickeln, legt sie mir auf die Stirn. Wenn die Bilder und toten Menschen kommen, ist sie da und versucht mich wieder und wieder zu beruhigen. Zwischenzeitlich drohe ich den Verstand zu verlieren. Ich sabbere vor mich hin, brabbele wie ein Baby.

Mein Gehirn fühlt sich wie ein weiches Brötchen an. Es werden schließlich fast vier Wochen, bis ich endlich und endgültig aus dem schrecklichen und mächtigen Universum der Drogen auftauche.
Danke, Heike, du hast mir das Leben gerettet! Meine Willenskraft alleine hätte nicht gereicht. Eines Morgens wache ich plötzlich auf, spüre und weiß:Ich bin clean!

*

Es ist plötzlich alles anders. Die Welt fühlt sich seltsam, ja, so trocken an. Ich bin clean. Ohne Drogen ist es anders! Ich versuche irgendwie eine Orientierung zu finden. Nach dem Entzug weiß ich gar nicht mehr, wie es weitergehen soll. Bin noch immer seltsam verwirrt. An die Stätte meiner krassen Erinnerungen möchte ich nicht zurückkehren. Mich widert der Ort plötzlich an. Ich kündige, stehe von heute auf morgen auf der Straße. Gut, ich bin jetzt sauber. Aber ohne Job. Was tue ich jetzt? Vier Wochen später kommt Vater auf mich zu. Ich bin total überrascht. Vater, ich kann es nicht fassen! Er will mir eine Chance geben, sucht jemanden für das nicht mehr ganz so gut laufende Billardcafé. Da ist sie – meine Chance! Endlich bekomme ich die Anerkennung von ihm, die ich immer gesucht habe! Jetzt kann ich Vater endlich beweisen, wie gut ich wirklich bin. Er wird endlich stolz auf mich sein, endlich!
Punk is dead. Techno is out. The Drugs don't work. Ein neuer Style. Ohne Drogen. Ohne Lügen. Jetzt nur noch arbeiten! Fleißig sein! Mich anpassen! Ich werde jetzt also Karriere machen! Ab in die High Society! Ich werde es allen beweisen. Das wird meinem Leben endlich Sinn verleihen! Die Sache hat leider nur einen Haken: Mein Herz ist immer noch ein Eisberg, größer als der, an dem die Titanic zerschellte.

17. Für eine Hirtin namens Heike

Eichsfeld, Sommer 2008

Ich komme gerade von einem langen Abendspaziergang nach Hause. Erst als ich die Hand nicht mehr vor Augen sehen konnte, kehrte ich um. Gut auf der Hälfte meines Weges kam ich an einer eingezäunten Wiese, einer Art Pferch mit schwarzen und hellen Ziegen und Schafen, vorbei. Beim Entlanggehen rannten sie auf mich zu, und wenn da kein Zaun gewesen wäre, sie wären alle zu mir gekommen. Als die Tiere mich wahrgenommen hatten, blökten sie wie auf ein Kommando gemeinsam los. Sie wollten raus oder etwas zu fressen von mir. Ich glaube eher, dass sie befreit werden wollten. Den ganzen Tag hatte ich die Geschichte meines langen kalten Entzuges niedergeschrieben – in einem Zug. Über zehn Jahre ist das alles schon her und doch noch so lebendig im Gedächtnis. Manches bereitete mir geradezu physische Schmerzen. Jetzt wollte ich es loslassen. Aber es ging nicht. Meine Geschichte spann sich in den Bildern der Natur fort. Ich konnte diese Tiere da im Pferch nicht ansehen, ohne dass sich mir Analogien aufdrängten. Mir kam der Gedanke: *Ich war früher ganz genauso.* Ja. Ich war auch gefangen. Gefesselt von meinen Leidenschaften und Süchten. Ich wollte endlich raus, wollte keine Zäune, wollte Freiheit. Jedem Hergelaufenen, der nur nach Freiheit und Fressen roch, wäre ich hinterhergesprungen. Aber wie das so ist in der Welt: Die meisten verlockenden Angebote haben einen Pferdefuß. Dealer sind keine Menschenfreunde und Fleischhändler keine Hirten. Meine Kindheit war die Sehnsucht nach einer – kann man so sagen? – *hirtenhaften Umgebung*. Der Hirte kennt und liebt seine Tiere; er beschützt sie vor wilden Tieren und dem Zugriff der Diebe. Ich hatte keinen echten Hirten gefunden, der mich führte. Ich hatte kein sicheres Geleit in die Freiheit. Niemand stillte meinen Hunger nach Anerkennung, nach Wissen und Bildung, nach Liebe, nach Führung auf eine gute Weise. Der erste Hirte, den ich fand, war eine Hirtin: Heike. Sie hatte und hat bis heute dieses *Hirtenhafte*. Sie war die erste Person, die mich *um meinetwillen* retten wollte. Warum?

Meine Gedanken gingen weiter: Wer war der Hirte hinter der Hirtin? Wer hatte sie zu mir geschickt? Wer gab mir diese Infusion unbändigen Willens? Wer schenkte mir nur diese Kraft? Heute weiß ich, dass Gott selbst seine Hände im Spiel hatte. Ganz sicher. Seit meinem Erlebnis von vor drei Jahren glaube ich ja auch nicht mehr an Zufälle.

*

Ein neuer Tag, neue Erkenntnisse. Meine Seele wird gerade gesund. Ich möchte schon bald selbst eine Art Hirte werden, der anderen Menschen heraushilft aus ihren Einpferchungen, ihren Begrenzungen, ihren Süchten und Sorgen. Ich weiß, wenn Gott es will, werde ich einer sein, der Wunden heilen kann, weil ihm viele Wunden geschlagen wurden, der trösten kann, weil er einmal ozeanisch trostlos war, der auf eine bestimmte Weise satt machen kann, weil er Hunger hatte wie ein räudiges Tier in der Steppe. Ich glaube, ich habe meinen Weg der Bewältigung der Krankheit jetzt endgültig verstanden. Die Auseinandersetzung mit meiner bewegten Vergangenheit hier in der Einsamkeit dient dazu, mich auf eine neue Aufgabe, die

Berufung meines Lebens, vorzubereiten. Noch lebe ich in der Wüste. Dort bin ich durch meine Krankheit von Gott hinein*geführt* worden. Ich bin allein. Ich habe gerade einmal das Nötigste. Ich will auch nicht mehr. *Herr, was ich von Dir will: Zeige mir einen Weg und schicke mir eine Aufgabe! Nicht wie ich will, sondern wie Du willst!*
So lange will ich in der Wüste bleiben. So war es im Alten Israel. So war es bei Jesus selbst. Alles begann in der Wüste. In der Wüste wird man erwartet. Von seinen Ängsten. Von den Illusionen. Von seinen Fehlern. Den Schmerzen und den Wunden der Vergangenheit. Und von Gott. Ja. Die Wüste steht in der Bibel symbolisch für eine besondere Begegnung des Menschen mit Gott. Das ist mir nun vollkommen klar. Die Wüste ist ein Ort der Läuterung, der offenen Horizonte, des Wesentlichen. In der Wüste kommt man zu seiner Wahrheit. In der Wüste findet man seine Berufung. Wie habe ich das Wüstenwort lieben gelernt: *»Der Mensch lebt nicht vom Brot allein.«* Wie wahr! Materiell hat es mir in der Kindheit an gar nichts wirklich gefehlt. Da kann ich mich nicht beschweren. Die Pointe ist bloß: Der Hunger beginnt jenseits der satten Bäuche. Die Seele eines einzigen Menschen hat einen Hunger, den man mit der gesamten Weltjahresproduktion an Lebensmitteln nicht stillen kann. Unsere Seelen sind so unendlich kostbar. Wir alle müssen lernen, sie in Liebe und Vertrauen zu entfalten. Ich hatte das alles einfach nicht gewusst. Warum speiste man mich mit ein bisschen Liebe ab? Warum sagte mir niemand, dass ich für die absolute Liebe, die Liebe ohne Grenzen, bestimmt bin?

*

Ein neuer Tag. Ich fahre in die Stadt – Befehl von Uta: »Du springst jetzt mal raus aus deinen Grübeleien! Fährst in die Stadt!« – »Häh, was soll ich denn dort?« – »Eis holen. Haselnuss-Eis. Es ist auch für semiprofessionelle Wahrheitssucher wichtig, dass sie sich zwischendurch einmal eine Freude gönnen. Du hast dir dein Hirn zermartert. Jetzt ist eine Belohnung fällig.«

Wenn Uta sich etwas in den Kopf gesetzt hat, ist Widerspruch zwecklos. Und außerdem: Ich liebe Haselnuss-Eis. Die Vorliebe habe ich von meiner Mama geerbt. Sie lebt heute in Stuttgart. Nach ihrer dritten Trennung (von Ehemann Gustav) hat sie vor sechs Jahren regelrecht die Flucht ergriffen. Sie hat es einfach nicht mehr ausgehalten hier, all die schlimmen Erinnerungen, die zerstörten Hoffnungen, die vielen unbewältigten seelischen Qualen. Es hatte sich auch in ihrem Leben bis dahin so viel Schlimmes ereignet, dass sie selbst mit einem Übermaß an Verdrängung nicht mehr klarkam. Überall nur noch kaputte Verhältnisse! Wie oft ist sie in ihrem Leben bitterböse enttäuscht worden. Auch von mir. Ich von ihr. Alle von allen. Wäre ich in der Logik der Familie geblieben – ich hätte wohl meine eigene Mutter vergessen.

Die Stadt ist heute nicht sehr belebt. Ich schlendere mit meinem Eis durch meine Heimatstadt und schaue in die Auslagen der Geschäfte. Drehe eine Runde über die Marktstraße. Die Stadt ist mir vertraut und fremd zugleich. Ein paar Jahre habe ich hier den großen Zampano gespielt. Ein Getriebener, süchtig nach Erfolg, Liebe und Ansehen. Das ist vorbei. Ich gehe nur durch eine Kulisse. Der Ort hat keine Macht mehr über mich. Trotzdem: Auf dem Heimweg lenke ich den Wagen am *Ambiente* vorbei, dem ehemaligen Eventcafé, dem ich über viele Jahre hinweg meinen Stempel aufdrückte. Gerade steht es leer. Die Erinnerung kommt mit Macht. Schnell nach Hause! Ich muss schreiben.

18. Neues Leben und alte Gespenster

Eichsfeld, Ende der 90er

Ich weiß, wie man die Leute zum Tanzen kriegt. In dem Laden steppt der Bär. Die Gäste bewegen sich zur Musik und singen lauthals das »Über den Wolken, muss die Freiheit wohl grenzenlos sein« mit. Das Lied von Reinhard Mey, jetzt in der Coverversion von Dieter Thomas Kuhn, sorgt für den üblichen Effekt. Gerade ist die Schlagerphase dran. Danach Oldies. Dann die Charts. Die Stimmung in dem 200-m^2-Bistro meines Vaters ist heute hervorragend. Sicher so gut wie die letzten drei Jahre nicht. Gläser klirren. Gesprächsfetzen und Gelächter schwirren durch den Club. Die Discokugel zaubert ein bisschen Las-Vegas-Flair herbei. Ich stehe hinter der Theke und bringe die Leute am DJ-Pult und Computer mit meiner Musik in Feierlaune. Ja, das ist mein Ding, ich weiß ganz genau, was die Leute wollen, was sie gerne haben. Ich fühle das einfach. Das Lokal hat ein Altersspektrum von 18 bis 50 Jahren. Es ist Samstag und der Laden platzt heute fast aus den Nähten. Es hat vielleicht acht Wochen gedauert, bis sich herumgesprochen hatte, dass der »Partykönig der Stadt« wieder da ist. Ja, so fühle ich mich. Bei mir läuft ein neuer Versuch in meinem Projekt »Sinnfindung über Selbstvermarktung«. Jetzt ohne chemische Drogen, dafür aber wieder mit vielen verrückten Ideen. Die Drogen sind passé, doch meine alte »Gewinnermaske« sitzt wie angegossen: nur keine Sorge, der Meister hatte mal ein kleines Zwischentief. Jetzt ist er wieder da – besser denn je. Heike, mein »Engel des Entzugs«, ist auch mitgekommen und arbeitet mit mir im Bistro, in der Küche. Wir sind jetzt ein Paar. Ist es Liebe? Ich glaube ja. Dankbarkeit? Das auch. Ich weiß es gar nicht. Was ist es? Ich suche immer wieder verzweifelt nach meinen Emotionen. Mein Herz zeigt einfach keine wirklichen, dauerhaften Ausschläge. Es ist aus Eis. Ich fühle immer noch nichts Richtiges, vor allem auch nicht für mich. Habe nur meinen Kopf. Heike bedeutet mir jedoch mehr als alle anderen Menschen zuvor.

*

Vater hat mir also tatsächlich echte Verantwortung übertragen. Zusammen mit der ehemaligen, alleinigen Geschäftsführerin soll ich es richten – im Team. So schnell als möglich schaffe ich Fakten: Es wird ein modernes Computersystem für die Musik installiert, so dass ich 20 000 Musiktitel auf Abruf zur Verfügung habe. Ich gestalte eine neue Speise- und Getränkekarte. Neue, leckere Cocktails kommen ins Angebot. Ich beginne damit, alle zwei Wochen kleinere Veranstaltungen zu organisieren: Live-Musik, Disco, Motto-Abende. An den anderen Abenden mache ich die Musik. Das nicht allein: Ich bediene dazu auch selbst und führe auch noch ein ganzes Team. Wie aufgedreht laufe ich durch »mein« neues Reich. Das Bistro ist elegant, zugleich aber stimmungsvoll. Ich arbeite viel mit romantischem Kerzenlicht. Frische Blumen stehen auf den Tischen. Mediterrane, warme Töne und großflächige Bilder an der Wand vermitteln ein südländisches Flair. Unsere Gaststätte kann sich wahrhaft sehen lassen: ein richtig großer Laden – 120 Sitzplätze allein drinnen – und wie aus dem Ei gepellt. Die Gäste bleiben oft vom frühen Abend bis spät in die Nacht hinein. Aus dem ehemaligen schönen Bistro meines Vaters wird ein modernes Veranstaltungslokal. Ich rede mit Vater, das Unternehmen braucht einen neuen Namen. Er gibt grünes Licht, und so heißt mein Wirkungskreis ab sofort: *Eventcafé Ambiente*. Eine Homepage wird zur Visitenkarte des Unternehmens, dokumentiert von nun an alle Veranstaltungen und berichtet mit Fotos von den Besuchern. Die Events werden von Woche zu Woche besser besucht. Leute kommen jetzt sogar aus 30 bis 50 km Entfernung zu uns. Es gibt auch eine große Leinwand und einen Beamer, der alle sportlichen Großereignisse zeigt.

Es macht mir so eine große Freude, den Laden zu führen, und ich habe das erste Mal das Gefühl, ich sei nun endlich, endlich angekommen in meinem Leben. Dazu bildet sich um mich herum ein tolles Team von bald 15 Personen, das mich bei der Arbeit wunderbar und loyal unterstützt. Verena und Antje bilden ein eigenes, kreatives Dekorationsteam. Manchmal schmücken sie tagelang mit mir, um den Events und Motto-Abenden ein besonderes Flair zu geben. Das Ganze hat nun einen ganz besonderen, einen niveauvollen Stil, völlig anders als früher. Nicht immer steht die Mühe in der rechten Relation – Einsatz zu Ertrag – aber egal, wir tun es gern und: Der Ruf ist wieder poliert. Das Leben wendet mir die Schokoladenseite zu: Vater ist sehr zufrieden mit mir, die vielen, vielen Gäste auch. Ich lebe jetzt mit Heike zusammen. Mein Sohn Giuliano ist einmal die Woche bei mir und übernachtet auch bei uns. Nur meine Mutter und Nadine habe ich schon sehr lange nicht mehr gesehen. Man kann halt nicht alles haben, denke ich. Eine Weile lebe ich im Hochgefühl, meine bewegte Vergangenheit jetzt endgültig zu den Akten gelegt zu haben. Alkohol, meinen Lieblingswein, Pinot Grigio, trinke ich jetzt »nur noch« am Wochenende und klopfe mir auf die Schultern, weil ich jetzt »nur noch« eine halbe Schachtel Zigaretten am Tag rauche. Meinen Drogenfreundeskreis habe ich komplett hinter mir gelassen. Meine alten Freunde kehren langsam wieder zu mir zurück. Vor allem einer, mein bester, Schorse, der Bayern-Fan. Eines Nachts halte ich meinen Schmerz nicht mehr aus; ich packe mein Handy und schreibe meinem besten Freund eine sehr lange SMS. Ich bekenne ihm alle meine Lügen und bitte ihn um Verzeihung. Stundenlang sitze ich vor dem Handy-Ding. Schorse antwortet nicht. Ein paar Tage später aber ist er zurück: Ohne viele Worte zu machen, sitzt er einfach da.

Er lächelt. Mehr nicht. Ich weine heimlich vor Freude.

*

Eines Nachts, die ersten, bewegenden und, endlich einmal, schönen Jahre, vergingen wie im Flug, sitze ich im *Ambiente*, alleine nach Feierabend, und denke nach. Die letzten Gäste und Mitarbeiter sind gerade gegangen. Ich packe mir einen Hocker, lehne mich halb liegend gegen die Theke und zünde mir die x-te Zigarette an. Mit ihr inhaliere ich den Geruch der Nacht, diese immer gleiche Mixtur, die mein vertrautes Lebenselixier geworden ist: Schweiß der Tänzer, verbrannte Pizza, kalter stehender Tabaksmog, der feuchte Dunst von verschüttetem Bier. Ich bin erschöpft, fertig von der Hatz, auch ein bisschen betrunken. Eine Stimmung zum wohligen Abhängen. Aber wohlige Melancholie, gar ein leiser Stolz auf die erfolgreiche Arbeit will sich an diesem Abend einfach nicht einstellen. Ich ziehe an meiner Zigarette und starre auf die Glut. Was ist es nur? Was stimmt denn nicht in meiner neuen Welt? Ich bekomme Rauch in mein Auge, reibe mit meinem Zeigefinger unter dem Auge. Hey, was ist nur los? Verdammt noch mal! Ich weiß genau, was es ist, was da aus der Schwärze meiner Eingeweide aufsteigt. Ich kenne es seit meiner Kindheit, dieses würgende, die Kehle zuschnürende Gefühl. Bitte nicht. Hastig ziehe ich an der Zigarette, schnippe sie weg, wische mir mit dem Handballen meiner Linken den kalten Schweiß von der Stirn. Nicht doch. Nein. Bitte nicht. Nein, *es* darf keine Gewalt über mich bekommen; bitte nicht dieses Gefühl wieder, das mir meine Kindheit zur Hölle machte und mir den Schlaf raubte – nicht *die Angst vor dem Tod!* Oh nein, das ist unfair! Nein! Ich springe auf zur Theke, kralle mir eine Wasserflasche und trinke in hastigen Zügen. Ich renne im Club auf und ab, suche verzweifelt Trost bei kurzen und harten Drinks. Es bringt nichts. Ich kann den Motor nicht mehr runterfahren. Keine der Ersatzhandlungen greift. Diese aus dem Nichts kommende Panik ist wieder da. Sie okkupiert mein Hirn, besetzt mein Herz, beschlagnahmt meine ganze Seele. Ein einziger mich in meinem Kern wie mit einer Faust packender Gedanke ist wieder da: *Ich muss eines Tages sterben, und alles, was ich tue, war und ist doch sinnlos!*

Das darf doch nicht wahr sein. Ich glaub das einfach nicht. Völlig niedergeschlagen gehe ich dann – der Morgen graut schon – nach Hause, wo mich der Schlaf dann doch wie bleiern überfällt. Spät am nächsten Morgen werde ich wach und sehe klar. Das war es also. Sie ist wieder da – die panische Angst vor dem Tod, die tödliche Begleiterin, gegen die ich einfach kein Gegengift habe.

Ich beginne wieder exzessiv zu trinken.

*

Über der Oberfläche meiner Abgründe gehe ich wie in Trance. Das Geschäft jedoch wächst und blüht. Der Platz im Eventcafé reicht eines Tages nicht mehr aus für all die Menschen, die da kommen, und ich schlage meinem Vater vor, anzubauen. Er willigt ein, und wir bauen nach gemeinsamen Vorstellungen eine Cocktail-Lounge dazu. Schwarze Cocktailsessel, runde Tische, eine neue und zusätzliche Theke. Backstein, kombiniert mit mediterranem Putz, Sternenhimmel. Der Clou aber ist die Illusionsmalerei an den Wänden. Ein Künstlerfreund aus alten Tagen, Peter, den ich immer wegen seinem Genie bewundert und für eine Art modernen Michelangelo gehalten habe, hat die ganze Planung nahezu perfekt umgesetzt. Die Presse und die Gäste zeigen sich begeistert. Ich bin nun rund um die Uhr beschäftigt. Arbeiten. Planen. Ideen entwickeln. Bedienen. Musik machen. Wenn sich doch einmal ein ungeplantes Zeitfenster auftut und Gedanken mich wie schwarze Vögel überfallen, betrinke ich mich. Die Depressionen und die panische Angst hinter meiner Fassade sind fast schlimmer als früher. Eine Handbreit hinter meinem Gesicht wohnt die schiere Verzweiflung. Was soll ich nur tun? Zu Heike gehen? Ich wage es nicht, mich ihr zu erschließen. Warum denn nicht? Ich habe ihr doch schon einmal mein Herz ausgeschüttet, damals in der Silvesternacht. Ich kann es einfach nicht. Bei mir muss es immer zum Äußersten kommen. Ich erleichtere mein Herz, als müsste ich kotzen. Anders habe ich es nicht gelernt.

*

Eines Abends kommt Heike nach Hause, und ich habe das Gefühl, eine Geschichte, die ich mit einer anderen Frau schon einmal erlebt habe, wiederholt sich.

»Ich bin schwanger!« – »Du bist schwanger?«

»Hey, langsam, keine Panik, du bist nicht mehr auf Chemie!«, sage ich mir. »Du bist ja jetzt ein Erfolgstyp! Du wolltest immer eine Familie. Passt doch alles. Du kannst dich doch also freuen!« Und tatsächlich – irgendein wärmendes Gefühl steigt aus meiner Seele auf. Ich nehme Heike in den Arm. Bald freue ich mich sogar sehr. Ich werde mit Heike tatsächlich eine Familie haben. Das ist doch toll. Doch gegen Ende der Schwangerschaft steigt wieder diese schreckliche Angst in mir auf. Nein. Ich packe das nicht. Niemals. Wohin mit dieser unfassbar brutalen Angst in mir? Ich versuche mir nichts anmerken zu lassen. Diese übergroße Leere in mir! Es ist doch alles sinnlos, wenn ich sterben muss! Was bin ich nur für ein gestörter Mensch? Schrecklich! Was ist nur los mit mir???

Unsere kleine Tochter wird am 14. März gegen 18 Uhr geboren, und ich bin die gesamte Geburt dabei. Sie sieht wundervoll aus: 54 cm, 3850 Gramm, kleines Köpfchen, schwarze Haare. Mir laufen die Tränen, als ich das Wunderwesen auf dem Arm halte. Meine kleine Tochter. Emily.

Emily kann mich nicht halten. Ein Jahr später trennt sich auch Heike mit Emily von mir, weil ich nur noch arbeite und nachts nicht mehr vor dem Morgengrauen nach Hause komme. Die beiden ziehen 13 km weg in das Dorf, in dem Heike aufwuchs. Der Trennung von Heike ging ein großes Drama voraus. »Warum willst du meine Liebe einfach nicht annehmen?«, ruft sie mir immer wieder zu. »Was ist das andere, das stärker ist als Liebe?«, will sie wissen. Ich weiß es nicht. Ich weiß es doch nicht. Weiß nicht, warum diese dunkle Nacht in mir eine solche Macht über mich hat. Es schaudert mich.

Jetzt bin ich wieder allein. Niemand bleibt bei mir. Das war schon immer so. Ich bin verflucht, die alten Muster meiner Herkunft endlos weiterzuspielen. Depressionen. Immer wieder. Dunkelheit. Immer wieder – durch die Hölle und zurück. Meine beiden Kinder, Emily und Giuliano, sind weg. Das darf doch einfach nicht wahr sein. Ich drehe durch. Nicht mehr lange und ich drehe durch. Ich weine hemmungslos, die ganze Nacht.

19. Was ist Wahrheit, und wozu braucht man das?

Eichsfeld, im Sommer 2008

Ich fröstle beim Gedanken an diese wirre Zeit und an das schlimmste moralische Versagen meines Lebens. Noch ein Kind – Emily – in die Welt zu setzen und wieder keine familiäre Verantwortung zu übernehmen, wie unmenschlich und unreif von mir! Ich höre in der Ferne Hunde bellen und schaue aus dem Wohnzimmerfenster hinaus. Es ist kein Hund zu sehen. Gefiel es mir denn, der einsame Wolf zu sein, der sich nicht einfangen lässt? Ich glaube nicht. Ich glaube, ich hatte damals schon die große Sehnsucht, richtig frei zu sein, um lieben und für andere da sein zu können. Seit fast zwei Jahren ist sie nun schon Vergangenheit – meine Zeit im *Ambiente.* Gerne würde ich die Zeit äußerer Erfolge verklären. Andere Leute haben ein Fotoalbum, das sie ihren Kindern zeigen: »Schaut mal, da ist Papa ... und da ...« Ich werde dieses Fotoalbum nie zeigen können. Ich war zu der Zeit am Ende meines Schaffens in dem Eventcafé schon schwer krank. Das »Burnout-Syndrom«, die schlimmen Depressionen hinter der frohen und selbstbewussten Fassade waren damals schon da, auch wenn der Zusammenbruch erst Jahre danach erfolgte. Meterdicke seelische Asche bedeckte das bisschen Glut, das mich nur dann noch wärmte, wenn ich in das Gesicht eines meiner geliebten Kinder blickte. Ohne das,

was ich heute mein »Damaskuserlebnis« nenne, läge ich heute unter der Erde, wäre ich wohl gestorben an echter seelischer Erfrierung. Mit jedem Tag, den der Sommer ins Land geht, komme ich mehr an meine innere Wärme heran. Wie viel von dieser Asche musste ich abtragen, um an meine Wahrheit heranzukommen und so viel Freude in mir zu entdecken! Meine Tage erscheinen mir jetzt angefüllt, obwohl sie doch nahezu ereignislos verstreichen. Ich bin ganz da. Die Welt wendet mir ein freundliches Gesicht zu. Ich sauge die Wirklichkeit in mich auf, als wäre alles an ihr neu und irgendwie rein – ein erster Schöpfungstag nur für mich. Morgen für Morgen stehe ich um sieben Uhr auf. Es gibt keinen Tag mehr, den ich ohne Gebet beginne. Danach schreibe ich meine ersten Gedanken auf. Über den Tag verteilt, trinke ich ganz viel Wasser. Das ist nicht nur gesund, es hat auch einen seelischen Effekt. Habe das Gefühl, als müssten Hekatomben innerer Schlacken ausgespült und abgeleitet werden. Oft gehe ich spazieren, stundenlang. Gegen Mittag nehme ich ein leichtes Essen zu mir, esse achtsam, freue mich an jedem Bissen. Danach beginne ich wieder meine Gedanken zu sammeln und sie aufzuschreiben. Manchmal, wenn ich mich in den Schluchten meiner Vergangenheit zu verlieren drohe, lenke ich mich ab, schaue meine Lieblingsfolgen »King of Queens«, *Arthur, Doug und Carrie, Arthur. Arthur. Arthur. Arthur. Es heißt Kätsch-up – nicht Ketsapp!*
Ja, es tut mir unglaublich gut, zu lachen.
Gelegentlich packe ich mir das Rad und fahre durch den Wald. Meine Seele atmet immer öfter in großer Klarheit. Ich spreche immer wieder zu Gott. Dazu muss ich mich nicht zwingen. Es steigt auf. Ich lese unglaublich viele und gute theologische Bücher. Fast jeden Tag eines! Meine neue Bibliothek wächst ins Unermessliche. Abends gehe

ich früh ins Bett, einfach weil ich erschöpft bin von der schweren seelischen Arbeit. Träumen. Ein neuer Tag. Wieder von vorn. Danke.

*

Dass mich mein unerwarteter seelischer Absturz aus dem neuen Leben geworfen hat, begreife ich erstmals als *Urlaub*. Das Wort kommt ja von Erlaubnis. Mir ist, als gäbe Gott mir die Erlaubnis, endlich, endlich Mensch zu werden. Urlaub für die Wahrheit. Ich befinde mich heute an einem wundervollen See. Die Sonne umarmt das Land, aber das Wasser ist noch recht kühl. Doch gerade das tut mir gut. Mit kraftvollen Zügen pflüge ich durch das flaschengrüne Wasser. Von weitem sehe ich zwei Ruderboote auf mich zukommen. Ein paar verrückte Enten schwimmen mit mir um die Wette. Vergebens. Ich habe wieder Kraft in den Armen, bin schon lange keine drogenverseuchte Gestalt mehr. Ich fühle mich herrlich frei; das Wasser umschmeichelt wie eine ausgesuchte Zärtlichkeit. Früher wäre es mir nicht im Traum eingefallen, einen Natursee aufzusuchen und in sinnliche Kommunikation mit den Herrlichkeiten der Natur zu treten. Nein danke. Kein Flash, kein Kick! Ich hätte nie diese vielen schönen Seerosen umschwommen, nie das Glitzern der absteigenden Sonne auf der Fläche beobachtet, nie mit den Augen die wogende Schilffläche getrunken. Wie schön ist diese Welt! Ich schwimme auf dem Rücken. Über mir nur Himmel und eine Gruppe von Vögeln. Keine Ahnung, wie sie heißen. Eines Tages werde ich ihre Namen kennen. Jesus sagt: *»Seht die Vögel, sie spinnen nicht und sie säen nicht, und doch ernährt sie der Vater im Himmel.«* So steht es in der Bibel. Ich könnte jubeln über dieses Wort. ER hat mich gemacht, die Vögel am Himmel, das Wasser um mich, die Seerosen. Emily und Giuliano. ER. Alles ist in seiner Hand. ER ist immer für uns da – wenn wir IHN nur lassen. Wenn wir IHM Vertrauen schenken. Ich nehme einen tiefen Zug würzige Seeluft in meine Lungen auf, spanne meine Bauchmuskulatur an, stoße kraftvoll in die Tiefe, um prustend wieder aufzutauchen. Bestes Leben! Tolles Wunder! Volle Kanne!

Mit prickelnder Haut fahre ich auf dem Fahrrad nach Hause, das Hemd zur Hälfte aufgeknöpft. Der Sommerwind umfächelt meine Brust und fährt mir durch die feuchten Haare. »Finde deine Wahrheit, fürchte dich nicht davor« – damit hat man mich vor acht Wochen auf den Weg geschickt. Ich dachte damals, das sei eine Sache für den Kopf. Heute weiß ich, dass man Wahrheit auch *fühlen* kann. Ja, Wahrheit ist ganzheitlich; sie umfasst Herz, Seele, Leib und Kopf. Von Tag zu Tag sehe ich klarer, fühle ich klarer, lebe ich klarer. Der seelische Infarkt verzieht sich weiter und weiter, wie eine düstere Wolke am Horizont. Ich bin viel ruhiger und gefasster. Oft stellt sich sogar ein Zustand tiefen Friedens in mir ein, reine Behaglichkeit, eine Art universales Einverständnis mit allem.

*

Nun ist es doch schon sehr spät geworden. Ich muss noch einmal raus, noch einmal durchatmen. Es ist keine Wolke am Nachthimmel. Die Wahrheit, meine Wahrheit – ist sie auch dort zu finden? In der Endlosigkeit des Universums, in allem, was es gibt? Im Himmel und auf der Erde? Ich bin mir sicher, dass das so ist. Wahrheit, so denke ich, kann keine regionale Sache sein. Wenn etwas wahr ist, kann es nicht zugleich falsch sein. Wenn es wahr ist, dass wahre Liebe keine Untreue verträgt, dann immer, in allen Ländern, unter allen Umständen und für alle Beteiligten. In den letzten Jahren habe ich so viel gelesen und mich immer gefreut, wenn das Wort Wahrheit auftauchte. Aber je moderner die Bücher waren, die ich gerade las, desto seltener tauchte das Wort auf. Eine große Erschöpfung liegt scheinbar über dem Begriff der Wahrheit. Zu viele haben sich in den vergangenen Jahrhunderten dieses Wort auf die eigenen Kriegsfahnen geschrieben. Und nun schütten sie das Kind mit dem Bad aus. Über Wahrheit könne man sich doch heute gar nicht mehr verständigen. Jeder habe schließlich »seine eigene Wahrheit«; jeder möge mal nach seiner eigenen Fasson selig werden und sich den Sinn entwerfen, der ihm in den Kram passt und der Allgemeinheit ja nicht zur Last fällt. Wahrheit sei schließlich etwas Relatives. Das Absolute gebe es nicht, oder es sei nicht zu erkennen. Oh ja. Die oben genannten Devisen habe ich früher ausprobiert – und zwar exzessiv im Labor meines eigenen Lebens. Es sind alles tolle Sprüche, die auch gut klingen, aber einfach nicht wahr sind. Es gibt richtig und falsch, wahr und unwahr. Es ist absolut (und nicht nur relativ) notwendig, ein Kind zu lieben. Ja. Natürlich. Man kann gegen die Wahrheit leben. Viele Menschen tun das. Aber man wird mit Sicherheit den Kürzeren ziehen. Jede Täuschung hat ihren D-Day. Eines Tages wird alles aufgedeckt. Am Ende der Lüge steht immer die Wahrheit. Weisheit ist, nach der Wahrheit zu suchen und wahr zu leben. Was ist das wahre Wesen der Liebe? Was bedeutet es, in Wahrheit Vater zu sein?

*

Wahrheit bedeutet, dass sich die Dinge des Lebens dem Menschen so zeigen, wie sie wirklich sind. Oh ja. Selbst in meinen schwärzesten Stunden hätte ich wissen können (ja wusste ich tatsächlich im innersten Inneren), was *wahr* ist und dass auch ich in der Unwahrheit lebte. Es gab so viele Momente in meinem Leben, in denen ich mir selbst und anderen lieber etwas vormachte, einfach weil es bequemer für mich war, als die Wahrheit zu sagen und ihrer Anforderung durch wahres Leben zu entsprechen. Wahrheit! Die Suche nach Wahrheit! Ich bin der Ansicht, dass es genau darum geht. In jedem Leben jedes Menschen. Menschsein heißt: unterwegs zu sein, sich aufzumachen zu einer Reise, sich aufzumachen in Richtung Wahrheit der Welt. Es ist nicht wahr, dass »meine Wahrheit« eine Art Recht auf individuelle Koexistenz neben einer völlig anderen allgemeinen Wahrheit hätte. Wer wahr lebt, nimmt teil an der einen Wahrheit – oder sein Leben ist eben nicht wahr. In der Wahrheit zu leben. Lernen, ehrlich, authentisch und stimmig zu sein. Da müssen wir alle hinkommen. Ich bin sicher. Das allein macht glücklich.

Was ist die eine, alle angehende Wahrheit unseres Seins? Wo kommen wir denn nun alle her? Wozu nur sind wir auf der Welt? Was geschieht mit uns allen nach dem Tod? Auf der Suche nach dem Sinn unseres Daseins stellen wir Menschen uns Millionen Jahre alte Fragen. Vor ein paar Jahren habe auch ich mich auf die Suche nach ebendieser Wahrheit gemacht. Ich beginne mich zu erinnern ...

20. Stecker raus

Eichsfeld, Anfang 2000

Tag und Nacht. Nacht und Tag. Tag und Nacht. In schmerzlichem Grau vergehen meine Tage. In den wenigen Stunden, in denen ich erschöpft den Schlaf suche, glüht ein heißer, böser Schmerz aus Angst und Schuldgefühlen in mir. Meine Kinder sind nicht mehr da. Meine Mutter ist endgültig aus meinem Blickfeld verschwunden. Sie ist mir einfach entglitten, ist einfach weg. Das Einzige, was ich von ihr noch habe, ist eine Adresse und eine Handynummer. Meine Schwester Nadine lebt auch nicht mehr im Eichsfeld. Auch sie ist depressiv und hat mindestens so viele Probleme im Privaten, ihr Leben in den Griff zu bekommen, wie ich. Nadine, wo bist du? Ich vermisse dich! Vater ist da und doch nicht da. Er ist nur noch dann gut gelaunt und zufrieden, wenn die Umsätze der Geschäfte stimmen. Ich habe mich auf einen seltsamen Deal mit ihm eingelassen. Statt echtem Geld gibt es eine Abmachung: »Eines Tages kriegst du den ganzen Laden; dafür gibt es jetzt nur eine Art Aufwandsentschädigung!« Okay, denke ich, lohnt sich – und erschrecke doch, als ich sehe, wie dieses Ticket auf die Zukunft in Zahlen aussieht. Mein Gehalt ist so dimensioniert, dass ich sagen muss: Dafür würde es wohl kein anderer machen. Vater zuckt mit den Schultern: »Nimm es oder lass es! Mehr geht nun mal nicht. Umsatz allein reicht eben nicht.« Ein klares Wort.

Irgendwie hatte ich mir das anders vorgestellt. Immerhin trage ich mittlerweile fast allein die ganze Verantwortung für den Riesenbetrieb. Gewinn kommt nicht von selbst angeflogen. Die laufenden Kosten des Ladens sind derart hoch, da ist jeden Monat echte Schwerstarbeit zu leisten, damit man auf die rentablen Zahlen kommt. Dafür versuche ich alles, und doch gelingt es scheinbar nicht. Die Hälfte meines schwachbrüstigen Honorars gebe ich gleich an Unterhalt an meine Kinder weiter. Mir bleiben im Monat oft weniger als 200 Euro zum Leben. Wahnsinn. Doch meine Bestätigung beziehe ich gar nicht über den Gehaltszettel. Meine Bestätigung sind meine Besucher, die vielen Menschen, meine Freunde und die verschiedensten Künstler. Ich mag meine Gäste wirklich sehr, liebe mein Team und die Freunde auf meine Weise und bin mir sicher: Das merken die auch. Mir geht es nicht nur um Geld bei der Arbeit. Nein. Ich habe die große Sehnsucht, dass es in meiner kleinen Welt das gibt, was mir selbst nie geschenkt, gezeigt, vorgelebt wurde: Wärme, Schönheit, Beziehung, Gespräch. Ich möchte, dass die Menschen ein paar schöne Stunden bei mir verbringen können, um dabei die Sorgen des Alltags hinter sich zu lassen. Ich bin nicht *nur* der Hasardeur, der Frauen verschleißt und Kinder verlässt. Ich bin mittlerweile auch jemand, der ein offenes Ohr hat für die Sorgen der Leute, die bei mir anstranden. Für mein Team. Meine Gäste. Die vielen Künstler. Durch die sieben Höllen meiner Verlassenheiten und Süchte gewandert, sind mir Abgründe vertraut. Ich habe Übung in Abstürzen. Ich kenne den Morgen danach. So weiß ich mich gut in vieles einzufühlen. Das schätzen meine Gäste wohl an mir; das spüre ich. Auch meine ständig sprudelnden Ideen und das Gefühl für Musik sind ein großes Plus meiner Arbeit. Die früher nach außen zur Schau gestellte Arroganz ist seit meinem Drogenentzug von vor einigen Jahren nun völlig von mir gewichen. Ich bin tief in meinem Innern des Herzens nur noch ein trauriger, depressiver und oft sogar verzweifelter, gebrochener Mann.

*

Das *Ambiente* entwickelt sich zu dieser Zeit weiter zu einer einzigartigen lokalen Erfolgsgeschichte. Ein Event jagt den nächsten. Mit der Zeit entwickle ich immer mehr ein Näschen dafür, was man braucht, um die Leute in Scharen herbeizulocken. Es tauchen sogar manche bekannte Namen im *Ambiente* auf: Uwe Seeler, Marcel Reif, Michael Rummenigge, Ingo Oschmann, Bernd Heynemann, Norbert Dickel, Klaus Wennemann, eine bekannte Musical-Sängerin von der AIDA, Christian Ziege und viele andere. Ich kann gut mit all diesen Leuten; sie fühlen sich wohl in dem Laden. Und ich? Bin weiter todunglücklich.

Wenn ich nachts oder frühmorgens zu Hause bin und auch an meinem einzigen freien Tag in der Woche, grübele ich die ganze Zeit nach, was ich eigentlich möchte und warum ich einfach nicht glücklich werden kann. Mit Krimis und dem Anhäufen von Allgemeinbildung und Sprachen versuche ich mich abzulenken. Aber es gelingt mir nicht. Wozu dieses ganze Wissen? Was hilft mir die ständige Ablenkung? Der bohrende geistige Schmerz schlägt weiter durch. Immer wieder. Immer stärker. Wie kann ich diese Angst vor dem Tod nur besiegen? Was hat das Leben nur für einen Sinn? Ich habe einfach keine Ahnung. Eines Tages lege ich die Romane und die vielen, vielen Zeitungen weg und beschaffe mir eine andere Art von Literatur. Jemand hatte mir einen Tipp gegeben: »Lies doch mal ein Buch vom Dalai Lama!« Warum nicht? Wenn es hilft? Ich lese also ein Werk des religiösen Oberhaupts der Tibeter, ein buddhistisches Buch. Es ist das erste religiöse Buch in

meinem Leben. Ich fühle mich zunächst angesprochen und möchte mehr wissen, möchte den Buddhismus intensiver studieren. He, das ist ja gar nichts Abgehobenes, nichts Jenseitiges! – denke ich. Es geht nicht um so einen fernen Gott im Himmel, der scharf auf unsere Macken und Fehler ist. Es geht um Techniken, die Menschen dazu bringen, ihr unvermeidbares Leid in der Welt als solches anzunehmen und daraus klug zu werden. Man kann Leiden überwinden, man kann erleuchtet werden und man kann hier und jetzt lernen, alles nicht mehr so wichtig zu nehmen. Auch den Tod? So frage ich – und suche wie verrückt nach Stellen, die den Tod und die Angst vor dem Tod relativieren. Ich finde sie. Ja, auch der Tod ist nicht wichtig. Er ist nur Schein, ist durch Weisheit zu überwinden. Wow! Nach und nach erschließt sich mir die Kontur dieser Religion. Könnte ich tatsächlich gebrauchen, denke ich – und spiele eine Weile mit dem Gedanken, mich rückhaltlos auf den buddhistischen Initiationsweg zu begeben.
Tatsächlich empfinde ich auch eine Zeit lang so etwas wie Hilfe, spüre Anflüge von Frieden in meiner Seele. Doch nach acht Wochen auf dem Buddhaweg merke ich, wie mein existenzielles Gepäck mir wieder schwerer und schwerer wird. Ich kann diese seltsame, furchterregende Panik vor dem Tod nicht einfach ablegen. »Der Tod bedeutet gar nichts«, lese ich, »er ist nur Schein.« Ich sage es mir zu, nehme es als Mantra, rede es mir ein, versuche damit einzuschlafen. Ich schreie es den Gespenstern zu, die mich immer wieder am Einschlafen hindern. Es wirkt nicht. Plötzlich weiß ich: Das ist ja Autosuggestion. Meinethalben eine uralte, von vielen Menschen in ihrer Not praktizierte. Aber hier wird kein Gott angerufen, der mich hört und der mir hilft. Alle Macht, die im Buddhismus beschworen wird, ist die Macht in mir. Der Tod bedroht mich aber *von außen*.

Ich bin machtlos gegen ihn. Bald mag ich die Bücher, mit denen ich mich eingedeckt habe, nicht mehr sehen. Dieser grinsende, weltüberlegene Buddha macht mich plötzlich frösteln. Die Lektüre hinterlässt Enttäuschung und einen bitteren Nachgeschmack: alles nur Menschenwerk, nur Glückstechnik. Das ist es nicht. Andere Bücher müssen her. Mein Interesse an religiösen und philosophischen Fragen ist geweckt. Fortan bin ich im Internet unterwegs und bestelle mir ein Buch nach dem anderen, das nur halbwegs mit Sinn-Versprechen wirbt. Ich möchte endlich eine Antwort auf meinen Fragen finden. Was ist mit mir los? Wer bin ich? Was geschieht nach dem Tod?
Eines Tages überfällt mich mein Freund Schorse mit der Einsicht: »*Eckhart Tolle* ist es! ... The man who!? *Tolle, Die Stille spricht*, lesen, mein Freund!« Aber auch die Tollemania hält nicht lange an. Wenig später rudern wir gemeinsam zurück: »Vergiss Tolle! Das ist ja völlig durchgeknalltes Zeug!« Ich lese in der Folge die schale Produktion einer ganzen Phalanx von Positivdenkern, die den Buddhismus noch einmal in light anbieten – und lege die hohle Rhetorik immer öfter gelangweilt beiseite. Das ist es auch nicht!
Ein Thekenschlaumeier rät mir eines Abends über das Bierglas hinweg: »Lesen Sie Philosophie, junger Mann!« Philosophie? Ich habe nur eine sehr vage Vorstellung. Wahrscheinlich sind das Bücher mit sieben Siegeln, denke ich. Aber ich sage mir auch: Die müssten doch zu knacken sein, wenn man die richtigen Fragen stellt! Du musst dich nur in die Geschichte reinfuchsen, Dario! *Philosophie* – das Wort lässt mich nicht los. Was ist Philosophie? Im Internet lese ich, Philosophie sei die Liebe zur Weisheit und Wahrheit. Prima, die möchte ich jetzt endlich auch finden. Also besorge ich mir Originaltexte von Nietzsche, Kant, Platon und lese darin herum – ohne jede Grundlage. Ich verstehe

fast gar nichts; aber gerade das hält mich seltsamerweise hartnäckig bei der Lektüre: »Wenn ich das erst mal kapiere, sind alle meine Probleme gelöst. Dann bin ich selbst ein Philosoph und gehe gelassen und erleuchtet über die Erde! Dario ist jetzt ein Philosoph!«, raunen sich die Leute zu. Ach, völlig egal, was die Leute sagen. Also ran! Seite um Seite fresse ich mich voran, immer auf der Suche nach dem ultimativen geistigen Aha-Erlebnis. Manches davon ist staubtrocken, anderes wie Chinesisch. Und dann wieder finde ich einen Halbsatz, der mich aufhorchen lässt. Aber ich freue mich, dass ich in diesen sonderbaren Denkern Menschen begegne, die sich auch Fragen über das Leben als solches stellen, die sich ehrliche Gedanken um den Sinn des Daseins machen.

Ich stelle jedoch nach einiger Zeit fest, dass die Philosophie vor allem darin am größten ist, dass sie Fragen stellt. Gemeinsame Antworten sind nicht zu finden. Aristoteles ist sich sicher, dass es einen Gott gibt – er stellt beispielsweise fest, dass in der Welt Bewegung ist und alle Bewegung einen ersten Beweger braucht. Einen unbewegten Beweger also. Bertrand Russell hingegen, ein Philosoph des 20. Jahrhunderts, hält dagegen: »Es gibt weder einen Grund dafür, warum die Welt nicht auch ohne eine Ursache begonnen haben könnte, noch, warum sie nicht schon immer existiert haben sollte. Wir haben keinen Grund anzunehmen, dass die Welt überhaupt einen Anfang hatte. Die Idee, dass alles einen Anfang haben müsse, entspringt nur der Armut unserer Vorstellungskraft.« Aber Russell ist nicht etwa weiter als Aristoteles, denn auch in der Gegenwart gibt es große Philosophen, die Russell nicht zustimmen und weiter Schellings Frage: »Warum gibt es überhaupt etwas, nicht vielmehr nichts?« für die zentrale, ungelöste Frage aller philosophischen Fragen halten. Besonders die Lektüre von

Texten Friedrich Nietzsches zieht mich in einige Mitleidenschaft. Einerseits fasziniert mich die Radikalität, mit der er eine sinnlose Welt behauptet: »Wohin bewegen wir uns? Fort von allen Sonnen? Stürzen wir nicht fortwährend? Und rückwärts, seitwärts, vorwärts, nach allen Seiten? Gibt es noch ein Oben und ein Unten? Irren wir nicht durch ein unendliches Nichts? Haucht uns nicht der leere Raum an? Ist es nicht kälter geworden? Kommt nicht immerfort die Nacht und mehr Nacht?« Das kenne ich gut. Das habe ich auch erlebt. Ich frage mich: Hatte dieser Nietzsche psychedelische Erfahrungen? Sicher nicht. Aber es kommt mir einen Moment so vor, als würde dieser Philosoph des 19. Jahrhunderts seine Drogenerfahrungen universalisieren, als würde er das Erlebnis des sinnfreien Durcheinanders von gedachten und realen Momenten der Wirklichkeit gewissermaßen auf *alles* anwenden – sinnlos alles, alles, was wir sehen, sinnlos auch unser Denken. Andererseits macht Nietzsche doch »sichere Aussagen«. Woher sind die denn so sicher, wenn die Vernunft, die er benutzt, um sichere Aussagen zu machen, selbst nicht sicher sein soll? Der Satz »Die Welt ist sinnlos«, beansprucht ja vehement, ein absolut sinnvoller, vernünftiger Satz zu sein. Das Absolute soll es aber nicht geben. Was denn nun?

An solchen Fragen grüble ich herum. Vielleicht gibt es ja doch etwas Absolutes? Aber wo ist es zu finden? Wie ist es zu suchen? Irgendwo entdecke ich einen Hinweis auf Hegel, der ein »Pantheist« sei. Der habe eine Theorie von allem, die bis ins Absolute hinaufreiche. Schnell nachschauen! Der *Pantheismus* lehre, so lese ich, dass alles, was ist, von Geist und Vernunft durchwirkt sei. Gott, das Absolute, wohne in allem, in Dingen, in Pflanzen, Tieren und Mensch und es zeige sich im Prozess der Erkenntnis. Mich erregt der Gedanke, dass ich Teil des Absoluten sein könnte, dass sich in mir und über mich etwas Göttliches ereignen könnte. Erstmals in meinem Leben denke ich bewusst und länger über das Wort »Gott« nach. Ob es ihn gibt oder nicht, ist dabei zunächst einmal irrelevant für mich. Ich probiere das pantheistische Feeling einfach einmal aus. Alles göttlich, die Vögel, die am Horizont vorbeifliegen, die Sonnenuntergänge seit Jahrmillionen, mein Atem, selbst meine große Nase! *Ich göttlich!* Hmm, nicht schlecht! Ein bisschen irritierend, aber immerhin ein Plan für das Ganze! Doch die selbst gebastelte Verbindung mit dem Universum funktioniert wieder nur für ein bis zwei Monate. Wenn Gott in allem ist, könnte er sich ja selbst per Atombombe in die Luft sprengen?! Das kann doch nicht sein! Daran glaube ich nicht. Das ist doch völlig sinnlos. Ich komme nicht weiter. Ich verbleibe weiter in meiner traurigen, kleinen Skepsis des Alltags und meiner tief sitzenden Angst. Bleibe weiterhin jemand, der nur das glaubt, was er auch sehen kann. Wenn ich also eines Tages sterben muss, so denke ich nach wie vor, zieht jemand den Stecker aus der Maschine.

*

In meinem Privatleben kehrt weiter mehr Ruhe ein. Ich fahre die Frauengeschichten immer mehr herunter, verabschiede mich endlich von dieser kindisch-zwanghaften Vorstellung, ich müsste jede halbwegs gut aussehende Frau über die Bettkante hieven. Was soll das? Sex gibt zwar einen gewissen Kick, aber er nimmt doch nie die Traurigkeit von dir. Du spulst die routinierte Rhetorik von Liebe und Erregung ab, hast einen Höhepunkt mit irgendjemandem und denkst in der Sekunde danach: Wer ist dieser fremde Mensch neben dir im Bett? Das ist doch eigentlich völlig daneben und peinlich. Schluss damit. Ich muss und werde damit endlich aufhören.

Ich entschließe mich eines Abends im *Ambiente*, nie wieder zu rauchen. Einfach so. Von diesem Tag an bin ich frei von einem weiteren Laster. Ich rauche keine einzige Zigarette mehr, trinke allerdings immer noch Alkohol am Wochenende bei der Arbeit. Der berufliche und private Druck ist ohne ein bisschen Alkohol nicht abzufedern – so denke und entschuldige ich mich. Der Sprit sticht mir in die Nase. Alle Aktivitäten werden durch einen kleinen Drink unterbrochen. Es ist wie Atmen. Ich kann dazu immer noch nicht nein sagen. Wenn man voller Sorgen ist, »wattiert« der Alkohol. Reden kann ich einfach nicht nüchtern. Ich kenne das nicht, habe in meiner *Familie* nie gesehen, dass man das Herz voreinander aufmacht. Ich bin einfach noch nicht stark genug, um über meine Sorgen zu sprechen. Der geschäftliche Druck und der unterbewusste Drang nach permanenter Anerkennung durch Vater lassen mich von einer stressigen Woche, von einem Event zum nächsten eilen, ohne Rücksicht auf mich und meine Gesundheit. Weiter. Immer weiter. Ich blende die schwarze Nacht um mich und in mir einfach aus, kümmere mich lieber darum, was die anderen Menschen brauchen und gerne haben, und verschenke meine Zeit an sie. Das ergibt wenigstens ein klein wenig Sinn für mich. Anderen Menschen eine Freude zu machen. Das gibt mir nun meinen Lebenssinn. Das Einzige, was mich noch mehr aus meiner Traurigkeit reißt, sind meine Kinder. Ich erlebe Anflüge von Freude, wenn sie für ein paar Stunden bei mir sind. Fühle mich in die tiefe Nacht gestoßen, wenn sie wieder gehen müssen. Zu Hause bin ich immer völlig verzweifelt. Ich bin so allein, so unglaublich einsam, denke ich in den wenigen ruhigen und ehrlichen Stunden meines Lebens.

*

Dann kommt das Jahr 2002, und ich habe plötzlich das Gefühl, neben dem *Ambiente* noch etwas Eigenes gründen zu müssen. Endlich mal aus der Vater-Sohn-Geschäftspartnerkiste rausspringen! Einen eigenen Weg finden! Etwas tun, was nicht in den Bahnen seiner Erwartung vorgesehen ist. Irgendwie, irgendwo muss ich doch den Sinn im Leben noch finden können! Was tun? Was könnte das sein? Es ist naheliegend. Die Gäste im *Ambiente* sind von der Lounge, die ich mit meinem Künstlerfreund Peter entworfen habe, beeindruckt. Das bringt mich auf eine Idee: »Mensch, Peter, lass uns Kunst & Geschäft machen!« Peter macht große Augen: »Wie denn, Dario?« – »Für mich bist du der Michelangelo unserer Zeit! Du bist das Genie – und ich vermarkte dich!« Peter ist ein unglaublich lieber und megabegabter Mensch, aber nicht so ganz von dieser Welt, Künstler eben: »Wenn du meinst, Dario!« Peinlich, peinlich – aber ganz ohne väterlichen Support geht es dennoch nicht. Vater tut uns beiden den Gefallen und unterschreibt eine Bürgschaft über 10 000 Euro, damit wir ein kleines Geschäft eröffnen können. Viele sind fasziniert von unseren Ideen und von Peters Malerei. Ich steigere mich in rauschhafte Vorstellungen: »He, Peter, da machen wir die ganz große Nummer draus!« So wird *freestyle3000* geboren. Drei Mitarbeiter. Peter, Richie und Dario. Die drei von der Kreativstelle. Noch so eine Idee, die die Welt nicht wirklich braucht: Illusionsmalerei, Design und Einrichtungen, topmoderne Kunst zu Schnäppchenpreisen. Das Geschäft läuft jedoch zunächst gut an. Wir richten Gaststätten ein; ganze Wohnungen werden zu *Art-Environments* – hm, hm, nun ja, es fehlt mir nicht an kindischen Marketingetiketten. Wir sind schnell in aller Munde. Die Probleme beginnen nach drei Jahren, als wir plötzlich von einigen Architekten nicht mehr bezahlt werden. Wir hatten teure Vorleistungen erbracht und kommen über Nacht ohne eigenes Verschulden in große Zahlungsschwierigkeiten. Wir sind naiv und lernen im Handumdrehen die knallharte Geschäftswelt im Handwerk kennen. Nach drei spannenden Jahren sind wir fertig – pleite. Unsere Forderungen sind das Papier nicht wert, auf dem sie gedruckt sind. Wir haben plötzlich Schulden. Es ist vorbei. Eine schmerzhafte Niederlage. Doch respektieren wir natürlich das Gesetz und übernehmen beide die Verantwortung. Schlimm für mich, dass Vater bei der Geschichte auch Geld, 2500 Euro, verliert. Ich konzentriere mich auf meinen Hauptjob, bin weiter im *Ambiente* als Geschäftsführer tätig. Peter, Richie und ich bleiben Freunde.

*

Eine Tages erreicht mich bei der Arbeit die Nachricht, dass mein Nonno Mario in Italien einen Schlaganfall hatte und jetzt im Koma liegt. Ich gerate in eine Art Schockzustand. Mein alter Freund, der Tod, ist also wieder da; er will final zuschlagen, will seine Macht in nächster Nähe meines Herzens zeigen. Ich betrinke mich oft in den nächsten Tagen, weil ich einfach nicht weiß, wo ich hin soll mit meinem Schmerz. Nach ein paar Wochen wacht Nonno wieder auf, schwer hirngeschädigt. Er wird auf Wunsch der Familie nach Hause verlegt. Eines Tages halte ich es einfach nicht mehr aus. Ich muss ihn sehen, ich muss nach Italien. 18 Stunden bin ich mit dem Wagen unterwegs, 18 Stunden voller Ungewissheit und voller Schmerz. Manchmal rase ich mit 180 km/h die Autobahn hinunter, im Kopf ein Kino aus Wehmut und Angst: Nonno, wunderbarer Nonno! Nonno lachend. Nonno flirtend. Nonno und ich in der Bar. Nonno spielt Karten. Nonno trinkt Wein. Nonno streitet mit der Nonna. Nonno kauft mir ein Eis. Weiß gar nicht, woher die vielen Tränen kommen, die mir die Wangen herunterrinnen. Zehn Kilometer vor dem Ziel halte ich an der Straße an. Die italienischen Gene gehen mit mir durch. Ich kaufe bei einem Straßenhändler eine übergroße weiße Christusstatue aus Marmor mit weit geöffneten Armen. Kitsch in Reinkultur. Das kann wahrscheinlich niemand verstehen, der nicht Italiener ist. Ich selbst verstehe es ja nicht mal. Irgendetwas sagt mir jedoch, dass ich genau diese Statue mitnehmen soll. Ich bin schrecklich nervös. Als ich in Taurasi, dem wundervollen Ort meiner frühen Sehnsucht, ankomme, liegt eine seltsame Stimmung über dem Dorf. Es ist irgendwie anders als sonst. Die Läden in den Häuserschluchten der engen Straßen scheinen geschlossen. Außer ein paar Katzen scheint Taurasi wie ausgestorben zu sein. Keine Stimme. Kein Lachen ist zu hören. Grauer Staub liegt in der Luft. Da höre ich, wie sich eine Tür öffnet. Meine Nonna Emmanuela hat mich doch gesehen, wie ich die Straße heraufsteige. Sie läuft auf mich zu, und wenige Augenblicke später liegt sie schluchzend in meinen Armen. »Nonno Mario non sta bene, non sta bene«, stammelt sie und klammert sich an mich. Ich tröste die weinende alte Frau, so gut ich kann.

Sie zieht mich in die Wohnküche, öffnet leise das schattige Zimmer daneben: »Ecco la!« Oh nein. Mir verschlägt es die Sprache. Eine imaginäre Faust drückt sich fest in die Magengrube. Was ist hier nur geschehen? Mein verrückter, lieber Nonno liegt seltsam verrenkt und entsetzlich abgemagert in seinem Bett. Nichts, rein gar nichts erinnert mehr an den energiegeladenen fröhlichen Lebenskünstler, als den ich ihn als Kind kennen und lieben lernte. Nonno Mario wirkt geradezu grotesk auf mich. Der alte Mann starrt mit weit aufgerissenen Augen an die Decke. »Nonno!«, rufe ich. »Ich bin es, Dario! ... Dario da la Germania ... Kennst du mich denn nicht?« Ich streichle seine gekrümmte, schweißige Hand, die sich wie in letzter Not an dem weißen Laken festhält. »Caro Nonno, sono io, *Dario!!*« Aber der Nonno spürt, sieht und hört mich nicht. Seine spröden Lippen bewegen sich in gequältem Bemühen, einem imaginären Adressaten irgendetwas Wichtiges mitzuteilen. Wem nur? Die Nonna zuckt mit den Schultern. In diesem Augenblick weiß ich: Das große Bye-Bye hat begonnen. Der liebe vertraute Nonno fällt gerade aus allen Koordinaten. Er gibt uns keine Hand und sagt nicht: »Ciao, bis gleich!« Ich kann nicht weinen, die ganze Zeit nicht in Taurasi. Bin wie gelähmt. Ich nehme meine Nonna fest in den Arm. Bald geht die Nonna. Der Nonno stirbt. Aber sie muss auch ein bisschen Essen machen. Die Wäsche. Die Katzen vor der Tür füttern. Ich sitze stundenlang neben meinem Nonno. Abwechselnd schaue ich auf ihn und auf die Christusstatue, die ich neben ihn auf den Nachttisch gestellt habe. ... Wie viel Zeit ist vergangen? Nonna Emmanuela sitzt wieder bei mir, lehnt ihren Kopf an meine Schulter. Ich höre, wie sie leise betet ... Ein Tag vergeht. Ein anderer. Und noch einer. Mario kann nicht sterben. Nach einer Woche fahre ich wieder Richtung Heimat. Ich weiß, dass ich meinen Nonno Mario nicht wiedersehe. Auf der Rückfahrt kann ich endlich richtig weinen. Einen Monat später, es ist zu einer frühen Morgenstunde, stirbt mein Nonno Mario in den Armen seiner lieben Frau Emmanuela, dieser Verrückten, die den anderen Verrückten über fünfzig Jahre lang zu erziehen versuchte. Vergeblich, Gott sei Dank.

Tot. Ich erfahre es über Vater, der mich anruft. Nehme es cool, wie in Eis gepackt, zur Kenntnis. Das war also der Nächste, der sich für immer verabschiedete. Ich weiß, ich werde mich betrinken. Der Stecker ist raus. Die Uhr angehalten. Der Ofen aus.

21. Wer bin ich denn, was will ich denn?

Eichsfeld, 2008

Die letzte Woche habe ich einen psychischen Rückschlag erlebt. Was ich, als ich es real erlebte, wegpackte oder in Alkohol ertränkte, das durchlebe ich jetzt – wach und in Zeitlupe. Alle Schmerzen kommen wieder, als wollten sie mir sagen: »Hey, Freund, du hast uns damals vor die Tür geschickt – hier sind wir wieder. Du entgehst uns nicht!« Besonders der Tod meines geliebten Nonno in Italien hat mich noch einmal neu und tief im Innern erschüttert. Schwarze Gedanken umnebeln mich, ziehen mich herunter, träufeln mir permanent Gift ins Hirn: Wir befehlen dir: Sei traurig! Wir prophezeien dir: Deine Zukunft liegt hinter dir! Wir beweisen dir: Dein Mut erreicht nichts, es bleibt alles, wie es ist! Aufschreiben, aufschreiben! – halte ich dagegen. Uta hat mir doch gesagt: Schreib es auf, dann entkommst du den Dämonen! Doch es funktioniert nicht. Die Dämonen lachen. Sie quälen mich. Ich krickele was aufs Papier und glaube selbst nicht mehr daran! »Rufen Sie mich einfach an, wenn es hart auf hart kommt«, hatte mir die Psychologin mit auf den Weg gegeben. Das Handy liegt einen Meter von mir entfernt. Es ist mir, als müsste ich den Ozean überqueren, um es in die Hand zu nehmen. In Greifweite liegt auch eine leere Schachtel mit einem Antidepressivum. Fast acht Wochen lag sie unangebrochen da. Ich hatte mich nach der Diagnose gegen sie entschieden. Ich wollte das »ohne« schaffen. Nun habe ich nach Absprache mit meiner Ärztin vor drei Tagen doch eine Tablette am Abend eingenommen. Es hat mich wie der Schlag getroffen. Peng! Nach nur einer halben Stunde hatte ich das gleiche Gefühl wie früher, wie zu meinen schlimmsten Drogenzeiten. Völlig benebelt im Gehirn, Druck auf den Augen, trockener Mund und nervöse Unruhe, die sich durch starkes Zähneknirschen bemerkbar macht. Ich war geschockt. Das war die falsche Entscheidung. Ein so genannter Flashback erwischt mich voll von der Seite. Warum habe ich mich nur dazu hinreißen lassen? Ich wusste doch, was dann kommt. Chemie ist nur noch tödlich für mich. Das ist wie Salz in einer blutenden Wunde. Die Wirkung des Medikaments hat fast 24 Stunden angehalten. Es war ein letzter, ungeplanter Ausflug in die Hölle, in das widerliche Gefühl der Unruhe, der Schlaflosigkeit in der Nacht, in das Gefühl, nicht ich selbst zu sein. Ich habe die Silberstreifen mit den Tabletten in den Müll geworfen. Die aufgerissene Schachtelhülle liegt noch da; sie starrt mich an in ihrer ganzen Leere. Ich brauche sie für meine geistige Arbeit an mir und für die Erneuerung meines Glaubens an Gott.

»Gott, Du bist meine ganze Kraft.
Aus mir habe ich keine.
Du, mein Gott, bist die einzige
Quelle meines Lebens.
Gott, versteck Dich doch nicht!
Du bist doch da, ich weiß es doch!
Sieh mich an, mein Gott,
ich will nicht noch einmal weglaufen.
Ich will die Leere aushalten,
die Deine Liebe mir noch einmal zeigt.

Ja, ich bin bereit. Ich will das alles
noch einmal durchmachen,
damit ich in der Tiefe verstehe.
Ich will, dass der alte Mensch Dario
mit seinen geistigen Prothesen,
Suchtkrücken und selbstzerstörerischen
Gewohnheiten wirklich stirbt!«

Das Weizenkorn muss in die Erde, muss sterben, damit es Frucht bringt, sagt Jesus in einem seiner Gleichnisse. Mir fällt gerade das Lied von Mick Jagger und Dave Stewart ein, das ich früher immer im *Ambiente* gespielt habe: *»Old habits die hard«* – oh ja, das ist wahr: Alte Gewohnheiten sterben langsam.

*

Einen Tag später habe ich ein Gespräch mit meiner Psychologin. Sie hat mir ebenfalls von den Medikamenten abgeraten und mir gesagt, dass ich bereits sehr große Fortschritte gemacht hatte, einen sehr großen und starken Willen habe und es ganz normal sei bei einem Heilungsprozess, dass auch mal geistige Täler kommen, durch die ich vertrauensvoll hindurchgehen muss. Ich bin so erleichtert. Die Frau haut mir bergeweise Steine von der Seele. Mir stehen die Tränen in den Augen. Oje, ich heule wieder einmal vor dieser Frau! Im Auto fühle ich mich erleichtert und beschwingt: »Heut geht alles wie von selbst!« Ich habe Lust auf Musik, drehe an den Knöpfen des Autoradios. Und wirklich, das ist mein Tag! »Supergirl« von Reamonn! Draußen vor dem Seitenfenster gleitet ein wundervoller Sommermorgen an mir vorüber. Ich merke, wie ich ein bisschen Schlangenlinien fahre, weil ich mich mit den Schultern und dem Kopf im Rhythmus der Musik bewege. Na, es ist ja kein Polizist in der Nähe.

War doch gar nicht alles Mist im *Ambiente!* Plötzlich kann ich mir vorstellen, eines Tages doch wieder etwas zu machen, was an diese Arbeit anknüpft. Wieso schloss ich das in den vergangenen Monaten so kategorisch für mich aus? Warum wollte ich alles von mir vergessen? War denn alles schlecht an mir und meinem Weg dort gewesen?
Gut, es müsste vieles ganz anders laufen. Wegen der Kohle würde ich es um keinen Preis in der Welt mehr machen. Ich kann einfach nicht rein materiell denken, konnte es übrigens nie. Wer bin ich denn, was will ich denn? Ich bin jemand, der kreativ ist, den alles Künstlerische fasziniert. Vor allem bin ich jemand, der Menschen mag, ihnen helfen will, der sie im Kern berühren möchte. Ja, das muss ich gleich, wenn ich wieder zu Hause bin, aufschreiben. Das ist eine Gewissheit, hinter die ich nicht mehr zurück kann. Das sagten mir doch immer wieder meine Freunde und auch viele Gäste, denen ich nur flüchtig begegnete. Aber was folgt daraus? Ich bin mir noch nicht sicher. Warum sollte ich nicht all die Erfahrungen meines bisherigen Lebens nutzen? Könnte ich nicht das *Ambiente* noch einmal neu erfinden? Gibt es keinen Weg für ein *Ambiente mit Gott?*
»Mein Gott, würdest Du Dich darüber nicht freuen? Schau, was ich Dir heute anzubieten habe! Ich habe eine Ausbildung zum Kaufmann; ich habe zwanzig Jahre Berufserfahrung in leitender Position in der Gastronomie und mein neues Studium schon bald in der Tasche. Ich spreche mittlerweile fünf Sprachen, davon drei fließend. Meine Freunde sagen, ich sei ein Kontaktgenie. Aber, was soll ich nur damit tun? Was willst Du von mir?«

*

Gleich bin ich zu Hause. In einer Woche fahren wir in den Urlaub. Meine beiden Kinder, Uta und ich. Wir freuen uns

schon wie die Schneekönige. Es geht an die Ostsee. Und es ist das erste Mal, dass ich mit meinen beiden Kindern zusammen Ferien machen darf. Das wird uns allen so guttun. Utas Familie hat dort ein wundervolles Häuschen, direkt am Strand. Wir werden im Meer baden gehen, Drachen steigen lassen, Sandtürme bauen, jeden Tag gemeinsam frühstücken und kochen. Abends werden wir zusammen spielen und auch einmal ins Kino gehen. Bei dem Gedanken, endlich wieder mit meiner kleinen Familie vereint zu sein, fühle ich mich sehr glücklich. Persönlich habe ich mir vorgenommen, morgens vor dem Frühstück, laufen zu gehen. Direkt am Meer. Wie ich das liebe! Natürlich – Sport! Warum habe ich den nur vergessen? Ich brauche ganz sicher wieder die körperliche Herausforderung. Diese Anspannung der Muskeln, das schweißnasse Unterhemd, das An-die-Grenze-Gehen! Seit ich vor drei Jahren nach einem Nierenriss aufhören musste Fußball zu spielen, bin ich ein bisschen in Richtung Couchpotatoe und Bücherwurm mutiert.
Einmal mehr hat Uta ihr Semester fantastisch abgeschlossen. Ich bin stolz auf dich! Ja, ich liebe sie so rein und aufrichtig und danke Gott täglich für das Geschenk, das er mir verrücktem Kerl mit ihr machte. Eines Tages werden wir heiraten. Ich weiß es. Sehr bald schon wird sie meine Frau sein. Ich muss leise vor mich hin lächeln. Hätte mir jemand vor ein paar Jahren gesagt, dass ich Beziehungskurzarbeiter einmal vor den Traualtar treten würde, ich hätte ihn für verrückt erklärt. »Niemals!«, hätte ich gesagt, »Wetten dass ...?«, und ich hätte ihm glatt eine Flasche Mouet & Chandon angeboten. Das Schönste für mich ist es, immer wieder zu sehen, dass Uta meine Kinder derart liebevoll angenommen hat. Wie konnte ich darauf hoffen, jemals eine Partnerin zu finden, die einen Mann mit einer

so bewegten Vergangenheit, einer Kraterseele und zwei unehelichen Kindern akzeptiert und rückhaltlos liebt?
»Du, mein Gott, hast mein Elend gesehen! Du hast mich herausgeholt aus meiner Not, hast mich gereinigt und geheilt, hast mich mit Gnade überschüttet und mit Liebe überhäuft. Und Du hast mir abgerissenem, wilden Vogel noch einmal einen Engel vorbeigeschickt, einen hübschen sogar, einen, der auf den Namen Uta hört …«

*

Kaum zu Hause angekommen, packe ich mir die Bibel, schlage die erstbeste Seite auf. Ich lande bei Paulus, beim ersten Brief an die Thessalonicher: »Wie eine Mutter für ihre Kinder sorgt …«, lese ich da. Paulus schreibt von sich, wie er sich für diese Leute in Thessaloniki zerreißt, weil er von Gott mit Liebe und Licht berührt wurde. Ein paar Jahre bevor er solche Töne fand, hatte er ein Rollkommando gegen die Jesus-Dissidenten angeführt und sich dabei wahrscheinlich blutige Finger geholt. Paulus ist mir ganz nahe, dieser Mann mit einer 180-Grad-Wende in seinem Leben. Vielleicht guckt der alte Kämpfer jetzt vom Himmel her lachend auf diesen schrägen jungen Mann aus dem Eichsfeld wie auf einen kleinen Bruder: »Na Kleiner, dass hättest du nicht gedacht, was?!«
Nein, das hätte ich wirklich nicht gedacht, dass ich innerhalb von Wochen und Monaten weltanschaulich derart vom Kopf auf die Füße gestellt wurde. Wahrscheinlich kann sich kein Mensch vorstellen, wie das ist. Man erkennt die Dinge des Lebens, und wie sie sich zueinander verhalten, einfach völlig neu. So ist es mir tatsächlich ergangen. Ich habe plötzlich alles in einem ganz neuen Licht gesehen: Die Welt und ihre Lügen, die Süchte, die oftmals oberflächlichen Beziehungen zu anderen Menschen, das Geld, die Suche nach Ehre, Liebe und Ansehen

bei und vor den Mitmenschen. Alles stand mit einem Mal auf dem Prüfstand. Kaum ein Stein blieb auf dem anderen. Alle Werte und Haltungen, über die ich kurz zuvor noch ironisch herzog, weil ich sie für lächerliche Fiktionen von Gutmenschen hielt, fingen plötzlich (wie von einer geheimen Mitte her) an zu leuchten: Ehrlichkeit. Treue. Liebe. Gerechtigkeit. Vergebung. Mit einem Mal hätte ich diese Begriffe küssen können. Wow, das alles sind ja kostbare, gültige Worte! Keine sekundär an die Wirklichkeit herangetragenen Ideale!

Gott in meinem Leben nicht zu erkennen hieß für mich: an den Konditionen meines Menschseins zu verzweifeln. Ich implodierte geradezu an innerer Einsamkeit. Mich fraßen die Süchte auf. Meine gierige Suche nach Liebe und Anerkennung powerte mich aus. Als ich Gott erkannte, wurde ich Mensch. Alle Wünsche, alle Bestrebungen, alle Sehnsüchte, meine Körperlichkeit, auch meine Sexualität – alles kam von dieser geheimen Mitte her langsam und sanft in eine vibrierende, schwebende Präsenz voller Sinn. Jeder Tag brachte plötzlich neue Entdeckungen und Erkenntnisse: Ah, *dafür* ist das gut! Hey, das ist doch der Hammer! Begriffe, die ich früher immer für üble Ideologie hielt, zogen mich plötzlich an. Was meinen die, wenn sie von Heil, Sünde und Erlösung sprechen? Es war einfach unglaublich.

Dabei habe ich es mir nicht mal ausgesucht, an einen Gott zu glauben. ER meldete sich selbst, eines Tages wie ein ungebetener Vertreter an der Haustür. Es war so:

22. Ich bin gerade Gott begegnet

Eichsfeld, 2005

Nun schreibe ich schon das Jahr 2005 im Eventlokal *Ambiente*. Seit fast zwei Jahren bin ich allein verantwortlicher Geschäftsführer des väterlichen Unternehmens. Vater hat der bisherigen Mitgeschäftsführerin die Papiere überreicht. Außer der Buchführung, die er selbst übernimmt, liegt nun alles in meiner Hand: die Planung und Durchführung der Veranstaltungen, die Musik, die Leitung eines Teams mit bis zu 17 Mitarbeitern. Ich mache den rastlosen Antreiber, aber die anderen ziehen begeistert mit. Wir organisieren immer neue Events, kleine wie große, und entfesseln immer neue kleine PR-Kampagnen. Von nichts kommt nichts. Der Lohn aller Mühen sind Stammgäste – liebe Frauen und Männer, jung und alt, die Wurzeln in dem Laden schlagen, die immer wiederkommen, ihn als ihr Zuhause, ihre Heimat, empfinden. Mit der Zeit hat das *Ambiente* teilweise sogar echte »Fans«. Viele halten mich für den Besitzer. Dabei betone ich immer wieder, dass ich das ganze Ding hier »nur« leite. Heimlich schaue ich immer wieder auf Vater. Ich möchte, dass er stolz auf mich ist, mir Ehre gibt, das Ansehen, die Liebe nach der ich hungere. Aber das erhoffte Lob bleibt aus. Den Umsätzen kann er sicher seine Anerkennung nicht versagen. »Aber die Gewinnspanne …«, bemerkt Vater trocken und zieht an seiner Zigarette, »auf die Gewinnspanne kommt es an!« Dass er sie für irgendetwas zwischen lachhaft und ungenügend hält, zeigt er mir mit dem Daumen und dem Zeigefinger seiner linken Hand. Sagt es und lässt mich stehen. Ich bin fertig mit der Welt. Das kann doch nicht wahr sein! Ich kann doch zwei und zwei zusammenzählen. Geht es denn nur um Geld? Natürlich muss der Betrieb rentabel sein. Gewinne abwerfen. Was kann ich noch mehr tun? Was ist mit den Gästen? Ich möchte den Menschen Freude machen. Viele sind doch glücklich an diesem Ort. Werden sicher für viele Jahre Stammgäste sein und bleiben. Zählt das gar nichts? Vater ahnt scheinbar gar nicht, in welche seelischen Wechselbäder er mich immer wieder stürzt. Ich kann mir keinen Reim auf seine Bemerkung machen.

Da ich aber nie Zahlen zu Gesicht bekomme, fehlt mir auch jede Möglichkeit der Nachprüfung. Eine Weile spiele ich den Sisyphos und rolle den Stein noch einmal auf den Berg. Okay – nächsten Monat werde ich es ihm zeigen. Dann kommt diese und jene Band, dann platzt vielleicht endlich die Geldkiste aus den Nähten! Mit einer Mischung aus Trotz und Aufbäumen treibe ich die Truppe nach vorne. Aber kaum ist der Stein auf dem Berg, donnert er auch schon krachend in die Tiefe. Wieder ist Monatsabrechnung. Vater zählt das Geld, prüft die Belege, zeigt keine Regung. »Papa, sag doch was!« Er hat kein Ohr für meinen stummen Schrei. Langsam erkenne ich immer mehr die Aussichtslosigkeit meiner Mission. Es reicht einfach nicht. Ich habe scheinbar nicht genug Kraft für all das. Wahrscheinlich habe ich einen genetischen Defekt, bin ich der geborene Loser. Einfach nicht gut genug für das wahre Leben. »Dein Leben möchte ich haben!«, seufzt Susi und lächelt mir hinter der Theke zu. Sie hält mich für einen gemachten Mann, der keine Sorgen mehr zu haben braucht.

Meine innere Rastlosigkeit ist ein unsichtbares Ungeheuer. Sie frisst alles. Meine Zeit, meine Hobbys, mein Privatleben, meine Liebe. Für meine aktuelle Partnerin bin ich immer weniger zu greifen. Wir sehen uns fast nur noch bei der Arbeit. Den unerträglichen Erfolgsdruck und die Depressionen spüre ich wie eine Faust im Nacken. Eines Tages beginne ich die Umsätze mitzuschreiben, jeden Tag, weil ich mir einfach nicht erklären kann, wieso dieses Unternehmen nichts mehr abwerfen soll. Das Ergebnis haut mich um; es bewegt sich in einem respektablen sechsstelligen Bereich. Ich halte die Summe dagegen, die Vater und ich als Monatssalär vereinbart hatten. Irgendetwas stimmt hier nicht; ich schwanke zwischen Empörung und Resignation. »Hey, Dario«, lacht mir Magdalena zu, »lass dir was einfallen! Morgen Abend geht hier der Punk ab!« Gib mir fünf! Wir klatschen uns ab. Sie ahnt noch nichts. Ich drohe geistig und seelisch völlig abzutauchen, trinke wieder Alkohol, besonders an den Wochenenden. Von diesem meinem letzten Laster glaube ich nach wie vor nicht lassen zu können. Es hilft mir einfach für den Moment, die Zerrissenheit in mir zu betäuben. Der Einzige, der wie so oft schon intuitiv blickt, wie es um mich steht, ist Schorse, der Bayern-Fan, mein bester Freund. An einem dieser mörderischen Tage gibt es zwischen jetzt und nachher einen kleinen Break; wir sitzen irgendwie improvisiert beieinander, und Schorse guckt mich durch seine große Brille an – guckt, wie nur Schorse gucken kann:

»Du wirst hier nie glücklich werden! Das musst du einsehen.«

Mehr sagt er nicht. Wahrscheinlich hat er drei Tage an diesen zwei Sätzen gebastelt. Dafür sitzen sie. Ich lache gekünstelt auf, mache ein paar Witzchen, um die Wirkung der Treffer zu kaschieren, trinke in einem Zug aus, klopfe Schorse auf die Schultern und lasse ihn zurück.

Lächeln. Ein paar Gäste warten schon.
Ich denke noch: Mich wird wohl niemand mehr stoppen, außer der Tod. Denke es mit Traurigkeit.

*

Es gibt nichts zu berichten von diesen abschüssigen Tagen, außer dass ich versuche, das Tempo zu halten, wo ich es nicht erhöhen kann. Es sind Tage wie von Blei, einer wie der andere, nur dass sich regelmäßig die Beleuchtung ändert. Der November bringt graues, schmutziges Licht. Ich fühle mich nicht, funktioniere nur. Gehe dahin und dorthin, kaufe ein, räume auf, renne herum, klappere auf der PC-Tastatur – eine mechanische Kopie meiner selbst. Wahrscheinlich sieht es für Dritte professionell aus.
Wahrscheinlich wäre auch der 28. November des Jahres 2005 so wesenlos hinter mir ins Nichts gesunken, wie alle diese Novembertage, an die ich keine Erinnerung mehr habe, weil es nichts gab, was sie durch Schönheit oder Schmerz prägte. Die Tage waren grau, wie meine Seele dunkel und traurig war. Wahrscheinlich hätte ich schon längst den Kalender dieses Jahres verbrannt und mit ihm alle Erinnerung an diese vergiftete Zeit, wäre ich nicht am Mittag des 28. November des Jahres 2005 gegen 14:00 Uhr mit einer Geschwindigkeit von etwa 70 km/h auf der B 27 von Seeburg in Richtung meiner Heimatstadt unterwegs gewesen und hätte mich nicht – es war etwa zwei Kilometer vor Seeburg, dort, wo ein paar zerrupfte Bäume sich an den Hang schmiegen – aus gar nicht heiterem Himmel der Blitz getroffen. Bei dem, was ich nun zu schildern habe, weiß ich, dass meine Worte versagen, meine Bilder schief werden. Der Blitz, der bei mir einschlug, war keine elektrodynamische, kosmische Entladung, sondern eine geistige Erfahrung, für die ich keine Vergleiche habe. Weder vorher noch nachher, weder in meiner Kindheit noch in

meiner wilden Jugend, weder auf psychedelischen Drogen noch in orgiastischen Sexabenteuern, weder im Glücksgefühl auf paradiesischen Berggipfeln noch im Siegestaumel nach einem Torschuss habe ich etwas erlebt, woraus sich eine Art Stufenleiter der Superlative bilden ließe, deren oberste Krönung dieser *Blitz* auf der Landstraße zwischen meiner Heimatstadt und Seeburg wäre. Was ich erlebt habe, *war einfach anders:* ein senkrecht von oben einschießendes Irgendwas. Ein Überfall.

Ich will nüchtern bleiben bei der Chronologie der Ereignisse. Während ich mich dem fließenden Verkehr anpasse, bin ich voll innerer Unruhe, bin wieder einmal gefangen in der Mechanik meiner negativen Gedanken. Ich rede mit mir selbst, seufze, ohne meine Seufzer an einen eigentlichen Adressaten zu richten. Warum sich in meinem Mund plötzlich der Satz »Mein Gott, ich kann nicht mehr!« bildet, weiß ich nicht. Ich habe keinen Glauben. Und sage doch: »Mein Gott, ich kann einfach nicht mehr!«

Da geschieht es. Ich fühle, dass JEMAND diesen Satz hört. Ich pralle zurück. Bin wie geschlagen. Körper, Seele, Geist – alles zugleich wird berührt. Ich zittere. Was ist das? Hilfe! Werde ich verrückt? Nein. Es ist keine Einbildung. Es ist wahr. Liebe, unfassbare Liebe durchdringt mich, ein Empfinden unendlicher Kraft und Sanftmut, ein so unfassbar starker Eindruck. Bringe den Wagen irgendwie zum Stehen, reiße den Schlüssel raus. Öffne die Fahrertür, wie um Luft zu schöpfen. Und dann hört es nicht auf zu pulsen, vielleicht zwanzig Minuten lang: Wärme und Licht. Wärme und Licht. Liebe. Wärme und Licht. Liebe. Immer neu. Immer anders. Immer stärker. Nicht zu vergleichen mit Drogen. Keine Entfremdung. Kein Rausch. Ich bin ganz bei mir, bin bei mir, wie ich nie in meinem Leben bei mir war. Es ist ganz klar, ganz stark. Dieses Einströmen von etwas Wunderbarem. Meine innere Bitterkeit verfliegt, meine Härte zerbröselt, mein Eispanzer bricht innerhalb nur einer Sekunde. Tränen, Tränen, Tränen. Tränen ohne Ende! Ich heule mein gesamtes Leben raus, den ganzen schrägen Film. Alle Schleusen gehen auf. Es ist so unglaublich, so unbeschreiblich schön!

Plötzliches Wissen, spontane Gewissheit: *Es gibt Gott! ER sieht mich! ER ist da!*

Wie die Konsole meines Wagens. Wie mein Unterarm. Was für ein unfassbarer Augenblick! Unglaubliche Liebe und Freude durchströmen mich weiter. Es gibt Liebe über allem, in allem! Liebe für mich armen, einsamen Pflegefall. Was für eine unfassbare Erfahrung! Ich bin perplex. Sprachlos. Überrascht von Gott! Und plötzlich ist da auch noch diese Stimme, die klar und deutlich in und zu mir spricht: »Es ist doch gar nicht so, wie du denkst, *Ich* bin dein Vater!«

*

Was war das? Später würde ich sagen: Das war mein Absturz in den Himmel! Ich würde sagen: Ja, es war wie ein Blitz, der mein gesamtes Leben, meine gesamte Existenz in ein neues überirdisches Licht getaucht hat. Ich würde sagen: Es war, als würde dir jemand ein helles Licht in der Seele anknipsen. Ich würde sagen: Es war der Augenblick, in dem ein neuer Geist in mich kam, der Augenblick, in dem mir eine momenthafte synthetische Erkenntnis von allem, was ist (und was ich in allem, was ist, bin), geschenkt wurde. Ich würde sagen: ...

Um die Wahrheit zu sagen: Ich kann es noch immer nicht erklären, kann es mit Gedanken nicht einholen, will es auch gar nicht. Eines Tages werde ich IHN sehen. Er wird es mir schon erklären, wird mir sagen, warum alles sein musste, wie es war.

*

Erst eine halbe Stunde später etwa sehe ich mich in der Lage, den Anlasser zu betätigen. Wohin soll ich fahren? Ich habe keine blasse Ahnung. Ich bin nicht ansatzweise in der Lage, das Ereignis mit meinem Verstand einzuordnen. Ich weiß nicht, was jetzt zu tun ist. Das Auto fährt von alleine. Ich parke vor dem Lokal meines Vaters, betrete die Pizzeria und gehe wie ferngesteuert auf einen Tisch zu. Ich kenne die zwei Personen, die dort sitzen, nicht wirklich, weiß ihre Namen nicht, habe sie vielleicht zwei, drei Mal gesehen in der Stadt. Irgendetwas in mir sagt jedoch: »Sprich sie an!« Das schaffe ich auch noch.

»Sorry, kann ich mal mit Ihnen reden?«

Was tue ich da? Erschrocken über meine seltsame Aktion, möchte ich mich schon wieder entschuldigen und zurückziehen. »Aber gern, setzt dich doch mit zu uns«, sagt der junge Mann mit der runden Nickelbrille und dem rotbraunen Haar und zieht mir gleich einen Stuhl heran. Seine Begleiterin, eine vielleicht vierzigjährige blonde Frau, lächelt mir ebenfalls freundlich zu. Ich nehme vorsichtig Platz. »Ich bin der Robert«, nickt er mir mit seinen lustig funkelnden Augen zu. »Ich bin Tanja«, sagt sie im gleichen herzlichen Ton. Die Pizzeria ist heute Mittag gut gefüllt, aber ich höre die Nebengeräusche um uns herum – das Klirren der Gläser, die klappernden Messer auf den Tellern – nur wie von ferne. Was für eine verrückte Situation, denke ich, sitzt du da bei wildfremden Leuten und erzählst ihnen einen vom lieben Gott! Bist du denn völlig durchgeknallt?

»Ich glaube, ich bin gerade ... Gott begegnet«, platzt es aus mir heraus. Ohne ironische Grinse. Bierernst. Im selben Moment durchfährt es mich heiß: Was, wenn die jetzt den Einsatzwagen rufen! Das ist definitiv ein Fall für die Klapse! Blaulicht! Zwangsjacke! Sicherheitsverwahrung! Ich bekomme einen trockenen Hals. Schaue diesen Robert an. Wird er zum Handy greifen? Gleich lacht hier die ganze Pizzeria los, da bin ich mir sicher. Die werden dich für verrückt erklären. Ganz sicher! Gott gesehen! Spinner! Ich schaue um mich herum. Aber alles ist wie immer. Niemand guckt mich an. Irgendwie spüre ich: Diese ganze Situation hier wird von woanders gesteuert. »Verstehen Sie, ... ich bin gerade Gott begegnet?«, höre ich mich meinen Satz in der Wiederholung stottern. Robert nickt. Irgendwie beruhigt mich diese Geste. Es ist nicht das lächelnde Nicken, mit dem man Schizoide hinhält, bis die Wärter kommen. Robert wirkt ernst und bestimmt, und er sagt etwas, etwa so: »Da hat ER dich aber ganz schön erwischt. Ich kann mir vorstellen, was dir passiert ist.« Wie bitte? Der Mann scheint meine Bemerkung ernst zu nehmen, ja sich darüber sogar richtig zu freuen. Ich komme mir langsam vor wie bei »Versteckte Kamera«. Was soll das heißen? ER hat mich erwischt? Hat dieser Robert hier etwa eine Ahnung von solchen Geschichten? Bin ich da an einen geraten, der was von »Gott« weiß? Hey, Junge, das gibt's doch gar nicht, denke ich. Bin ich hier bei der versteckten Kamera? Kommt gleich der Elstner um die Ecke? Vor zwei Stunden hätte ich noch die Variante »*Den* gibt's doch gar nicht« gebracht. Da bin ich jetzt vorsichtig. Ach, ich weiß überhaupt nichts mehr! Bin völlig neben der Spur.

Robert hilft mir mit einer Erklärung: »Nun, ich bin zwölf Jahre Mönch in einem Kloster gewesen, ich bin Priester, jedoch nicht mehr im Amt, wegen einer langen Krankheit.« Was ist das denn nun? Seit meiner Kindheit habe ich mit keinem Priester mehr gesprochen – und jetzt wird mir einer auf dem Tablett serviert. Mein Kopf rattert. Ich japse nach Luft. Das ist selbst für mich zu viel. Ich muss hier raus! Bevor ich mich unter einem Vorwand wieder auf den Weg machen kann, steckt Robert mir noch seine

Karte zu.« Melde dich einfach, ich habe immer Zeit für dich!« Ich bedanke mich höflich bei den beiden, gebe die Hand, stecke die Karte in meine Jacke und sprinte mehr, als dass ich gehe, aus der Gaststätte. Ich muss nach Hause. Schnell! Wie soll ich das bitte jetzt jemandem erklären? Diese Geschichte glaubt mir keiner. Niemals. Als ich zu Hause bei mir ankomme, werfe ich mich auf mein Bett und versuche so schnell wie möglich einen klaren Kopf zu bekommen. Habe ich mir das alles eingebildet? Denke wieder: Diese Geschichte kann dir keiner glauben! Niemals. Eine Illusion? Nein, es war so real, so wirklich, wie ich jetzt hier liege.

Das gibt's doch nicht!

Das gibt's doch nicht!

Das gibt's doch nicht!

Ich hämmere mir mit der Faust an die Stirn, zwicke mich in den Unterarm. Aua – mein »Astralleib« tut weh! Nein, ich habe kein Rad ab und bin noch immer derselbe rationale Typ, der ich vor vier Stunden war. Vorsichtig taste ich mich an etwas heran, von dem ich noch nicht weiß, ob ich es zulassen darf: ein Hochgefühl, eine Gewissheit, die ich nie zuvor für möglich hielt. Schubweise kommt die Wärme- und Liebeserfahrung wieder. Ich schiebe sie nicht mehr weg. Nein. Nie mehr. Ich weine, weine vor Freude, Liebe und Glück.

Ich weiß: Jetzt wird alles anders werden in meinem Leben. Alles. ER ist da. ER geht nie wieder fort. Ich bin gerade Gott begegnet. Nach fast 30 Jahren in der Kälte.

*

Noch am selben Tag habe ich abends eine Veranstaltung im *Ambiente*. Jägermeister-Promotion! Der Laden ist wie so oft voll, und die Party ist ein toller Erfolg. Ich zeige körperliche Präsenz, aber ich kann mich den ganzen Abend einfach auf nichts wirklich konzentrieren. In mir hallen die Hammerschläge dieses unglaublichen Nachmittags nach, an dem ich eine Art Absturz in den Himmel erlebt habe. Oder was? Ich beginne mit einem Mal zu zweifeln. Habe ich mir das nicht doch alles nur eingebildet? Immer wieder sage ich mir vor, dass es keine Einbildung gewesen sein kann. Trotzdem betrinke ich mich. In den letzten Stunden der Jägermeisterparty bin ich so weit, dass ich zu Magdalena strahlend sage: »Du, Magda, du studierst doch Theologie: Ich habe heute diesen Gott gesehen! Ist das nicht der Hammer!?«

Sie schaut mich an und kann nur schmunzeln. *Ja, ja, unser Chef hat mal wieder zu viel von den Hörnerkräutern getrunken. Alles wird gut*, sagt mir ihr Blick. Es ist sehr spät, fast schon Morgen, als ich zu Hause ankomme. Mein Kopf ist benebelt. Wie ein nasser Sack falle ich ins Bett. Nach nur einer Stunde springe ich wieder auf, bin schlagartig nüchtern, suche mir die Visitenkarte von diesem Robert: »Mag. Theol. Robert S. B.« lese ich, suche die Mailadresse – ah, hier. Ich schaue auf die Uhr: Es ist vier Uhr. Draußen ist es noch stockdunkel. Soll ich wirklich? Warum nicht!? Schon sitze ich am PC, drücke den Startknopf und warte ungeduldig darauf, dass die Maschine hochfährt. Es geht fast wie von selbst. Ich muss nicht nachdenken. Es fließt nur so aus mir heraus. Ich fülle eine Seite, noch eine. Ich schreibe alles auf, was mich so furchtbar belastet, einfach alles: die Scheidung meiner Eltern, meine seltsam einsame Kindheit. Meine schreckliche Angst vor dem Tod. Die vielen Frauengeschichten und ständig gescheiterten Beziehungen. Die Zerrissenheit im Beruf. Meine unehelichen Kinder. Die frühen Jahre meiner Drogeneskapaden. Die wahnsinnige innere Leere, die mich seit Jahrzehnten plagt. Die sinnlosen Spiralen meines Daseins. Meine kleinen und großen Lügen. Mein Selbstbetrug. Das erste Mal in meinem Leben eröffne ich einem Wildfremden die letzten, *innersten* Kammern meiner Seele. Ich erzähle ihm alles, was mich bewegt, verletzt und erschüttert hat. Ich gestehe auch die große Schuld, die ich in all den verwirrenden Jahren auf mich geladen habe. Obwohl ich in dieser Nachtstunde auf den 29. November 2005 noch nicht weiß, was das ist, beichte ich das erste Mal in meinem Leben bei einem Priester. Ich kenne ihn gar nicht, aber ich habe das Gefühl: Hier kannst und sollst du alles aussprechen.

Noch wichtiger als die Offenlegung meiner Vergangenheit ist mir das Erlebnis von vor ein paar Stunden. Ich muss wissen, was das war, unbedingt. »Ich bin Gott begegnet!« Das kann man doch nicht einfach sagen – wie man sagt: »Ich habe unterwegs die Eierfrau getroffen.« Ich muss einfach mit jemandem darüber reden. Sonst werde ich noch verrückt! Endlich setze ich meinen Namen unter die Mail und überfliege noch einmal meinen »Roman«. Zwei engbeschriebene Seiten in 10° Arial sind es geworden! Uff! Ich atme tief durch und drücke auf »Senden«. Fahre den PC herunter, lösche das Licht, lege mich nieder und schlafe sofort wieder ein – erleichtert und befreit.

Am nächsten Morgen wache ich früh auf. Habe ich alles nur geträumt? Nein, »das Gefühl« und die Gewissheit sind immer noch da. Es ist tatsächlich alles geschehen! Die Welt fühlt sich anders an. In mir breitet sich etwas Unbekanntes aus: ganz viel Freude! Kann man das bitte konservieren, dieses Gefühl? Egal, es darf auf gar keinen Fall wieder verschwinden aus meinem Leben. Ich frühstücke und warte heimlich, dass mich das Gefühl verlässt. Aber es geht nicht weg. Es ist einfach da. Es bleibt wie eine ruhige, schöne Musik. Obwohl ich es kaum erwarten kann, den PC einzuschalten, frühstücke ich in aller Ruhe, fast meditativ. Endlich schaue ich in mein E-Mail-Fach. Tatsächlich – da ist schon eine Antwort auf meine Nachricht von heute früh! Mann, das ging ja schnell! Ich bin total aufgeregt. Ich lese und mir bleibt die Spucke weg. Dieser Robert schreibt mir eine Mail, so ungewöhnlich, so präzise, so treffend, wie mir in meinem ganzen Leben noch keiner unter die Augen gekommen ist. Robert spricht von der erfahrbaren Wirklichkeit eines guten Gottes und vom Glauben als einem großen Abenteuer; er macht mir glaubhaft, dass er meine ganzen Fragen und Sorgen sehr gut verstehen kann, weil er verschlungene Wege, Abstürze und Verirrungen auch von seiner eigenen Geschichte her kennt. Aber er belässt es nicht bei Verständnis für meine Fragen. Er spricht von Antworten. Dass es sie gibt, dass sie sich finden lassen. Ich bin angefixt. Nein, es ist das falsche Wort. Ich fühle mich auf einen Weg gesetzt, auf dem mich wohl viel nüchterne, geistige Arbeit erwartet. Okay, ich bin bereit. Robert lädt mich zu sich nach Hause ein, spricht von vielen Büchern, die er mir geben möchte, weil er wisse, dass ich gerne lese. Hey, woher weiß er das? Er kennt mich doch gar nicht. Oder hatte ich ihm das gesagt? Ich weiß es nicht mehr. Es ist alles so verwirrend und unfassbar anders. Ich könne jeden Tag bei ihm vorbeischauen, wenn ich das möchte. Verrückt, das alles – es ist jetzt schon ein Abenteuer. (Sollte er das gemeint haben mit dem Abenteuer des Glaubens?) Ich würde mir am liebsten sofort meine Jacke packen und hingehen. Doch ich gedulde mich schweren Herzens noch für 72 Stunden und verabrede mich innerhalb dieser Woche an einem Donnerstag mit ihm.

In den nächsten Tagen läuft mir das Herz über vor lauter Liebe und Glück, und ich versuche mit meiner Freundin

über mein Empfinden und mein Erlebnis zu sprechen. Sie schaut mich mit großen, ungläubigen Augen an. Wahrscheinlich möchte sie mich nicht verletzen; jedenfalls hält sie sich mit einer eigenen Meinung zurück. Ich ahne, was kommen wird: Eine weitere totale Überforderung bricht durch mich über sie herein. Sie tut mir leid.
Ich kann sie natürlich verstehen.

*

Dann ist es endlich so weit. Das Treffen mit dem mir doch etwas geheimnisvollen Robert steht heute an. Es ist, obwohl November, ein fast sommerlicher Nachmittag. Mein Herz klopft in einer Mischung aus freudiger Erregung und neugieriger Erwartung, als ich bei ihm vor der Haustür stehe. Es ist ein altes, doch helles, dreistöckiges Haus in der Stadt. Das Klingelschild verrät mir, dass er ganz oben unter dem Dach wohnt. Ich klingele. Leichter Schweiß bedeckt meine Handinnenflächen. Die Tür geht auf, und vor mir steht ein strahlender, sympathischer Mann, der mir sofort seine Hand entgegenstreckt. »Hallo! Schön, dass du da bist! Herein in die gute Stube.«
Das Eis ist schnell gebrochen. Wir funken auf derselben Wellenlänge. Das merke ich sofort. Als ich sein Arbeitszimmer betrete, schlägt mein Herz einen kleinen Takt schneller. Bücher. Bücher. Bücher. Ich schaue von einer Wand zur anderen. Das Paradies! – denke ich. Die ganze Wohnung wirkt freundlich, hell, aufgeräumt. Nach der »Führung durch die Kathedrale« lassen wir uns in der Küche nieder. Der Mann hat eine unglaubliche Ausstrahlung, denke ich. Ausstrahlung sagt man mir ja auch nach. Nur, *seine* Selbstsicherheit ist irgendwie anders. Er strahlt richtig Frieden aus, wie ich es so bei noch niemand anderem erlebt habe. Ich bin neugierig, wie es weitergeht. »Möchtest du was trinken?« Nein, ich möchte wissen, was ich hier

eigentlich mache, denke ich. Höflich lehne ich ab. »Danke, später vielleicht.« Wir beginnen zu sprechen, erst über recht belanglose, alltägliche Dinge. Doch es dauert nicht lange, bis wir zu *dem* Thema kommen. Was ist mit mir passiert? Warum weiß er, was mit mir los ist? Welcher Gott ist es, dem ich begegnet bin? Wieso braucht man überhaupt dieses komische Wort dafür? Ich weiß nur, dass ich auf eine unglaubliche Realität jenseits der Realität geprallt bin, gewissermaßen ungebremst. Ich weiß, dass diese Realität nichts mit den Spaßmachern der chemisch generierten Halluzinationen von Doktor Hofmanns Wunderpillen zu tun hat. Ich wurde mit ihr ja nicht im Zustand des Weggetretenseins konfrontiert, sondern in wacher Klarheit des Geistes. Ich habe erfahren, dass diese Wirklichkeit »sieht« und »spricht«. Das ist doch unglaublich! Mehr weiß ich aber nicht. Ich bombardiere Robert mit meinen Fragen, aber es scheint ihn nicht zu stören. Er kennt viel, hat noch mehr gelesen und er hat scheinbar auf alles eine Antwort. Dabei ist er kein blasser Intellektueller, der sein Wissen aus Büchern bezieht. Er selbst hatte einige Jahre vor mir ebenfalls mit einigen »krummen Dingern« experimentiert; und auch er hatte ein »Erlebnis« dieser anderen Art, damals, als er noch Rastalocken trug und eine Ausbildung zum Schlosser machte. Ihm sei damals Jesus begegnet.

»Jesus?«, frage ich irritiert. Bin ich jetzt in der Sekte gelandet? Erst Gott. Und dann noch Jesus! Robert kann das Durcheinander in meinem Kopf scheinbar verstehen: »Es gibt Leute, die machen erst eine Gotteserfahrung und erkennen dann, dass Jesus seine irdische Hausnummer ist. Und es gibt solche, bei denen ist es gerade andersherum. Sie staunen über den irdischen, ganz menschlichen Jesus und kapieren plötzlich, dass er das Einfallstor in Gott ist. So war es bei mir.« Jesus – au Mann! Ich denke an meine zopfigen

Religionslehrerinnen. Doch Robert lässt sich nicht beirren: »Jesus lebt, auch heute noch. Wenn du Gott begegnet bist, so bist du auch ihm begegnet, kein Zweifel.«

*

Als sei das die normalste Sache der Welt, spricht er weiter von seinem Leben. Nach diesem Erlebnis nun habe er alles hinter sich gelassen und sei für zwölf Jahre als Mönch in ein Kloster gegangen. »Ich wollte Jesus nachfolgen.« Seine Augen hinter der Brille funkeln lebendig und tief; es sind nicht die Augen eines Verrückten, denke ich. Aber hey, mal ehrlich, was ist das für eine Geschichte!? Ich verstehe nur Bahnhof. »Ja, ich bin als Mönch in einen Orden eingetreten, den Zisterzienserorden in Bochum. Bei den Zisterziensern hab ich dann Abitur, ein Studium der Theologie und der Philosophie nachgeholt. Aber wahrscheinlich habe ich mich ein wenig in meinem Eifer für Gott verrannt. Jedenfalls machte mich das Kloster krank und immer kränker. Ich konnte so nicht leben. Man versetzte mich dann vor drei Jahren als Priester ins Eichsfeld, damit ich dort eine Gemeinde betreue.« Jetzt sage ich: »Kann ich doch bitte etwas zu trinken bekommen?« Robert macht mir einen Tee. Zeit für mich, meine Gedanken zu sortieren. Zu Jesus fallen mir beim besten Willen nur Jesuslatschen ein und sanftäugige Typen, die keinen Sex haben dürfen und ... halt, und noch was: dass ich meinem verrückten Nonno in Taurasi, ohne zu wissen warum, eine superkitschige Jesusstatue gekauft habe.

Robert stellt mir eine heiße Teetasse hin. Zu seinen genaueren Lebensumständen wage ich ihn nicht weiter zu befragen. Aber die Sache mit Jesus möchte ich jetzt doch ein bisschen näher erklärt bekommen. Ich sage, dass ich keine Probleme damit habe, dass es in der Antike da so einen Mann gab – aber ich lebe ja nun mal heute, 2000 Jahre später. »Warum, reitest du auf dem Punkt herum, Jesus sei *lebendig?«* – »Weil es so ist! Das ist die einzig denkbare Antwort.« – »Da könnte er ja gleich die Tür hereinkommen, oder? Das ist doch unmöglich, Spinnerei. Wer sagt uns denn das?« – »Millionen von Leuten; einige haben es ganz besonders intensiv erfahren: Heilige wie Paulus, Franziskus, Don Bosco. Jesus ist hingerichtet worden; er war sicher tot. Trotzdem haben ihn so viele Menschen – und auch ich – ganz sicher als lebend erfahren.« Ich muss an mein Erlebnis auf der Landstraße denken und bin plötzlich nicht mehr abgeneigt, einiges davon für bare Münze zu nehmen. »Ich weiß im Grunde nichts«, sage ich zu Robert, » ich muss das alles erst einmal studieren. Leih mir bitte mal ein paar Bücher, wo das konkret beschrieben ist!« – »Besitzt du eine Bibel?« – »Nicht, dass ich wüsste. Aber hast du nicht moderne Bücher? Das alte Zeug interessiert mich nicht so.« Trotzdem nimmt Robert eine Bibel zur Hand, legt sorgfältig ein Band an eine bestimmte Stelle: »Schau her, diesen Absatz, den liest du heute Abend bitte noch. Könnte sein, dass dir dabei etwas einfällt! ... Und ja, dann ein paar jüngere Bücher auch noch!« Robert steht ein bisschen wie der Chefkoch vor dem Gewürzregal: »Was nehmen wir denn da?« Am Ende muss eine Alditüte herhalten; denn außer der Bibel wird es noch ein Band über Franziskus von Assisi, eine Buch über den heiligen Don Bosco, der im 19. Jahrhundert lebte, eines über den Wüstenmönch Charles de Foucauld, der 1916 von aufständischen Beduinen ermordet wurde; schließlich ein Buch von einem zeitgenössischen Autor, der mich bald schon in seinen Bann ziehen würde: C.S. Lewis, *Pardon, ich bin Christ!* ...

»Ich glaube, das reicht jetzt mal fürs Erste!«, stoppe ich Robert. Ich muss hier raus! Muss die Sachen erst mal ver-

dauen. Er versteht das: »Ich wünsche dir viel Freude in den nächsten Wochen! Lass dich ein auf die Einladung Gottes, auf das Abenteuer des Glaubens«, ruft er mir noch winkend und fröhlich nach. Ein toller Kerl. Ich drehe mich mindestens drei Mal zu ihm um. Winke ihm immer wieder. Das ist wohl der wichtigste und schönste Nachmittag meines Lebens, nach meinem Erlebnis von vor vier Tagen. Schon zwei solcher wundervoller Momente innerhalb einer Woche! Ich bin völlig geschafft. Das ist eindeutig zu viel für mich. Während ich mit meiner kostbaren Alditüte nach Hause schwebe, bin ich alles zugleich: euphorisch, verwirrt, überwältigt, glücklich, beflügelt. Ich weiß gar nicht, wohin mit mir und meinen Gedanken. Noch am selben Abend beginne ich in der Bibel zu lesen. Was war noch einmal die Stelle, die Robert mir durch die Bändchen angemerkt hatte? Hier ist die Seite. Am oberen Rand steht »Apostelgeschichte« – aha, also die Geschichte der Jünger Jesu. Auf der Seite, die vor mir liegt, wird von einem Saulus/Paulus erzählt, der offenkundig nicht zur Truppe dazugehört, denn er organisiert eine Hetzjagd auf die ersten Christen. Warum soll ich das lesen? Robert wird schon seine Gründe haben! Ich lese also – und werde von Zeile zu Zeile mehr gefesselt:
»Unterwegs aber, als er sich bereits Damaskus näherte, geschah es, dass ihn plötzlich ein Licht vom Himmel umstrahlte. Er stürzte zu Boden und hörte, wie eine Stimme zu ihm sagte: Saul, Saul, warum verfolgst du mich? Er antwortete: Wer bist du, Herr? Dieser sagte: Ich bin Jesus, den du verfolgst. Steh auf und geh in die Stadt; dort wird dir gesagt werden, was du tun sollst. Seine Begleiter standen sprachlos da; sie hörten zwar die Stimme, sahen aber niemand. Saulus erhob sich vom Boden. Als er aber die Augen öffnete, sah er nichts. Sie nahmen ihn bei der Hand und führten ihn nach Damaskus hinein. Und er war drei Tage blind und er aß nicht und trank nicht …«

Ich setze ab. Bin total von den Socken. Das ist ja *meine* Geschichte! Nun gut, ich habe Gott nicht verfolgt; nein, er interessierte mich nicht die Bohne. Doch genau wie bei diesem Paulus damals ist er auch bei mir aus dem Inkognito herausgetreten. Er hat uns beide mit Licht überrascht, dass es uns nur so aus den Schuhen haute. Paulus fiel vom Pferd; ich konnte gerade noch meinen schäbigen alten Opel an den Straßenrand manövrieren. Ich muss das weiterlesen, überfliege das ganze neunte Kapitel der Apostelgeschichte! Das Ganze kulminiert in der Taufe des Saulus. Er wird ein ganz neuer Mensch, lebt darauf nur noch als »Werkzeug« für Jesus, den er als lebendig erfahren hat. Mich packt diese Geschichte so sehr, dass ich zum ersten Mal in meinem Leben eine Grenze überschreite. Ich wende mich an diese andere Welt, die mir seit Tagen Lichtzeichen gibt, spreche sie an. Später wird mir Robert sagen, dass dies vielleicht mein allererstes Gebet war.

*

An diesem Abend kann ich nicht mehr weiterlesen, aber an den folgenden Tagen kehre ich in jeder freien Minute zur Bibel und zu meinen anderen Büchern zurück – fast wie der Junkie zur Spritze. Ich muss das wissen! Alles und sofort! Ich lese die Bibel nicht bemüht oder fleißig oder aufmerksam; ich lese sie wie ein ausgetrockneter Schwamm, lese sie *gierig*, sauge alles in mir auf. Das ist es, da steht alles, worauf ich mein Leben lang gewartet habe! Die Antwort auf alle meine Fragen! Ich sitze wie auf einer Sprungfeder, die bereit ist, sofort loszuschnellen, wenn das Kommando ergeht. Ich lese Jesus wie eine neue, geniale Erfindung, wie die erste Meldung vom Fußballderby. Das ist ja alles wahr. Unfassbar! Wieso ist das denn nicht viel mehr bekannt? Diese Liebe. Diese Botschaft. Diese Wahrheit. Ich schlafe – und kann den neuen Tag nicht erwarten. Ich will

wieder runter, an den Strand der Ewigkeit. Ich möchte das Meer weiter auslesen. Ich will das Land Jesus entdecken, als Erster meinen Fuß daraufsetzen. Ich bin begeistert von ihm. Von dem, was er sagt. Wie er es sagt. Ich spüre beim Lesen eine seltsame Veränderung in mir. Ich lese, *werde* aber auch gleichzeitig gelesen. Ich schaue, und ich *werde* angeschaut. Ich fühle ganz viel, kann es aber noch nicht deuten. Ich finde (noch) keine Sprache für meine inneren Sensationen. Ich muss diese Sprache lernen. Deshalb lese ich auch die anderen vielen Bücher, die ich mir von Robert mitgenommen habe. Dasselbe Aroma, dieselbe Zärtlichkeit, das gleiche Feuer! Don Bosco. Das Leben des Franz von Assisi. Vor ein paar Tagen dachte ich noch, es gäbe nur die paradigmatische Bekehrungsgeschichte des Paulus. Nun sehe ich: Das passiert ja jedem mittleren italienischen Dorfheiligen, Hinz und Kunz, dir und mir. Überall auf der Welt geschehen diese Dinge. Ganz viele werden von Gott in ihrem Alltag regelrecht überfallen. Alle haben sie eine bestimmte intensive Begegnung mit Gott, mit Jesus, *die sie stellt*. Das gibt es doch nicht. Das ist mir ja auch passiert! Bin ich jetzt etwa ein Heiliger? Ich??? Das ist ja wohl kaum möglich! Bei meinem Vorleben! Niemals. Was hat das nur alles zu bedeuten?
Ich lese jetzt den ganzen Tag. Abends gehe ich zur Arbeit, danach mache ich mich sofort wieder über die Bücher her. Meine Freundin hält mich langsam doch nicht mehr für normal. Ich versuche, es ihr in einfachen und klaren Worten zu sagen: Du, ich bin sicher. Ich bin diesem Geheimnis, diesem Gott, dem Gott der Bibel begegnet. Dem lebendigen Gott, dem heiligen Gott, vor dem man nur in die Knie gehen kann, um ihm das eigene Leben mit all seiner Schwäche und Schuld zurück in seine Arme zu geben. Dort steht es ja, überall in der Bibel: Gott will, dass wir Menschen wie-

der Kontakt zu ihm bekommen. Seine Kinder werden. Kinder Gottes. Er stellt sich vor. Durch Jesus ruft er uns zu sich. Dafür hat er diesen Jesus geschickt! Wir müssen ihn nur annehmen im Glauben. Gott will, dass wir alle ihn wieder erkennen. Wahrscheinlich denkt sie, ich predige. Es ist mir egal! Ich kann nicht mehr anders. Versteh mich doch …
Der große, letzte schwarze Vorhang vor meiner Seele geht endlich nieder. Der Mensch jedoch, der mir zu dieser Zeit am nächsten steht, kann meine Erfahrung nicht teilen. Ich bin allein, als ich in der Nacht zum ersten Mal bewusst bete und weiß, dass ich bete. Ich knie mich vor mein Bett in meinem Schlafzimmer und spreche mit ihm:

»Jesus, jetzt weiß ich,
dass Du mich gerufen hast,
dass Du existierst,
ja, dass Du wirklich da bist.
Ich möchte Dir ab heute
mein Leben übergeben.
Lass mich ein Werkzeug des Friedens sein.
Vergib mir all meine Schuld.
Ich hatte ja keine Ahnung,
dass es Dich wirklich gibt.
Dass Du lebst! Ich bin Dein.
Tue, was Du willst mit mir.«

Ich knie und weine vor Freude. Eine riesengroße Last fällt von mir ab. Das Abenteuer beginnt.

23. Von nun an ging's bergauf

Eichsfeld, 2008

»Ich glaube an Christus, so wie ich glaube, dass die Sonne aufgegangen ist. Nicht weil ich sie sehe, sondern weil ich durch sie alles andere sehen kann.« Dieses Zitat, das ich vor drei Jahren bei dem Narnia-Autor C.S. Lewis entdeckt habe, ist zu meinem ganz persönlichen Leitmotiv geworden. Als ich damals, nach meinem »Damaskuserlebnis«, das erste Gebet zu Jesus gesprochen habe, ist genau das geschehen. Innerhalb kürzester Zeit begann ich die Welt mit neuen Augen zu sehen. Das alles ist noch gar nicht so lange her. Ich lernte »meinen Herrn« auf die klassische Weise kennen – über die Lektüre der Bibel, über das Gebet –, freilich rasant wie im Zeitraffer.

*

Vorhin war ich mit meinem Freund Schorse aus. Wir sind eine Kleinigkeit essen gegangen und haben dabei sehr gute Gespräche geführt. Mein Freund hat vor zwei Jahren ebenfalls zum Glauben an Jesus gefunden. Die Geburt seiner kleinen Tochter Mara und ein wenig wohl auch meine »Bekehrung« haben ihn auf Gottes Spur geführt. Irgendwann im Jahre 2006 begann auch er, sich für Religion zu interessieren. Natürlich schleppte ich auch Schorse zu Robert. Dort passierte nun etwas sehr Merkwürdiges: Schorse, der als Spritzlackierer einer (wie er selbst sagt) »manchmal fast stumpfsinnigen Arbeit« nachgeht, entdeckte seine philosophische Ader – und nicht nur das: Er fand in sich die erstaunliche Befähigung, radikale Fragen zu stellen, ihnen auf den Grund zu gehen und schwierigste philosophische Zusammenhänge zu begreifen. Eine Zeit lang angeleitet von Robert, entdeckte Schorse den bedeutendsten Philosophen des Mittelalters, Thomas von Aquin, für sich. »Schorse, du schaust so glücklich?!« – »Ja, ich habe gerade im Zentralverzeichnis antiquarischer Bücher wieder einen ›Thomas‹ gefunden! Ganz seltenes Exemplar – deutsch und lateinisch, nur 50 Euro!«, strahlt er. Freuden gibt's! Abends, wenn seine Frau Schusi – eigentlich heißt sie ja Susi, aber sie ist nun mal mit *Sch*orse verheiratet – noch einen Krimi im Fernsehen anschaut, brütet mein lieber Freund noch über einer hochabstrakten Thomas-Schrift, von der ich oft nur Bahnhof verstehe. »Weißt du, während ich an diesen langen Tagen diese immer gleichen Arbeitsvorgänge abspule, habe ich endlos Gelegenheit über Sein und Zeit, Wesen und Substanz nachzudenken – wie die Wirklichkeit halt so beschaffen ist.« Schorse schaut mich durch seine große Brille an – und ich muss ein bisschen lachen über das unverhoffte Genie in ihm. Obwohl er kein Abitur hat, korrespondiert Schorse heute mit einem gelehrten Thomas-Forscher über Fragestellungen, die er, auf sich gestellt, noch nicht lösen kann. Wir haben beim Essen über meinen (und seinen) Heilungsprozess gesprochen, natürlich auch über meine Aufzeichnungen hier und die Gespräche, die ich in letzter Zeit führe. Ich schätze Schorses glasklaren Verstand und seine Unbestechlichkeit. Schorse ist jemand, der mich durch und durch kennt und versteht. »Lass dir Zeit!«, rät mir Schorse immer wieder. »Viel Zeit!« Schorse glaubt fest an mich. Manchmal denke ich, er kann in seiner ruhigen und stillen, und im besten Sinn einfältigen Art Gott »ins Fenster schauen«. Er spricht nie wirklich viel in einer Runde, doch wenn er dann etwas sagt, steht einigen nur noch der Mund offen, so klar und treffend ist seine Analyse. Ich kenne sein neues Lebensmotto; es ist von Thomas von Aquin, von wem sonst: »Die größte, barmherzige Wohltat ist es, einen Menschen vom Irrtum zur Wahrheit zu führen.«

Der Abend klingt noch in mir nach – als Wärme und Klarheit.

*

Eher aus Gewohnheit schalte ich noch das Fernsehgerät an, zappe mich durch den Dschungel der Programme. Mich macht diese ganze Sex- und 0190er-Welt nicht mehr an. Ich sage es nicht prahlerisch; es hat einfach keine Macht mehr über mich, nicht einmal über meinen kleinen Schweinehund, der bekanntlich nicht tot zu kriegen ist. Die armen, kleinen Sportclip-Mädchen wissen wahrscheinlich gar nicht, dass es bei ihren scheinbar harmlosen gefilmten Verrenkungen um »Sex für Geld« geht und dass sie damit Teil von Prostitution sind. Vielleicht ist es ihnen egal. Mir war das ja früher auch egal. Mir fiel nichts darüber ein, wenn ich von jemandem wusste, dass er für Sex zahlt. Wer Sex braucht, soll ihn sich eben holen, dachte ich früher. Wen stört's? Die Veränderung meiner sexuellen Praxis und meiner sexuellen Einstellungen ist vielleicht mit der fühlbarste Unterschied zu früher. Ich ekle mich mittlerweile regelrecht vor Pornographie oder auch Selbstbefriedigung – und zwar nicht, weil ich eine Gehirnspülung durchgemacht oder einen Anti-Sex-Chip implantiert bekommen hätte. Nein. Ich habe gar nichts gegen Sexualität. Im Gegenteil. Nur weiß ich heute, wann und mit wem sie dran ist. Sex ist auch ein Geschenk Gottes. Sexualität ist nur mit Liebe wirklich erfüllend. Voller Sex braucht die volle Liebe, der Rest ist vom Teufel. Was habe ich nur selbst erlebt und was habe ich an der Theke für Geschichten gehört von One-Night-Stands, Betrügereien und ihren Folgen! Bei Sex entstehen nun mal Kinder, selbst bei Benutzung von Ganzkörperkondomen. Und dann wird abgetrieben – einmal, zweimal, manchmal noch öfter. Oder die Kinder werden ausgetragen und wachsen irgendwo dazwischen auf. Kannte ich das nicht alles zu gut? Welch ein schreckliches Elend! Welch ein Preis für die schnelle Nummer! Das mache ich nie, nie mehr mit. Wahllosen und unverantwortlichen Sex hatte ich früher bis zum Abwinken. Mit meiner Uta werde ich das erst haben, wenn ich vor dem Altar für immer ja zu ihr sage. Das ist für uns beide überhaupt nicht schwer. Wahre Liebe wartet. Das habe ich endlich kapiert. Ich schalte die Kiste wieder aus. Ruhe, ich liebe dich! Besser, ich nehme mir noch ein gutes Buch aus meiner kleinen Bibliothek und lege mich damit ins Bett. Gemütliches, warmes Licht, meine kuschelige Decke. Noch ein paar gute Gedanken. Noch beten können. Dann einschlafen. Das ist Glück.

*

Ein neuer Tag. Ich frühstücke und will wissen, was in der Welt los ist. Im Fernsehen sehe ich mir die 8-Uhr-Morgennachrichten an. Wieder einmal ein Anschlag auf unschuldige Zivilisten im Irak. Feuer. Blut. Weinende Frauen und Kinder. Erschütternd, was täglich an Grausamkeit auf der Welt geschieht! Früher hätte ich weitergeschaltet. Jetzt tue ich mir das an. Ja, auch das gehört dazu. Ich habe tatsächlich begonnen, die Welt mit ganz neuen Augen, durch ein anderes Licht zu sehen. Ich sehe sie durch die Augen Jesu. Das ist ganz bestimmt nicht die rosa Brille. Ich sehe auch die Irak-Nachrichten durch die Augen Jesu an, fühle sein universales Mit-Leiden. Für mich ist das der Schlüssel. Ich könnte mir nicht vorstellen, dass ich diese Nachrichten aus den Augen einer lächelnden, Leid verneinenden Buddhastatue anschaue. Jostein Gaarder sagte einmal: Wer geboren wird, bekommt die ganze Welt geschenkt. Man kann auch ein zweites Mal geboren werden. Ja. Ich habe die Welt tatsächlich ein zweites Mal geschenkt bekommen.

*

Die *neuen Augen*. Das war die große Erfahrung unmittelbar nach meiner Bekehrung. Ich sah die Menschen anders an. Die Frauen zuerst, die ich viele Jahre nur taxierte, nur als Objekte möglicher Verführung ansah. Die Männer dann, für die ich nur zwei Kategorien hatte: Bist du ein Rivale oder kann ich was mit dir anfangen, ohne dass du mir gefährlich wirst?

Heute kann ich die Menschen anschauen und sie einfach *stehen lassen* – sie stehen lassen im Licht ihres Schöpfers, der sie aus Liebe geschaffen hat und sie alle in Liebe anschaut. Plötzlich kann ich mich an ihnen freuen, ohne sie beständig auf ihren Gebrauchswert oder auf Sympathie abzuchecken. Gott hat Freude an ihnen, sage ich mir. Doch die neuen Augen betreffen auch meine Sicht auf die ganz alltäglichen Dinge. Beim Einkaufen in der Obsthandlung neulich sah ich diese vielen unterschiedlichen, bunten Früchte und dachte: »Wie fantasievoll, ja, wie *unerfindlich* Gott doch für uns sorgt, was er sich alles für uns ausdenkt und wie er uns Menschen immer wieder wie selbstverständlich mit seiner Fülle beschenkt. Wie sehr er uns Menschen liebt!« Lange habe ich mich gefragt, was denn diese anderen Augen sind. Heute weiß ich es: Es sind die Augen *eines Kindes*. Jesus sagt: »Wenn ihr nicht umkehrt und werdet wie die Kinder, könnt ihr das Himmelreich nicht erben« (Mt. 18,3). Für mich ist das ein Schlüsselsatz geworden! Ich glaube heute zu wissen, was Jesus damit meint. Ich denke, die meisten Menschen verlieren einfach die Fähigkeit, sich zu wundern. Sie können nicht mehr *staunen*. Sie gewöhnen sich ganz schnell an die Welt, so dass ihre alltägliche Kulisse ihr Ein und Alles ist. Plötzlich schrumpft das Wunder des Lebens, das jedes normale Kind noch sieht, auf Schrebergartenniveau, auf die jämmerliche Alltagsroutine, auf die tägliche Mühe um Geld, Ansehen, Erfolg und die kleinen Süchte. Leben ist dann Bedürfnisbefriedigung, mehr nicht. Wenn aber alle Körperöffnungen stimuliert sind, müssen wir das dann als Gipfel menschlichen Glücks, als Ziel der menschlichen Bestimmung begreifen? »Uns ist ganz kannibalisch wohl, als wie 500 Sauen!«, lässt es Goethe in Auerbachs Keller krachen. Auerbachs Keller aber ist nicht das Paradies. Selbst mit einem Subwhoofer im Ohr, einem Sahnelöffel im Mund und einem exotischen Urlaubstraum in der Birne fragen wir uns immer noch: Warum leben wir? Was hat das Leben denn für einen Sinn? Wonach suchen wir? Was ist unserer Hingabe wert? Was geschieht nach dem Tod? Wir sind doch denkende, fühlende, ewig hoffende Wesen, keine bespaßbaren Objekte! Gibt uns Jesus nicht den Schlüssel zu einer größeren Welt, wenn er sagt: Ihr müsst wieder wie die Kinder werden? Beginnt euch wieder zu wundern! Das Leben ist nämlich nicht selbstverständlich! Für Kinder ist die Welt noch ein staunenerregendes Universum. Für ein Kind ist jedes Tier, jeder Mensch, jedes Geräusch, ja jede neue Situation eine Erstbegegnung, ein wahres Ereignis. Kinder brabbeln und quietschen vor Freude, wenn sie das erste Mal Tiere, Wasser, Feuer erleben – bis sie dann von den Erwachsenen gesagt bekommen: »Das ist ein Huhn, das ein Baum, das eine Frau. Alles ganz normal!« Und schon sind alle Wunder abgeschafft. Es gibt nichts mehr zum Wundern. Das Leben nimmt seinen Lauf nach Art des Hildegard-Knef-Songs: »Von nun an ging's berg-

ab ...« Ist das wirklich so? Nein, das Leben will doch groß und unerhört sein – nicht banal und klein. Es geht um die Möglichkeit echter Liebe, um Vertrauen, tiefe Freundschaft und darum, eine geistige Haltung zu gewinnen, die fest gegen den Wind steht. Wer ist dieser Jesus wirklich, der heute mein Lehrer geworden ist, wie er es zuvor für Millionen anderer Menschen geworden ist, die sich ebenso verloren in der Welt vorfanden wie ich? Zunächst trat Jesus fremd und in vieler Hinsicht verstellt und klein gemacht vor mich. Ich musste erst die Berge falscher Bilder von ihm verbrennen, um eine *wirkliche* Beziehung zu ihm zu bekommen: Das Jesulein aus dem Kindergarten, den Kitschjesus versiffter italienischer Dorfkirchen, die moralische Jesuskeule eines bigotten Kleinbürgertums, den Sanftbart der Birkenstockträgerinnen. Mensch sollte er sein und gleichzeitig ein bisschen Gott, allwissend und doch ganz menschlich. Ich konnte damit nichts anfangen. Gar nichts. Erst die Nüchternheit des Johannesevangeliums brachte ihn mir näher (wobei ich hier eine etwas eigene Übersetzung wähle): »Niemand hat Gott je gesehen. Der Einzige, der Gott ist und am Herzen des Vaters ruht, er hat *nähere Information* [die Einheitsübersetzung gebraucht das verstaubte Wort »Kunde«] gebracht« (Joh 1,18).
Der *am Herzen des Vaters* ruht – was für ein schönes Bild von Jesus, besonders für einen Vatersüchtigen wie mich! Jesus selbst begriff sich als Kind. Dieses Kind ist von der Art des Vaters. Dieses Kind versteht alles, die tiefsten Tiefen des Vaters, alle seine Gedanken – denn es ist ja dem väterlichen Herzen unmittelbar nahe. Ja, dieses Kind ist der einzige Vertraute des himmlischen Vaters. Und dieses Kind nun bringt uns *nähere Information*. Wir wissen ja vielleicht, dass es irgendwo einen Gott geben muss. Dazu gehört nicht allzu viel Verstand; von nichts kommt ja nichts.

Aber wie dieser Gott denkt, ob er gut und barmherzig oder ob er vielleicht doch nur ein alter Zyniker ist – woher sollen wir das wissen, wenn dieser Gott selbst sich uns nicht erschließt? Und was ist diese *nähere Information*, die Jesus bringt? Hier schließt sich der Kreis, denn was sagt dieser Infobringer Jesus zu uns: »Wenn ihr nicht umkehrt und werdet wie die Kinder, könnt ihr das Himmelreich nicht erben« (Mt 18,3). Die eigentliche Pointe, habe ich erst langsam verstanden. Jesus fordert uns damit nicht irgendwie auf, doch ein bisschen kindisch und naiv zu sein und mit großen Augen auf die Wunder der Natur zu schauen. Nein. Er will uns ans Herz des Vaters bringen, dort, wo wir kosmischen Nestflüchter eigentlich hingehören. Jesus schafft es, uns wieder in eine paradiesische Position zu bringen, in tiefes, gläubiges Vertrauen, dass der Vater aller Dinge *Vaterunser*, unser Vater, ist. Und so lesen wir es dann im ersten Johannesbrief: »Seht, wie groß die Liebe ist, die der Vater uns geschenkt hat: Wir heißen Kinder Gottes und wir sind es« (1 Joh 3,1). Ich hätte jubeln können, als ich diese Zusammenhänge verstand. Wer ist Jesus? Für mich habe ich verstanden: Er ist die Fleisch und Blut gewordene Antwort Gottes auf unsere zentralen menschlichen Fragen! Gott hat es nicht den klugen Köpfen überlassen, etwas über ihn und den Zusammenhang aller Dinge mit allen Dingen herauszufinden. Er hat selbst eine Schrift herausgegeben – ich meine jetzt gar nicht die Bibel, ich meine Jesus selbst damit. Er ist das Alphabet Gottes. Er ist das Wort. In ihm hat Gott sich ausgesprochen. In ihm hat er uns alles gesagt. Jesus ist Gottes Ja zu uns Menschen. Im Blick auf Jesus erkennen wir Gott. Nicht wie er aussieht, sondern wie er *ist.* Jesus sagt: »Wer mich sieht, sieht den Vater!« (Joh 12,45). Ohne Jesus wüssten wir doch alle in Wahrheit gar nichts über den verborgenen Gott! Dafür, dass das stimmt, dafür darf ich heute Zeuge sein, ein unfreiwilliger, aber glücklicher Zeuge. Ja, ich bezeuge es: Er schenkt ein neues Leben. Er hat mir, der ich viele Jahre lang nicht mehr als ein an die Wand gefahrener Fehlversuch des Lebens war, ein neues Herz gegeben.

*

Ich habe das Malen entdeckt, habe begonnen, mich mit Ölfarbe zu befassen. Ich höre dabei Musik. Das gibt mir eine Gelassenheit, in der ich zum Kern meiner unaufgearbeiteten Vergangenheit vorstoße – ohne dass ich dabei Angst empfinde. Leider scheint es wohl vor allem die Beziehung zu Vater zu sein, die mich hat krank werden lassen. Bewusst oder unbewusst haben wir uns irgendwie gegenseitig zerstört. Er ist nun einmal ein anderer Mensch als ich. Nicht besser oder schlechter, nein, einfach ein anderer. Es wird Zeit für mich, das alles hinter mir zu lassen. Tiefes Ausatmen.

*

Ein neuer Tag, der mit glücklichen, kraftvollen Gedanken beginnt. Es sind Gedanken an meine Zukunft nach meiner Genesung. Ich merke, wie ich mich immer mehr aus meiner Lähmung befreie und wieder Lust darauf bekomme, die Welt aus den Angeln zu heben. Was tun? Früher fragte ich mich: Was *will* ich tun? Heute frage ich mich: Was *soll* ich tun? Und diese letzte Frage ist ein automatisches Gebet. Ich gehöre ja nicht mehr mir. Ich gehöre Gott, will sein Werkzeug sein. ER hat mir die Gaben geschenkt, nicht zum Spaß, sondern um damit ein bisschen Himmel auf der Erde zu zaubern. Was hat ER mir geschenkt, was kann ich in Zukunft einbringen in das große Spiel? Was wird meine Rolle sein, wenn ich wieder auf dem Platz stehe? Ich nehme meine Finger zu Hilfe: Menschenkenntnis, Gespür für Musik, Interesse an Kunst, Kultur, Bildung und

Geschichte, die Lust, Menschen durch Kreativität Freude zu bereiten, der Spaß daran, ein Gastgeber zu sein, die tiefe Freude, mit anderen zu lernen, mir die Welt auf eine geistige Weise zu erobern, ein wenig Charme und ein gewisses Kontaktgenie, die Gabe, ein guter, treuer Freund zu sein. Das alles hat er mir geschenkt. Liest sich gut. Ich hefte das Blatt an die Pinnwand und schicke dankbare Gedanken nach ganz oben. Ich lasse mir Zeit dafür, in das »Milieu divine« (wie Teilhard de Chardin die Welt Gottes einmal bezeichnet hat) einzutauchen. Und plötzlich ist mir, als würde mir eine Stimme sagen:

»Lass dir noch Zeit.
Schreibe weiter, male, lese,
tu die Dinge, die du wirklich liebst.
Eines Tages wirst du wieder
ein guter Gastgeber für andere Menschen sein.
Arbeite mit Freude und Leidenschaft für dich
und deine kleine Familie, für Menschen,
die ich dir zeigen werde, für die Menschen,
die so einen wie dich und deine Geschichte
brauchen. Arbeite mit Liebe und Gelassenheit!
Ich werde bei dir sein. Verschenke meine
Liebe, das ist alles, was du hast.
Gib, ohne zu rechnen, und du wirst
hundertfach zurückbekommen.
Ich brauche dich mit all diesen
schrecklichen Erfahrungen –
dich, Dario!«

24. Die Flucht ins Kloster

Eichsfeld, Bochum-Stiepel, 2005

Ich sitze alleine in einem ICE-Abteil der Deutschen Bahn. Es ist Frühling in Deutschland. Die Landschaft, die an mir vorbeifliegt, nehme ich nicht richtig wahr. Ich bin ziemlich verwirrt und weiß einfach nicht, was mit mir gerade geschieht. Ich bin alleine im Zug, auf dem Weg in ein Kloster der Zisterzienser in Bochum. Ich will und soll dort meine Berufung herausfinden. Es sind mittlerweile bereits sechs Monate vergangen seit meinem »Damaskuserlebnis«.

In dieser Zeit habe ich wie ein Besessener gelesen. Fast 300 Bücher habe ich seither gefressen! Ich will es wissen, muss es wissen, was mir auf der Landstraße zwischen Seeburg und meiner Heimatstadt passiert ist. Ich habe verschiedene Priester aufgesucht; vor allem aber habe ich meinen theologischen Lehrer Robert gelöchert. Meinen Verpflichtungen im *Ambiente* bin ich nachgekommen, aber ich war die letzten Monate überhaupt nicht mehr richtig bei der Sache. Die Kraft schwindet immer mehr, und die Arbeit dort erscheint mir immer sinnloser. Vater habe ich ebenfalls von meinem Erlebnis berichtet. Es war, als würde ich einem tollen Fußballer etwas über die Brahms-Sonaten erzählen.

Er hat mich nicht ansatzweise verstehen können. Ich spürte seinen misstrauischen Blick. Würde der Junge etwa wieder hinschmeißen? Natürlich war das jetzt eine Option für mich. Alles hatte sich verändert. Das *Ambiente* war zwar meine letzte Konstante. Ich war aber plötzlich bereit, notfalls auf den Mond zu fahren. Warum sollte es meine Bestimmung sein, für immer den »Eventzampano« in der Stadt zu geben? Meine Beziehung kann ich scheinbar auch nicht weiterführen. Sie versteht mich nicht. Es war und ist zu schwer für sie. Erst die jahrelangen Depressionen. Nun auch noch der liebe Gott. Too much. Ich verstehe sie auch nicht mehr. Ich habe nur noch Augen für Gott. Ich erkenne mich dabei selbst kaum wieder. Sie hat Pläne, ich merke es, bei denen ich keine Rolle mehr spiele. »Was willst du machen, Christin?« – »Spanien, vielleicht …«

*

»Möchten Sie etwas trinken?« Ich schrecke hoch und blicke in das Lächeln einer blonden Service-Mitarbeiterin der Bahn. »Nein danke. Später vielleicht.« Ich bin erleichtert, als sie wortlos weitergeht. Dann schlafe ich ein. Als ich kurze Zeit später wieder erwache, ist in meinem Kopf eine Art Stand-by-Funktion in Endlosschleife eingeschaltet: Immer wieder laufen die gleichen Bilder ab, die sich vor drei Tagen in Roberts Büro zugetragen haben: »Ihr müsst mich schnell ins Krankenhaus bringen, ich glaube, ich habe einen Nervenzusammenbruch!« Ich sehe wieder, wie ich zitternd und zusammengekauert auf dem blauen Sofa in Roberts Arbeitszimmer sitze. Schorse und Robert stehen vor mir und blicken sich verunsichert an. Was ist mit dem Kerl los? Dreht er jetzt durch? Ja, ich drehe wirklich durch. Ich kriege die beiden Enden meines Lebens einfach nicht mehr zusammen – die Gotteserfahrung und den Rest. Ich kann einfach nicht mehr. Die Arbeit ohne Sinnperspektive. Eine Berufung, aber wozu, verdammt noch mal!? Die Freundin auf dem Abflug. Vater und ich verstehen uns nun gar nicht mehr. Das Geld wird weiter versiegen. Ich bin kräftemäßig völlig am Ende. Ich weiß, dass Gott gerade damit beginnt, mein Leben aufzuräumen. Muss ich tatsächlich alles aufgeben? Soll ich etwa nur noch für Gott leben? Ihm alles geben? Mönch werden? Robert ist kein Hellseher; er sagt nur: »Alles ist möglich!« Es macht mich verrückt. Schorse und er rufen nicht nach dem Krankenwagen. Sie verstehen es, mich wieder auf den Boden zu holen. Schließlich nimmt Robert die Sache in die Hand: »Du fährst jetzt für ein paar Tage weg! In mein altes Kloster, nach Bochum-Stiepel! Raus hier! Finde dort zur Ruhe und finde dort deine Berufung! Sprich mit Gott darüber, was er von dir möchte.« Das tut mir gut. Ich beginne ruhiger zu werden. Ja, raus hier, nur für ein paar Tage, denke ich erleichtert. Robert und Schorse organisieren mir gleich telefonisch für den nächsten Tag eine Reise nach Bochum-Stiepel.

*

Nun fahre ich also, drei Tage später, mit diesem Zug nach Nirgendwo. Es ist ein Abenteuer. Als ich in Bochum ankomme, habe ich nur eine kleine Tasche dabei, die ich mir zu Hause recht sorglos zusammengepackt habe. Ein paar Dinge zum Anziehen, die Bibel und Pflegeutensilien. Ich habe dennoch die ganze Zeit das Gefühl, von jemandem geführt zu sein. Eine Weile stehe ich unschlüssig auf dem Bahnhof herum, dann steuere ich auf einen älteren Taxifahrer zu und bitte ihn, mich in das Kloster Stiepel zu fahren. Meine Güte, was tue ich eigentlich hier? Ich bin so verwirrt. »Hab Vertrauen«, rede ich mir zu, »Gott führt dich mit sanfter Hand auf den neuen Wegen!« Trotzdem steht mir leichter Schweiß auf der Stirn.
»Hier sind wir. Soll ich Ihnen die Tasche noch tragen?« Der Taxifahrer lächelt mich freundlich an. Ich schaue durch die Windschutzscheibe seines Mercedes und erblicke die

Mauern des Klosters. Mir wird mulmig beim Anblick dieses ehrwürdigen Gebäudes. »Nein danke, ich schaffe das schon alleine.« Ich zahle und gebe dem Mann ein kleines Trinkgeld. Als der Wagen die lange Einfahrt über die Kiesstraße wieder zurückfährt, blicke ich dem Taxifahrer noch eine Weile hinterher, bevor ich ganze Sache mache und an der Klosterpforte klingle.
Eine Weile passiert gar nichts. Stattdessen schießen mir seltsame Gedanken durch den Kopf. »Vielleicht musst du hier bleiben, für immer. Du wirst ein Mönch. Ein Priester sogar. Oder sie lachen dich hier aus. Fahren Sie nach Hause, Sie Spinner!« Endlich öffnet sich die Tür der Klosterpforte. Mein Herz klopft im Stakkatotakt.

*

Ein klein gewachsener Mönch mit grauem Haar und kleinem Bäuchlein unterm Gewand streckt mir freundlich seine Hand entgegen. Hey, der sieht ja aus wie ein Pinguin. Weiße Kutte, schwarzes Übertuch. »Herzlich willkommen in unserem Kloster! Sie sind Herr Pizzano, nehme ich an?« Woher kennt der mich? Ich schaue wohl etwas irritiert. »Wir erwarten heute nur einen Gast: Sie!« Was Robert wohl über mich erzählt hat, als er diesen verrückten Trip für mich buchte? »Kommen Sie«, geleitet mich der Ordensmann ins Innere des Klosters, »ich zeige Ihnen Ihr Zimmer, es ist klein, aber sauber!« Der Mann hat was; er ist mir schnell sympathisch. Ich folge ihm mit meiner kleinen Tasche in der Hand. Allein der Innenhof ist schon beeindruckend. Ich bin doch sehr überrascht, wie freundlich und hell es hier ist. Wunderschöne Bäume und Pflanzen sind hier zu bestaunen; ein großes Kreuz und eine beeindruckende Kapelle bilden den Mittelpunkt der Anlage. Hier war also Robert zwölf Jahre lang Mönch. Unglaublich. Vielleicht soll *ich* ja die Geschichte, die er nicht vollenden konnte, zu

Ende bringen? Sollte das die Pointe der ganzen göttlichen Arie sein? Aus den Augenwinkeln schaue ich mir die Kutte an. Würde mir stehen, keine Frage. Vater würde zwar die Augen verdrehen und den Handballen gegen die Stirn knallen, wie damals als ich mit dem Tattoo und dem Ohrring ankam – trotzdem! »Nummer 124, das ist Ihre Zelle!«, meint der Pater und zeigt auf eine Tür. *»Zelle?«,* frage ich. Der Mönch lacht: »Ja, das haben Gefängnisse und Klöster gemeinsam – da gibt's keine Zimmer, nur Zellen. Doch unsere Zellen sind bequemer als die von den Knackis. Haben Sie eine gesegnete Zeit bei uns!« Er drückt mir den Schlüssel in die Hand und macht sich schnellen Schrittes auf den Weg zurück an seinen Platz an der Pforte.

Das Wording ist gewöhnungsbedürftig. »Pforte« heißt es hier, nicht Rezeption. Wir sind ja nicht im Hotel. Die Zelle ähnelt aber doch einem kleinen, bescheidenen Hotelzimmer. Nur dass es hier keinen Fernseher gibt. Den brauche ich auch wirklich nicht. Ich benötige nur Ruhe, um endlich einmal gründlich nachdenken zu können. Ich will beten. Will mir von oben Klarheit schenken lassen. Ich packe langsam meine Tasche aus und sortiere die Sachen in meinen kleinen Schrank. Ich nehme die Bibel, diese schöne Ausgabe, die ich mir vor einigen Monaten zugelegt habe und die schon etliche Gebrauchsspuren zeigt, lege mich auf mein Bett und beginne darin zu lesen. Alles ist so still, als habe eine unsichtbare Hand alle Geräusche der Welt abgestellt. Ich fühle mich wie in einem Kokon. Darüber wird es Abend. Ich blicke aus dem viersprossigen Fenster meiner Klosterwabe und sehe die Sonne langsam untergehen. Das Licht der Sonne berührt den Boden und taucht alles in ein wundervolles, mir ganz neues Farbenspiel. Die Welt ist schön.

*

Ich entschließe mich, noch ein wenig in den Klostergarten zu gehen. Danach möchte ich die Kapelle erkunden, möchte in ihr beten. Es ist ein milder Frühlingsabend, und ich fühle eine stille Freude, hier zu sein. Endlich einmal Zeit für mich! Ich pflanze mich auf die kleine Holzbank im Park hinter dem Kloster und strecke alle viere von mir: »Mein Gott, was soll ich tun?« – »Bring mich zu den Leuten!«, sagt etwas in mir. Doch wie soll ich das tun, wenn ich im *Ambiente* stehe und Trinkpartys gegen Geld veranstalte? Wie soll ich meinen inneren Wandel den Menschen erklären? »Hey, Leute, ich widerrufe. War vieles Mist, was die letzten Jahre hier so gelaufen ist! Ich habe eine Verantwortung, die mir jetzt erst klar geworden ist.« Ich sehe die Gesichter meiner Freunde vor mir. »Passt mal auf, ich muss euch jetzt allen mal was von Jesus erzählen!« Kopfschütteln. Jemand gähnt. Oh Mann, das wird hart!

Ich raffe mich auf und gehe in die Kapelle des Klosters, die mir spontan gefällt in ihrer Aura aus Wärme und flackerndem Halbdunkel. Auf einer der hinteren Bänke knie ich nieder. Das mit dem Knien klappt ehrlich gesagt nicht so gut; ich hab schließlich noch keine Hornhaut an den katholischen Stellen. Es sind nur wenige Menschen vor dem Altar in den Bänken versammelt. Es ist ruhig, andächtig und friedlich hier. Vor der Mutter Gottes brennen viele kleine Kerzen.

*

Am nächsten Morgen wache ich in meiner Klosterzelle auf, reich beschenkt durch tiefen, erholsamen Schlaf. Ich muss mich an die Umgebung erst gewöhnen. Richtig, ich bin ja im Kloster. Ich reibe mir den Schlaf aus den Augen, setze mich auf die Bettkante und spreche zu Gott, bitte ihn, mir einen Tag voller Erkenntnis zu schenken. Als ich den Frühstückssaal betrete, sitzen nur drei Gäste an einem gedeckten Tisch, zwei Männer und eine Frau. Entgegen meiner sonstigen Art, fühle ich mich unsicher und weiß nicht recht, wie ich mich verhalten soll. Dann setze ich mich aber doch einfach dazu und begrüße meine Klostergefährten höflich mit einem Kopfnicken. Das Frühstück selbst läuft im Schweigen ab, wie es Brauch im Haus ist. Als alle fertig sind, räumen wir gemeinsam den Tisch ab und gehen danach in den Innenhof. Der eine, ein jüngerer Mann, verlässt uns in Richtung Klosterpark.

Plötzlich sind wir drei miteinander in intensiven Gesprächen. »Ich weiß eigentlich gar nicht, wieso ich hier bin!«, bekennt eine junge, schlanke, dunkelhaarige Frau aus Dortmund, die sich mir als Anke vorstellt. Sie wirkt traurig und erschöpft. »Ich habe einfach das Gefühl gehabt, ich müsste mal in ein Kloster ... und nun bin ich hier.« Ich sehe, dass sie innerlich sehr bewegt ist; es ist ein bisschen viel Wasser in den Augen. Ich mag sie spontan, schaue sie verständnisvoll an. »Bei mir ist es ähnlich«, höre ich mich sagen, »ich hab das auch nicht geplant. Irgendwie habe ich den Eindruck, ich werde geschubst. Da ist so eine Art imaginäre Hand, die führt mich. Und das schon seit geraumer Zeit.« – »Was erwartest du dir?«, fragt Anke. Ich zucke mit den Schultern: »Bei mir bricht zu Hause gerade alles zusammen. Meine Beziehung zu meiner Partnerin, zu Vater, mein Job, einfach alles.« Mein Blick wandert über den großen Park des Klosters; jetzt gerade ist bei mir ein bisschen viel Wasser in den Augen. Und Anke schaut mich verständnisvoll an. »Verrückt ... wie bei mir! Das klingt alles genau wie bei mir! Auch bei mir geht gerade alles kaputt.«

Der etwas ältere, gut gekleidete und leicht untersetzte Herr, der so ein bisschen nach Geld und Business riecht und sich uns als »Karl aus Leipzig« vorgestellt (sonst aber bisher geschwiegen) hat, schaltet sich plötzlich in das Gespräch ein, und zwar unvermittelt, knochentrocken: »Also ... was meine Person betrifft ... ich habe so viel Schreckliches getan in meinem Leben! Mein bisheriger Weg bestand nur aus Geld, Macht und Sex. Drei Ehefrauen habe ich verschlissen, fünf Kinder gezeugt. Und alle hassen sie mich. Jetzt bin ich hier und verstehe nichts mehr. Mein Leben ist eine einzige Katastrophe. Und was jetzt?« Ein wenig schockiert ob dieser radikalen Offenheit schauen wir ihn an und spüren doch eine enge Verbindung zu ihm. Und dann passiert etwas Merkwürdiges, wofür ich heute noch keine Erklärung habe. Ich weiß nicht, wie ich dazu komme, doch plötzlich brechen Worte aus mir heraus. Ich sage klar und präzise: »*Du weißt, was du zu tun hast, Karl*. Bitte Gott um Vergebung! Geh bei den Mönchen beichten! Hör mit dem Mist auf! Gott vergibt dir. Er möchte, dass du einen neuen Anfang geschenkt kriegst!« Totenstille herrscht plötzlich zwischen uns. Was war das denn? Ich bin völlig erschrocken über mich selbst. Das waren doch nicht meine Gedanken und Worte, die da aus mir herauskamen!? Oder doch? Was fällt mir ein, diesem älteren Mann Weisung zu erteilen, ihm Befehle zu geben, als hätte ich etwa die Weisheit mit Löffeln gefressen? Anke hält erschrocken ihre Hand vor den Mund. Der reiche Karl schaut mich lange verdutzt an und bricht plötzlich in Tränen aus. Der Dritte, der heult: »Du hast recht! Du hast recht! Du hast ja so recht! Ich muss sofort zum Abt oder zu einem Priester. Ich muss endlich beichten! Endlich alles rauslassen! Ich schaffe es nicht mehr, all das auf meiner Seele zu haben. Ich trage eine so große Schuld mit mir herum!« Weg ist er.

Anke schaut mich an. Ich schaue Anke an. »Entschuldige, aber ich weiß auch nicht, warum ich das jetzt gesagt habe. Es passierte einfach in mir!« Ich hatte tatsächlich das

Gefühl, in diesem Moment nicht mehr ich selbst zu sein. Mir war, als hätte sich jemand meiner bedient, um diesen reichen, armen, verirrten Karl aus Leipzig vom Kopf auf die Füße zu stellen. Es ist mir unheimlich zumute. »Hast du Lust, ein wenig spazieren zu gehen?«, frage ich Anke. Scheinbar braucht sie das auch. »Gern, lass uns hinter dem Kloster den Weg zu den Feldern gehen«, antwortet sie mir. »Könntest du dir vorstellen, dass das der Heilige Geist war?«, frage ich sie, als wir in der Natur sind. »Alles ist doch möglich; das ist ja das Schöne«, sagt Anke. Wir gehen stundenlang zusammen die Felder hinter dem Kloster entlang, genießen die Morgensonne, erzählen uns unsere krassen, verwunderlichen, gewundenen Lebensgeschichten. Sie sucht Gott, ja, aber sie weiß nicht, wer das ist, ob es ihn gibt, wo er zu suchen wäre. »Wär ja schön, wenn's ihn gäbe. Er ist mir aber noch nie begegnet.« Es fällt ihr schwer, zu vertrauen und zu glauben. Oft ist sie schon enttäuscht worden in ihrem Leben. Ich kann sie unglaublich gut verstehen. Meine Geschichte macht sie wohl sehr neugierig. Sie will alles ganz genau wissen. Ich berichte ihr, dass ich Gott wahrscheinlich weniger gesucht habe als er mich. »Vor sechs Monaten hat er mich gefunden.« – »Und …?« – »Seitdem fühle ich mich einfach geführt. Ich weiß bloß noch nicht, wohin. Es ist verdammt schwer. Alles wird irgendwie anders. Schöner, aber nicht einfacher.« Es tut uns beiden gut, uns über unsere unterschiedlichen Gedanken und Wege auszutauschen. Anke und ich sind nach diesem einen Spaziergang echte geistige Freunde. Gott hat uns auf interessante Weise hier in Bochum im Kloster zusammengeführt. Als wir zurückkehren, finden wir einen völlig aufgelösten Karl vor, er rennt auf mich zu, als er uns durch das Tor kommen sieht. Ich bin etwas irritiert und weiß nicht recht, wohin mit meinen Blicken.

Er nimmt mich bei der Schulter: »Mensch, was glaubst du, wie dankbar ich dir bin, dass du mich losgeschickt hast! Ich habe gerade bei einem Priester gebeichtet; und er hat mir gesagt, dass mir vergeben wurde. Ich freue mich, wenn ich nach Hause komme, werde ich völlig neu beginnen. Ich möchte unbedingt wieder Kontakt zu meinen Kindern aufnehmen und die letzten Jahre noch etwas Sinnvolles tun!«
Anke und ich schauen uns an und sind sprachlos. Hier hat sich gerade ein Mensch zur Wahrheit, zu Gott bekehrt – wie wunderbar. Wir drei umarmen uns mit einem Mal und freuen uns an diesem bezaubernden Wunder. Das ist mein erster Morgen im Kloster in Bochum. Verrückt. Aber wahr.

*

Die nächsten Tage bete ich viel. Mein Herz ist offen; es fällt mir leicht. Lange Spaziergänge im Park wechseln mit intensiven Gesprächen mit Anke und Karl. Außerdem ist das Kloster ein Paradies der Bücher; mir geht also der Stoff nicht aus. Es gibt drei oder vier Hauptthemen, zu denen ich Aufschluss von oben erhoffe: Soll ich weiter das Event-Lokal führen? Soll ich einen Schlussstrich unter die Beziehung mit meiner Partnerin ziehen? Will Gott, dass ich einer besonderen Berufung nachgehe? Was ist mit dem schwelenden Drama zwischen mir und Vater? Ich weiß nicht, welche Regie das nächste Wunder dieser an Wundern und Merkwürdigkeiten so reichen Tage einfädelte. Jedenfalls kommt eines Morgens ein Mönch des Klosters, ein gewisser Pater Antonius, mit dem ich zuvor kein Wort gewechselt hatte, auf mich zu und sagt mir auf den Kopf zu: »Sie müssen Ihren Vater verlassen! Nur das soll ich Ihnen sagen!« Bevor ich überhaupt etwas antworten kann, dreht er sich um und ist verschwunden.
Was hat das alles nur zu bedeuten?

*

Nach ein paar Tagen lichten sich tatsächlich die Wolken, und ich beginne klarer zu sehen. Ich werde tatsächlich geführt. Rechts und links neben mir wachsen die Zeichen aus der Erde, es ist gar nicht so schwer, ihre Botschaft zu entziffern. Ich bin doch gar nicht mehr wirklich glücklich im *Ambiente. Say Goodbye!* Ich habe viel zu wenig Kraft und Zeit für meine beiden Kinder. *Ändere es!* Meine Partnerin glaubt nicht an mich und eine gemeinsame Zukunft – nun, sie hat auch zu viel mit mir erlebt. Sie möchte unbedingt nach Spanien. Ich möchte natürlich bei meinen Kindern bleiben. *Trenne dich!* Vater ist nicht mehr zufrieden mit meiner Arbeit und den Ergebnissen. *Gib ihm die Arbeit zurück!* Meine Mutter und Schwester sind fort. *Such die beiden, sie brauchen dich, schenke ihnen Liebe!* Ich fühle mich zerrissen zwischen meinem alten Leben und einer neuen Berufung. *Entscheide dich!* Langsam wird mir deutlich, warum es gar nicht anders sein kann als so, wie es im Moment ist: Ich habe Jesus vor kurzer Zeit an das Steuer meines Schiffes gelassen. Der schippert aber nun mal nicht gern in trüben Gewässern. Ich muss also nachziehen, muss einige fundamentale Umstellungen vornehmen. Eines tröstet mich: Wenn er der Steuermann ist, muss ich mich nicht um den Kurs sorgen. Anke besteht darauf, mich mit ihrem Wagen zum Bahnhof zu bringen. Ich bin froh, nicht wieder mit dem Taxi fahren zu müssen und somit einen schönen Abschied von meiner neuen geistigen Freundin geschenkt zu bekommen. »Wir bleiben in Kontakt, versprochen!« Ich drücke sie fest.
»Ich werde für dich und deinen neuen Weg beten.« Sie schaut mich bewegt an.

25. Der Antrag am Strand

Ostsee, Schönhagen 2008

Anke und ich sind geistige Freunde geblieben. Es war eine unglaubliche Erfahrung im Kloster. Wir wissen beide, dass wir füreinander beten. Das ist die intensivste Verbindung, die man haben kann; sie hat den besten Transmitter, den es auf der Welt gibt. Heute ist ein wunderschöner, sonniger Samstagmittag. Ich sitze am Fenster und notiere mir eine Erkenntnis der letzten Tage: Wer die Wahrheit ausspricht, wird befreit. Eigentlich können wir doch alle nur wirkliche Beziehungen aufbauen, wo wir wahr sind, auch wenn die ausgesprochene nackte Wahrheit zunächst irritiert oder zu verletzen scheint. Ich hatte früher oft eine solche Angst, ein Stück Nachtseite von mir zu zeigen.

Aber die Blenderei erzeugt nun mal keine Liebe, allenfalls Neid oder falsche Bewunderung. Bist du oben, beneiden sie dich. Bist du unten, schauen sie auf dich herab. So ist es heute in der Welt. Was also tun? Ich denke, um das Herz eines anderen Menschen zu gewinnen, muss ich ihm meine eigene Schwäche offenbaren. Ihm zeigen, dass ich wahr und verletzlich bin. Ich bin dankbar, dass ich diese Lektion durch verschiedene Menschen lernen durfte. Sein Elend zeigen dürfen, ohne niedergemacht, ausgelacht oder diffamiert zu werden, das ist eine der Herrlichkeiten im Raum der Liebe.

*

Die Ferien sind gekommen. Es ist schon Ende August. Mit meiner kleinen dreiköpfigen Familie bin ich seit vier Tagen in Schönhagen an der Ostsee in einem wundervollen kleinen Häuschen, direkt am Meer untergebracht. Jemand meint es gut mit uns. Seit der Ankunft lacht Tag für Tag ein strahlend blauer Himmel, und keine einzige Wolke trübt unsere sommerlichen Freuden. »Ist doch klar, Papa, wenn Engel reisen ...«, meint der kleine Giuliano altklug. Wir sitzen heute Morgen bereits seit zwei Stunden zusammen auf unserer großen roten Decke im Sand. Wir lesen, genießen die Zärtlichkeiten der Sonne, spielen Karten. Manchmal würde ich gerne ein paar Notizen machen, aber das ist jetzt nicht angesagt. Stattdessen lachen wir laut und viel, stürzen in die Wellen der Ostsee, die sich mit 20 Grad heute von ihrer gastfreundlichen Seite zeigt. Emily ist das erste Mal am Meer. Es ist eine einzige Freude, ihr beim Toben und Springen in den Wellen zuzuschauen. Sie trägt einen süßen kleinen Badeanzug. Natürlich in Rosa. Papa hat einen Blick für so was! Mir geht es richtig gut. Meine Seele hat sich schon einige Zeit nicht mehr gemeldet, ein gutes Zeichen. Was von meinem Seeleninfarkt aktuell geblieben ist, sind gelegentliche Magenschmerzen und leichte Schwindelgefühle. Ich spüre, ich bin geistig schon viel weiter als noch vor Wochen. Es ist herrlich mit den Kindern und Uta zusammen sein zu dürfen, ihnen beim Spielen, Essen und Schlafen zuzusehen. Ich bin so glücklich, mit Uta doch noch die Frau meines Lebens gefunden zu haben. Sie liegt gerade neben mir auf der Decke, und weil sie die Augen zuhat, kann ich sie hemmungslos lange und genau betrachten. Manchmal öffnet sie jedoch die Augen, und wir finden uns in einem einzigen intensiven Blick. Dann vibriert die Welt, und die Zeit scheint den Atem anzuhalten. Diese Magie des Blickkontaktes war fast vom ersten Moment an so, an dem wir uns trafen. Was lese ich in ihren Augen? Tiefes Vertrauen und große Liebe! Sie weiß alles über mich. Sie kennt heute meine Schatten, hat alle meine Nächte in den letzten Monaten noch einmal mit mir durchlebt. Ohne sie wäre ich vielleicht noch einmal hinter meine Berufung zurückgefallen. Seit der Burnout-Diagnose ist sie mir die größte Stütze, die sich denken lässt. Sie hat einfach alles in die Hand genommen, da mir für vieles schlicht die Kraft fehlte. Es hat mir an nichts gefehlt, als ich durch die tiefen Schluchten der Depression wanderte. Womit habe ich das verdient, dass sich diese junge Frau an mich verschenkt? Ich bin mit Sicherheit keine gute Partie.

»Papi, bitte, komm doch jetzt, bau mit mir eine Burg!« Meine kleine, pitschnasse Tochter zuppelt und zerrt mich am Arm und zieht mich aus meinen Gedanken heraus. Sie strahlt mich mit ihren blauen Augen an. Eine Burg am Meer bauen mit meiner kleinen sechsjährigen Tochter. Was kann es Schöneres geben im Leben eines jungen Vaters? Ich laufe mit ihr zum Wasser, Hand in Hand. Wir bauen eine große Burg, mit Wassergraben. Stundenlang. Die Sonne strahlt über uns. Ich bin glücklich.

*

Doch die Dämonen kehren wieder, wie Meerwasser, das an der schönen Sandburg leckt. Heute Morgen wollte ich für eine Stunde allein sein, wollte etwas wandern, am Strand entlang, Richtung Norden. Obwohl eigentlich alles so schön harmonisch verläuft in diesen Tagen, finden die Depressionen immer noch eine offene Flanke in mir. Die Wunde ist die Beziehung zu Vater. Damit werde ich einfach nicht fertig. Ihm wollte ich mich beruflich beweisen. Seine Liebe habe ich verzweifelt gesucht. Er hat darüber hinweggesehen, mich einfach nie loben können. Ich habe hingeschmissen, aus Gründen, die ihm verschlossen sind und wohl für immer verschlossen sein werden; dafür erntete ich auch noch seine pure Verachtung. Ich blicke auf das Meer, die Wellen tosen lauter als sonst, und die weiße Gischt umspült meine blanken Füße. Ohne dass ich etwas dazugebe, steigt in mir eine unbändige Wut, ja ein richtiger Hass auf. Plötzlich höre ich Geschrei der Möwen. Wie kann mein eigener Vater mich nur so behandeln? Wie kann er mir das nur antun, mich in der Stadt, nachdem ich gegangen bin, so schlechtzumachen? Ich bin doch sein Sohn! Er hatte die Verantwortung für mich, nicht umgekehrt! Natürlich habe auch ich Fehler gemacht, privat wie beruflich, nicht alles war Gold, was glänzte, natürlich habe ich ihn schon mal bis aufs Blut gereizt. Plötzlich fallen mir die ganzen schweren Verletzungen, Misstöne und Unzufriedenheiten ein, die wir uns beiden in unserer gemeinsamen Beziehung gegenseitig angetan haben. Mein Magen reagiert. Die Schwindelgefühle kehren zurück, als wollten sie den Indikator für die Wurzel meiner Krankheit spielen, die nun die Ursache meiner jahrelangen Depressionen entdeckt! Es ist die Beziehung zu Vater! Ich bin vaterkrank, sonst nichts. Ein vaterkranker Vater von Giuliano und Emily. Ich ahnte es schon lange. Doch jetzt brennt diese Erkenntnis regelrecht in mir. Gibt es eine Vatermedizin, eine Vaterkur, eine Vaterheilung? Sie müsste mich sein lassen, in dem was ich bin. Ich bin nicht mein Vater. Ich bin ein anderer, ein eigenständiger Mensch. Ich bin scheinbar viel zu sensibel für diese Art in der Geschäftswelt und dazu regelrecht harmoniesüchtig. Ich hätte ihm nicht die ganzen Jahre auf *seinem* Weg folgen dürfen. Es war *sein* Weg. Er hat ihn für sich gewählt. Das ist auch in Ordnung so.

Aber ich – ich bin doch ein ganz anderer, muss einen eigenen Weg gehen, meinen Weg. Wo sind meine Ziele? Meine Träume? Wo ist mein Weg? Meine Berufung? Ich hatte mich ja völlig verrannt. Weit weg von den Leuten am Strand, beginne ich zu weinen. Ich überlasse mich den Wallungen meiner Seele. Meine Tränen mischen sich mit dem Salz auf meiner Haut. Immer habe ich all das nur heruntergeschluckt. Es tut sehr weh, den Schmerz einfach Schmerz sein zu lassen, statt ihn wegzudrücken. Aber hier am Meer kann ich es. Hier ist so viel Wasser und ein Wind vom Meer her, der die Tränen trocknet.

*

Ich will zurück zu den Kindern und Uta, drehe dafür langsam, wie in Trance, um in Richtung unseres Strandkorbs. Ich bin doch wirklich sehr weit gegangen. Mir fehlt es an Kraft. Und ich dachte, ich wäre schon wieder auf dem Posten. Illusion, alles Illusion! Ich fühle mich heute völlig ausgebrannt. Immer wieder kommt es in mir hoch: Ich kenne das Gefühl echter, bedingungsloser Liebe meiner Eltern zu mir nicht! Ich kenne es nicht. Wie kann das nur sein? Ich heule einfach immer weiter. Die Leute, die mir am Strand entgegenkommen, sind mir jetzt völlig egal. Es ist nicht wichtig, was sie über einen weinenden Mann am Strand denken. Ich gehe schneller, um schnell zu meinen Kindern und Uta zu kommen. Als ich endlich an unserem Platz ankomme, bin ich am Ende, verschwitzt, verheult und innerlich am Boden zerstört. Hilfe! Gott, ich bitte Dich um Hilfe! Ich schaffe das nicht alleine. Es tut so weh.

Ich berichte Uta von meinen Gedanken, meiner Erkenntnis, die mich mitten in diesen schönen Tagen, am schönsten Ort der Welt eingeholt und gnadenlos zu Boden gestreckt hat. Eine Weile nimmt Uta mich nur in den Arm. »Was hat Papa?«, fragt Emily. »Hier hast du Geld, hol uns ein Eis!«, sagt Uta und schickt sie zum Strandbistro. Mich tröstet ihre Wärme, der Geruch ihrer Haut. Endlich sagt Uta etwas, das mich zunächst nur wie von ferne erreicht: »Da-

rio, egal was sein wird – ich bin bei dir! Ich bewundere dich. Du gehst einen großartigen Weg. Einen ehrlichen Weg. Du kämpfst. Aber in Zukunft kämpfst du nicht allein – wir kämpfen gemeinsam. Sag nur ein Wort – und ich werde immer für dich da sein. Ich stelle keine Bedingungen. Ich liebe dich.« Was für ein bedeutender Moment! Uta blickt mir fest und liebevoll in die Augen. Ich glaube ihr jedes Wort. In ihren Armen liegend fühle ich mich sicher. Dort hinten steht die kleine Emily für das Eis an; sie winkt zu uns herüber. Giuliano tobt im Wasser. Wie reich bin ich beschenkt. Mein Glaube an Gott. Meine Freunde. Das ist es, wofür es sich zu leben lohnt. Plötzlich steigt in mir eine Gewissheit auf: Ich muss nun eine Entscheidung fällen, eine, die meine und unsere Zukunft betrifft. Gott gibt mir gerade eine Aufgabe in mein Herz, die es *jetzt* zu lösen gilt. Ich schließe meine Augen und bitte Gott erneut um Hilfe. Ich bete im Stillen und versuche Seine Stimme zu hören.
Da ist sie. Die Stimme fragt mich: *»Willst du ewig mit der Vergangenheit hadern? Ich kenne dich und habe dir bereits alles vergeben, alles! Also hadere nicht weiter! Ich möchte dich von den Fesseln deiner Vergangenheit befreien! Willst du nun endlich die wahre Liebe kennen lernen und annehmen, die ich dir bereitet habe? Willst du nicht endlich eine eigene, glückliche Familie haben, in der du vieles anders und besser machen kannst? Deine Kinder brauchen dich! Hier ist deine Chance! Ich schenke sie dir! Du weißt, was du dafür tun musst. Übernimm ab sofort die Verantwortung. Alles wird denen zum Besten gereichen, die mich lieben. Entscheide dich also jetzt! Ich halte meine Zusagen – immer!«*
Ich öffne die Augen und schaue auf das blaue Meer. Spüre dabei den warmen Sand auf meiner Haut. Der weite, blaue Horizont. Ein leichter Wind streicht vom Meer her über uns hinweg. Ich sehe Uta an. Klar doch: Ich will! Will sie,

will meine Kinder. Ich bin bereit. Ich möchte genau das! Eine Familie. Eine neue, gesunde und glücklichere Zukunft. Wieder laufen mir Tränen übers Gesicht. Diesmal aber aus echter Freude. Doch ich kann mich nicht lange meinen Gefühlen überlassen.

»Nimm endlich, Papa!«, ruft mir eine sichtlich erzürnte Emily mit zusammengezogenen Augenbrauen zu. »Sonst läuft mir das Eis noch die Hand runter!«

*

Es ist heute der letzte Abend in Schönhagen, und ich habe mich entschieden, nicht mehr länger zu warten. Außerhalb unseres Ferienhäuschens hat sich Dämmerung über das Land gebreitet. An diesem schon etwas kühlen Septemberabend, an dem es nicht mehr schön ist, draußen zu sitzen, werde ich es tun. Ja, ich werde das größte Wagnis der Welt eingehen: Ich werde mich verschenken – und zwar mit Haut und Haaren. Jetzt muss ich zeigen, was ich draufhabe. Gelernt ist gelernt. Während Uta im Bad ist, zaubere ich in Minutenschnelle ein Arrangement der Extraklasse herbei. Plötzlich erfüllt gedämpftes Licht das Wohnzimmer unseres Ferienhauses. Romantisch flackert das Kerzenlicht auf dem Tisch. Ruhige Musik ertönt im Hintergrund. Eine Flasche Rotwein und zwei Gläser stehen auf dem Tisch. Mein Herz klopft. Ich räuspere mich, denn mein Mund ist trocken. »Mann, Uta, komm doch endlich aus dem Bad heraus!« Die Frau meines Herzens weiß noch gar nicht, was sie gleich erwartet. Wie wird sie reagieren? Ich spüre plötzlich die ganze Dramatik der Situation, die Wucht einer einzigartigen Weichenstellung. Zwei Lebensgeschichten werden zu einer einzigen. Zwei Hoffnungen bündeln sich in einer. Zwei Lieben werden eine. Darüber sind wir uns einig: Wir machen kein Ding auf Zeit – wenn wir es tun, tun wir es für immer. Wir denken und fühlen alles gemeinsam. Wir haben doch nicht ohne Grund die letzten achtzehn Monate enthaltsam gelebt! Dennoch ist mir jetzt sehr mulmig zumute. Was ist, wenn sie wider Erwarten doch nein sagt, ihr Ja aufschiebt oder es an Bedingungen knüpft? Wenn sie erst möchte, dass ich komplett gesund werde, um eine vernünftige Entscheidung zu treffen? Wenn sie weitere Testläufe, weitere Proben meiner Treue möchte? Sie wird ja sagen. Ich glaube daran. Ich hoffe es. Ich bitte Gott darum. Verdammt, warum brauchen Frauen immer so lange, um sich hübsch zu machen! Sie sind doch so schon hübsch genug!

Die Tür geht auf, sie kommt aus dem Bad, bleibt wie angewurzelt stehen. Ein Ausruf des Erstaunens! Uta macht Augen wie Wagenräder und hält sich die Hand vor den Mund. Hat sie wirklich nicht damit gerechnet? Uta sieht aus wie ein Engel der Extraklasse; sie ist eine hinreißend schöne Frau: »Dario bist du verrückt?« – »Ich – nicht die Bohne! Ich bin absolut klar bei Verstand!« Uta lacht, läuft auf mich zu, nimmt mich in den Arm und dreht uns beide wie wild um die eigene Achse: »Dario, weißt du, dass dies der schönste Urlaub war, den ich jemals verbringen durfte.« – »Weiß ich.« – »Und weißt du auch, woran das lag?« – »An dir!« – »Nein, an dir!« – »An den Kindern, am Meer, am lieben Gott, an allem ... Ach, ist doch egal! Komm, lass uns darauf anstoßen!« Während ich die beiden Gläser mit Rotwein fülle, schaut mich Uta mit verliebten Augen an. Ich drücke ihr das Glas in die Hand; sie schaut nicht darauf. Sie schaut nur in meine Augen. Sacht stellen wir die Gläser beiseite. Ich nehme sie in meine Arme, und wir halten uns fest umschlungen. Ich liebe sie so sehr.

*

»Setz dich!«, sage ich endlich. Uta ist erstaunt. »Ja, setz dich hier auf das Sofa!« Uta weiß immer noch nicht, warum sie jetzt aus meinen Armen heraus und auf dem Sofa Platz nehmen muss. Muss sein! Es geht gar nicht anders. Plötzlich rutsche ich nämlich vor dem Sofa und vor Uta auf die Knie, nehme ihre Hand in meine Hand und im Übrigen all meinen Mut zusammen. Die Rede, die ich ihr halte, habe ich nicht einstudiert und nicht auswendig gelernt. Ich weiß noch nicht einmal, was ich in dieser Minute wirklich gesagt habe. Ich weiß nur, dass es etwas in dieser Art war: »Uta, mein geliebter Schatz, diese Tage hier haben mir gezeigt, wie sehr wir beide zusammengehören, wie sehr du mich und die Herzen der Kinder im Sturm erobert hast. Ich kann dir nicht genug danken für das, was du alles an meiner Seite bis hierhin ausgehalten hast. Welche Liebe du mir und uns geschenkt hast! Gerade jetzt, in diesen schweren Tagen und Monaten der explodierenden Depressionen und der Aufarbeitung meines Lebens, hast du auch mich gelehrt, was es bedeutet, wahrhaft zu lieben. Dafür danke ich dir. Ich möchte nie mehr ohne dich und deine Liebe sein, und darum frage ich dich hier und jetzt in der Anwesenheit Gottes: Möchtest du meine Frau werden?«

Uta sagt nichts. Aber ich sehe ihre Tränen. Mir sind die Worte ausgegangen. Ich knie noch immer da und halte ihre Hand, zittere etwas dabei. Warum antwortet sie nicht? Bin ich zu schnell gewesen? Habe ich sie verschreckt? Fühlt sie sich erpresst? War es nicht der richtige Rahmen für einen Antrag? Hätte es romantischer sein sollen? Keine Antwort. Bitte sag doch etwas! Ja, Uta sagt etwas: ... »Gibst du mir mal dein Taschentuch?« Ich reiche ihr das Tuch. Uta wischt sich die Tränen weg. Dann knipst sie plötzlich ein Lächeln an in ihrem Gesicht, und mir geht die Sonne auf. Mit fester Stimme sagt sie: »Ja, Dario, ja, und noch mal ja – ich möchte dich heiraten. Ich möchte genau das! Ich möchte deine Frau werden. Ich liebe dich, Dario!«

26. Ein Abschied mit Tränen

Eichsfeld, 2005/2006

Es sind mittlerweile drei Monate vergangen seit meinem Klosteraufenthalt in Bochum. Meine Turbowandlung gibt den Freunden, Mitarbeitern und Gästen harte Nüsse zu knacken auf. Was macht der Kerl denn jetzt wieder? Der Förderung von Tiefsinn bisher unverdächtig, lädt der stadtbekannte Tunichtgut und Lebenskünstler nun zum »Philosophischen Gesprächskreis« ein – jeden zweiten Sonntag, 14.30 Uhr im Eventcafé *Ambiente.* Hä? Heute muss ich selbst schmunzeln über die merkwürdigen Blüten, die mein ausufernder Bekehrungseifer da trieb. Wie ein Schwamm sog ich in dieser Zeit das Neue in mich auf. Vor lauter Aha-Effekten hörte man förmlich die Synapsen in meinem Hirn klicken.

Neben der Arbeit im *Ambiente* hatte ich aus dem Stand heraus, aber mit Feuereifer ein theologisches Fernstudium begonnen. Ich musste einfach mehr von Jesus, dem christlichen Glauben und allem, was mir persönlich widerfahren ist, wissen. Es ging mir alles nicht schnell genug. Am liebsten hätte ich manch einem Dozenten zugerufen: Weiter, Mann! Das weiß ich jetzt! Es war alles so spannend und lehrreich, was ich da im Studium entdeckte. Meine Biographie spiegelte sich in immer neuen Lichtern. Meine innere Festplatte war leer. Sie füllte sich in unglaublicher Geschwindigkeit. Wahrscheinlich hätte ich erst mal kräftig speichern sollen. Aber mir spukte nur ein Gedanke im Kopf rum: Das müssen doch alle wissen! Meine Freunde! Die Nachbarn! Die Leute im *Ambiente!* Was für ein unglaubliches Geschenk es ist, an Jesus glauben zu können, zu wissen, dass er lebt. Gott gibt es! Die ganze Geschichte der Bibel ist wahr! Hey, Leute, kapiert ihr nicht?! In dieser Zeit war mir Robert ein unschätzbarer Lehrer und Freund. Es gab keine Frage, auf die er mir eine Antwort schuldig blieb. »Er ist eine Kanone!«, dachte ich. Kanonen, sagte mir meine innere Stimme, sind am wirkungsvollsten, wenn man sie in Stellung bringt. Ich überlegte hin und her, wie man Robert vor all die ahnungslosen Mitglieder meines Freundes- und Bekanntenkreises bringen könnte. Das müsste sie doch umhauen, was der zu sagen hat!

Bald kam mir eine »genialische Idee«. Ich bat Robert, sein umfassendes geschichtliches Wissen und seine dazugehörigen theologisch-philosophischen Erkenntnisse in einem neuen, ungewöhnlichen Rahmen zu präsentieren – nämlich mitten in der Lounge meines Eventlokals. »Nein, Robert, du musst da nicht predigen ... einfach nur mit den Leuten quatschen!« Robert, das wusste ich, war dafür zu haben. Rasch erklärte ich ihm meine Grundidee: Es sollte eine Art geistiger Event sein, der sich am Stil und der Tradition der englischen Debattierclubs orientierte. In Großbritannien ist es ja seit Jahrhunderten üblich, in Salons, Bars und Pubs miteinander zu diskutieren und zu disputieren. Kein Thema ist dort zu hoch, als dass man es nicht im richtigen Rahmen und vielleicht bei einer Zigarre und einem Whisky miteinander bespricht. »Meinst du, das klappt, hier bei uns in Deutschland?«, will Robert wissen. »Wir müssen es ausprobieren! Warum sollte das nur auf der Insel funktionieren? Vom Professor bis zum einfachen Arbeiter, von der Hausfrau bis zum Popstar, jeder ist dort eingeladen, sich einzubringen.« – »Und wie nennen wir das, was wir da anbieten?« Ich habe schon einen Namen im Kopf: »Wir laden zum ›Philosophischen Gesprächskreis‹ ein!« Ich setze also eine Annonce in die Zeitung und warte, was geschieht. Freier Eintritt für alle! Jeder ist willkommen!

Zum ersten Treffen kommen ganze acht Personen in die Lounge. Angesichts dieser Zahlen hätte ich mir vor vier Monaten noch die Flasche gegeben. Jetzt jedoch bin ich nicht einmal enttäuscht. Viele gute Ideen, sage ich mir, sind aus kleinen Anfängen hervorgegangen. Unser erstes philosophisches Thema lautet: »Was ist Wahrheit – gibt es die überhaupt?« Robert hält seinen Vortrag und die neugierigen acht hören ihm gebannt zu. Seine Art zu reden hat etwas Charismatisches. Man hört ihm einfach gerne zu. Christin, meine Freundin, ist auch gekommen, wohl eher mir zuliebe. Der Vortrag lässt sie nicht unberührt, das spüre ich bald. Doch in unserer Beziehung stehen die Zeichen eindeutig auf Abschied. Im Leben trennt uns zu viel, seit Gott als Player in mein Spiel eingestiegen ist. Auch mein bester Freund Schorse, der Bayern-Fan, ist da. Acht Personen. Beiläufig studiere ich ihre Mienen. Irgendetwas tut sich hinter den Mauern der Gesichter. Etwas arbeitet in allen. Dabei sind ihnen Roberts philosophische und theologische Gedankenspiele wahrscheinlich so vertraut wie den Beduinen der Schnee. Nach vierzig Minuten ist der Vortrag beendet. Ich schaue unter mich. Eine Weile ist es mucksmäuschenstill im Raum. Dann klatscht jemand – und alle klatschen mit, lange und herzlich. Mein Herz schlägt ein wenig schneller vor Freude. Ich habe erstmals das Gefühl, mit dieser Idee Menschen etwas *wirklich* Sinnvolles geschenkt zu haben. Drei Stunden bleibt die Runde noch beisammen, so viel Gesprächsbedarf ergibt sich.

Ist das eventuell die Aufgabe meiner Zukunft, Menschen zusammenzubringen, damit etwas Neues, Ungeahntes in ihnen aufbricht?

*

Meine Beziehung zu Christin geht langsam, aber sicher dem Ende entgegen. Fast drei Jahre waren wir zusammen. Ich gerate immer tiefer in Kollision mit meinem alten, eingefahrenen Lebensvollzug, meiner verlässlichen Mediokrität. Ich verabscheue plötzlich alle diese verbalen und existenziellen Lügen in meinem Leben, kann mich mit vielen Standards in meinem Leben gar nicht mehr identifizieren. Ich schaue keine Gewaltfilme mehr an; was konnte ich bloß daran finden? Sexualität und Pornographie bewirken nun Brechreiz in mir. Mein Alkoholkonsum widert mich förmlich an. Die Partys im *Ambiente* kosten mich immer mehr Kraft, ja an manchen Tagen echte Überwindung. Ich kann und will einfach keine oberflächlichen Gespräche mehr hören und schon gar keine mehr führen. Der große Umbruch in meinem Leben nimmt praktische Dimensionen an. Hat es mit dem Gebet zu tun, das ich an Jesus gerichtet hatte vor rund einem halben Jahr? Ich hatte ihm ja mein Leben übergeben. Hatte ihm gesagt, er möge aus mir ein Werkzeug seines Friedens machen. Was auch immer das bedeutet. Es klingt komisch, aber ich will unbedingt Gutes tun, will mich »da oben« irgendwie erkenntlich zeigen. Wie das geht, will ich von Robert wissen.
Seine Antwort ist klug: durch Liebe. Wo der Stein in der Brust war, ist plötzlich Wärme, ein flutendes Gefühl universeller Zuneigung zu allem, was lebt und Barmherzigkeit verdient. Wäre Mutter Teresa vorbeigekommen, ich hätte sie von jetzt auf gleich angeheuert. So aber renne ich mit einigen Freunden ins Altersheim, bitte die verdutzten

Verantwortlichen, man möge uns doch erlauben, mit den alten Leuten spazieren zu gehen, mit ihnen zu reden, mit ihnen Zeit verbringen zu dürfen. Fortan bin ich, sooft ich es einrichten kann, häufig mit Julia, einer lieben Freundin, für die einsamen alten Leute da. Es kostet mich keine Überwindung, denn ich bin es, der beschenkt wird. Ich bekomme viel mehr zurück, als ich investiere. Unser Engagement bleibt natürlich nicht unbemerkt. Die Mädels und Jungs vom Ambiente, die mich in der Stadt sehen, reiben sich die Augen: »Haste den Dario gesehn? Der schoppert jetzt alte Damen im Rollstuhl durch die Fußgängerzone!«
»Fahren Sie mich doch bitte mal auf den Friedhof«, bittet mich die liebe alte Frau im Rollstuhl. »Gerne doch!«, sage ich und biege in die mit hohen Bäumen bestandene Ruhestätte ein.
Ich kann das plötzlich, kann auf den Friedhof gehen. Ich gehe jetzt oft zu Opa Karl und Oma Marga ans Grab und bete dort für sie. Auf dem Friedhof! Früher hätte ich um diesen mir panische Angst einflößenden Ort einen kilometerweiten Bogen geschlagen. *Tod, wo ist dein Stachel?*, schreibt Paulus im Neuen Testament. Ich weiß heute, was er sagen will. Die Begegnung mit Jesus nimmt dir die Angst vor dem Nichts. Er schenkt eine neue Perspektive. Das Leben ist mehr als siebzig (mehr oder weniger spaßige) Jahre zwischen Wiege und Sarg. Am Ende wartet ER. Die panische Angst der vergangenen Jahre, sie ist einfach fort. Heute weiß ich, nach dem Tod, da geht die Reise erst richtig los. Da warten die großen Ferien auf uns.

*

Doch wie soll ich das jetzt alles meinen Gästen, Freunden und meiner Familie erklären? Soll ich vielleicht sagen: »Passt mal auf, Leute, es muss sich einiges ändern hier im Lokal; ich glaube jetzt an Gott!?« Oder sollte ich sagen:

»Schaut her – ich sehe zwar noch aus wie früher, bin jetzt aber ein anderer«? Geht nicht. Der Konflikt spannt mich innerlich bis zum Zerreißen an. Er verleidet mir richtiggehend meinen Beruf. War ich früher nicht ganz da, weil ich meine Arbeit in alkoholisierter Trance vollbrachte, so sind meine Absenzen nun von neuer Art. Mein Herz ist bei Gott. Das reibt sich mit rauschhaften Ritualen des Vergessens, passt einfach nicht zu Smalltalk.
Nur diese Idee der Philosophischen Gesprächskreise am Sonntag macht mir Freude. Es kommen dann auch immer wieder neue Leute hinzu. Viele sind einfach neugierig, was der verrückte Kerl da wohl wieder treibt, andere kommen aber scheinbar aus echtem Interesse. So entwickelt sich nach und nach ein kleiner Kreis von zehn Personen, die sich immer eingehender mit Themen aus der Welt von Philosophie und Religion befassen. Von Mal zu Mal löst sich die Zunge bei den Beteiligten. Roberts Vorträge sind nur noch der Anstoß, um über das eigene Leben zu sprechen. »Die Schüler«, sagt C. S. Lewis, »können sich die Hausaufgaben untereinander noch am besten erklären.« Das ist wohl das Schönste an diesen Nachmittagen, dass wir uns gegenseitig etwas sehr Persönliches schenken: Vertrauen. Nach und nach wächst so viel davon, dass die Teilnehmer den Mut haben, voreinander richtig auszupacken. Beschämende Dinge können gesagt, fundamentale Zweifel ausgesprochen, letzte Fragen gestellt werden. Das gibt heiße Ohren, ungeahnte Glücksgefühle, manchmal richtige Wellen von seligem Aufgehobensein. Es entstehen tatsächlich geistige Freundschaften unter Leuten, die sich sonst auf der Straße wohl nichts zu sagen gehabt hätten. Ein ganz besonderer Geist herrscht auf den Veranstaltungen. Es scheint, als führe jemand anderer hier die Regie. Wir entwickeln dann auch eine kleine Internetsei-

te, auf der wir über diese philosophischen und religiösen Themen im Internet diskutieren und somit auch medial vernetzt sind. »Was ist das?«, fragen wir uns, die wir uns den Hype auch nicht ganz erklären können. »Eine geistige Heimat! Das ist es, was sie suchen«, entdecken wir.

*

Christin zieht aus. Unsere Beziehung ist zerbrochen. Wir verstehen uns einfach nicht mehr. Sie findet überhaupt keinen Bezug zu dem, was ich da plötzlich veranstalte. Außerdem möchte sie in der Zukunft unbedingt ins Ausland. Tränen und Schmerzen begleiten unsere Trennung. Immer wieder kocht bei ihr oder mir der Wunsch hoch, noch einmal zu beginnen. Doch eines Tages ist klar: Da geht nichts mehr. Nun ist die Wohnung leer, ihr Geruch ist noch da wie ein fahler Schatten, aber ich bin allein. Da sind keine vertrauten Schritte mehr; kein warmer Körper wartet darauf, dass man ihn berührt. Ich sitze nach Feierabend da, grüble, bete. Christin weg. Job und *Ambiente* auch bald vorbei? Ist es das, was Du willst, Jesus? Dass ich ganz allein bleibe? Warum zerbrichst Du mir mein gesamtes Leben, Herr? Was soll ich denn tun? Vielleicht Gesprächskreise führen? Wie soll ich damit meine Kinder ernähren? Ich bin in diesen Tagen unglaublich froh, meine Freunde zu haben. In den Gesprächen mit ihnen wird mir immer klarer, dass ich nicht alleine bin, egal wie ich auch entscheiden werde. Ein totaler Neuanfang? Ein echter Abschied, von allem, von der Arbeit und der Familie? Eines Nachts wache ich auf und mir ist klar: Ich bin am Punkt. Ich werde eine hochriskante, sehr konkrete und unwiderrufliche Entscheidung treffen. Eine Abmachung zwischen Himmel und Erde, einen Pakt mit IHM. Ich weiß, ich darf.
So spreche ich ein zweites, sehr direktes Gebet an Jesus:
»Herr, ich weiß jetzt, dass Du mich ganz und gar aus meinem

alten Leben herausführen möchtest. Du siehst mein tiefes Leid, meine Zerrissenheit. Du liebst mich und möchtest mein Heil. Bis hierhin habe ich es durch all das Dunkel meines Lebens geschafft, weil Du da warst. Ich danke Dir von Herzen, denn ich sehe: Du bist es, der mich rettet. Du bist das Licht auf dem Weg meines Lebens. Ich werde Dir ab heute noch unbedingter nachfolgen und alles hinter mir lassen, auch meinen alten Beruf. Du wirst mir zeigen, wozu ich gut bin! Darauf baue ich, auch wenn ich nichts weiß und nichts in Händen habe außer Vertrauen auf Dich. Ich bitte Dich nur um eines: Ich möchte diesen schweren Weg nicht alleine gehen müssen. Ich schaffe das nicht. Ich wünsche mir so sehr jemanden, der mich dabei in Zukunft unterstützt und meine Kinder liebt! Doch ich weiß, dass Du es bereits so vorgesehen hast, wie es für mich gut ist. Ich vertraue Dir und danke Dir! Amen.«

*

September 2006. Hochzeit von Martin und Kerstin. Die beiden sind Freunde von Christin und mir. Wir haben uns entschieden, noch einmal gemeinsam die Einladung der beiden Freunde anzunehmen, obwohl wir schon getrennt sind. Wir hatten uns schließlich lange auf die Hochzeit gefreut. Die kleine, romantische Kapelle im Eichsfeld ist voll von Hochzeitsgästen und wunderschön dekoriert. Weiße und rote Blumengestecke und ein Meer von Kerzen verleihen dem Gotteshaus eine bezaubernd festliche Atmosphäre. Kerstin ist eine wunderschöne Braut in ihrem weißen Kleid, ihrer langen Schleppe und ihrem silbernen Schmuck im braunen Haar. Der blonde Martin sieht ebenfalls sehr gut aus in seinem braunen Dreireiher. Weihrauch- und Rosenduft mischen sich unter die Freude der Gäste. Was für eine Kulisse! Und was für ein seltsames Gefühl, neben meiner »ehemaligen Partnerin« in der Kirchenbank zu sitzen und der Trauung von Freunden beizuwohnen!

Die Orgel jubelt, aber meine anfängliche Faszination weicht langsam anderen, dunkleren Gefühlen, bis mich schließlich eine handfeste Traurigkeit in den Klauen hat. Werde ich für immer alleine bleiben? Ich schaue Christin aus den Augenwinkeln an. Ihre Gefühle sind offensichtlich bereits beerdigt. Oder sie sind auf Reisen – ganz woanders hin. Das spüre ich. Ich selbst fühle kleine, schmerzende Stiche in meiner Herzgegend beim Blick auf das glückliche Hochzeitspaar. Warum nur? Neid? Keine meiner Partnerschaften hat drei Jahre überdauert. Mein Blick fällt auf den zelebrierenden Priester, und mir wird mulmig. Will Jesus vielleicht, dass ich Priester werden soll? Geht deshalb nichts zusammen mit einer Frau? Das kann einfach nicht sein! Priester werden, bei meiner Vorgeschichte? Unmöglich! Ich kann doch kein Priester werden. Meine Kinder brauchen doch einen Vater!
Ich will und werde mein Leben auf Jesus ausrichten, aber ich möchte es nicht alleine tun. Gott wird mir doch nichts geben wollen, was ich nicht tragen kann. Ich wünsche mir so sehr eine Partnerin an meiner Seite, die mit mir und den Kindern eines Tages hier an diesem Altar steht. Heiraten! Eine echte Familie haben! Eine aufrichtige und christliche Ehe führen! Das war der innige Wunsch, den ich erst vor kurzem im Gebet zu Jesus ausgesprochen habe. Aber welche Frau sollte das bitte sein? Sie müsste meinen geistigen Weg verstehen, meine Kinder akzeptieren und dann auch noch meine wilde Vorgeschichte akzeptieren können. Schreckliche Zweifel nagen in meiner Seele. So eine Frau – die gibt's gar nicht! Nicht in der Realität. Und wer bin denn ich, dass ich noch einmal nach etwas wie der großen Liebe verlangen dürfte? Kann ich jemals wieder jemanden lieben, nach all diesen ungezählten One-Night-Stands, losen Liebschaften, traurigen Fehlversuchen? Wieder bli-

cke ich flüchtig auf Christin. Sie würdigt mich keines Blickes mehr in der Kirche. War da nicht mal etwas zwischen uns? Der Gottesdienst ist gerade auf seinem Höhepunkt angekommen, dem Eheversprechen. Was für ein wunderschöner Moment! Die Kameras und Augen des Brautpaares blitzen jetzt um die Wette. Viele kleine Taschentücher von Gästen und Familienmitgliedern werden gezückt, als sich die beiden Treue und Liebe für die Ewigkeit versprechen. Ja, sie wollen!
Sonnenstrahlen brechen wie bestellt durch das bunte Fenster der Kirche und tauchen die Kirche in ein mystisches Licht. Wieder ein kleiner Stich. Ich gönne es ihnen ja von Herzen. Ich selbst werde diesen Moment der ewigen Liebe wohl nie erreichen. Der Gedanke macht mich zutiefst unglücklich. *Gott allein genügt,* sagt Teresa von Ávila. Ja, ich weiß. Trotzdem schmeckt der Satz in diesem Moment bitter. Ich bin ein Mensch und kein Engel. Ich wünsche mir eine Frau! Ich brauche diesen Vorgeschmack auf die himmlische Liebe! *Herr, ich kann nicht ohne!* Die beiden frisch Vermählten sitzen jetzt wieder vor dem Altar mit dem Rücken zu uns. Es wird ein musikalischer Beitrag angekündigt. Ich schaue flüchtig auf die junge Frau, die sich mit ihrer Gitarre auf den Weg von ihrer Bank hinter uns zum Altarraum aufmacht. Ich schließe meine Augen, um Gott zu bitten:
»Herr, Du weißt alles, ich bitte Dich, segne dieses Paar und lasse sie immer in Deiner Gnade leben. Auch für ihre Familien und um deren Gesundheit möchte ich Dich bitten. Für mich persönlich habe ich den Wunsch: Bitte steh mir weiter bei und zeige mir deutlicher den Weg, den ich in Zukunft gehen soll. Lass ihn mich bitte, bitte nicht alleine gehen! So wie Du willst, geschehe es. Ich danke Dir! Amen!«
Ich halte dabei meine Augen noch immer geschlossen, als

ich plötzlich das Gefühl habe, mich trifft der Schlag! Eine Stimme, glockenhell und irgendwie engelhaft, fährt mir voll ins Herz. Kommt die aus dem Himmel, oder was? Ich blicke erstaunt und berührt auf und schaue zum Altar, in die Richtung, aus der die Stimme kommt. Rechts neben dem Altar sitzt die junge Frau mit ihrer Gitarre auf einem Stuhl und blickt etwas scheu zu Boden. Sie singt in den schönsten Tönen und Klangfarben, die ich jemals in meinem Leben gehört habe: *»Ins Wasser fällt ein Stein, ganz heimlich, still und leise, und ist er noch so klein, so zieht er seine Kreise, wo Gottes Liebe in einen Menschen fällt, da wirkt sie fort, in Tat und Wort, hinaus in unsere Welt …«*

Wie vom Donner gerührt sitze ich da. Diese Engelsstimme! Dieser Text! Dieser Moment! Ich kann nicht mehr an mich halten. Was immer diese Inszenierung bedeuten mag – sie überfordert meine psychischen Möglichkeiten. Ich schluchze. Unglaubliche Liebe durchströmt mich. Tränen der Freude und des Glücks suchen sich ihre Bahn. *Was machst Du da gerade mit mir, Gott! Was spielst Du für ein verrücktes Stück auf meiner armen, verwirrten Seele!* Ich blicke nach rechts und links. Niemand weint. Geht es denn nur mir so? Ich bin scheinbar echt verrückt! Ob die junge Frau weiß, was sie hier gerade anrichtet?

*

Das Buffet ist angerichtet. Das Fest von Kerstin und Martin findet in einem riesigen, überdies wundervoll dekorierten weißen Zelt vor einem wunderschönen Landgasthof, der »Weißen Mühle« in Bernterode im Eichsfeld statt. Ich schätze, es sind an die einhundert Hochzeitsgäste geladen. Der Nachmittag vergeht wie im Flug. Christin, meine »Ehemalige«, sehe ich nur selten. Ich sitze meist alleine am Tisch. Immer wieder sehe ich mich nach der jungen Sängerin aus der Kirche um, habe sie aber bis jetzt nicht entdecken können. Vielleicht gehört sie ja gar nicht zur Feiergesellschaft. Ich hätte ihr gerne etwas gesagt, ihr gedankt. Das Buffet ist eröffnet. Der DJ steuert den ersten Song bei. Es ist John Paul Youngs, »Love is in the Air«. Tolles Lied, mochte ich schon immer! Die ersten Gäste beginnen zum Takt der Musik zu wippen. Die Stimmung ist wirklich toll.

Mit einem Mal sehe ich sie.

Sie unterhält sich gerade mit zwei anderen Frauen und dreht mir dabei den Rücken zu. Mein Herz klopft ein wenig schneller. Soll ich wirklich zu ihr gehen? Nicht, dass sie mich jetzt falsch versteht! Ich möchte ihr wirklich nur sagen, wie sehr mich ihr Gesang berührt hat. Mehr nicht. Die anderen beiden Damen gehen zum Buffet. Sie steht alleine. Jetzt oder nie! »Love is in the Air ...«.

Mir ehemaligem Frauenaufreißer steckt ein Kloß im Hals. Ich nehme meinen ganzen Mut zusammen und gehe zu ihr. »Entschuldigung, darf ich dich kurz stören?« Sie dreht sich um – und ich schaue plötzlich in die ausdrucksstärksten Augen, in die ich jemals geblickt habe. Mir bleibt die Spucke weg. Ich bin nervös wie ein pickliger 15-Jähriger in der Tanzstunde. Was habe ich mir dabei bloß gedacht? Sie schaut mich neugierig an. Ich hasple verlegen rum: »Ich, ähm, wollte mich bei dir nur bedanken, für dieses wundervolle Lied, heute Morgen in der Kirche. Das, ähm, hat mich wirklich sehr berührt.« Nun ist es raus. Der DJ spielt sein nächstes Lied. Irgendetwas von Barry White. »Ich bin übrigens Dario!« Sie blickt mich weiter freundlich und auch etwas verlegen, mit einem leichten Augenaufschlag an. »Danke sehr. Ich bin Uta. Martins Cousine.«

Martins Cousine! Martin hat eine Cousine! So was von Cousine! Ich stehe vor ihr und weiß plötzlich nicht mehr, was ich sagen soll. »Ähm, tja ... weißt du, was hältst du da-

von, dieses Lied eines Tages mal bei einem meiner kleinen philosophischen Gesprächskreise, sonntags im Atlantis zu singen? Ich würde dich gerne einmal dazu einladen?! Kennst du das Atlantis?« Meine Güte, was mache ich denn hier? Ein frommes Lied im philosophischen Gesprächskreis – doofer geht ja nicht! Sie schaut mich jedoch weiter sehr freundlich an, so gar nicht abweisend. »Ja, ich kenne das Atlantis. Ich weiß allerdings nicht, ob ich dort hinkommen kann, tut mir leid, ich ziehe gerade nach Marburg um. Zum Studieren.« Sie zieht weg. Wie schade. Was heißt hier schade? Du kennst sie doch gar nicht! »So, was studierst du denn, wenn ich dich fragen darf?« – »Mathematik und Philosophie!« Uta scheint von unserem Gespräch alles andere als genervt zu sein. »Philosophie? Oh interessant. Ich studiere gerade Theologie per Fernstudium neben meinem Beruf.«
Am liebsten hätte ich losgesprudelt und dieser jungen Frau eine Stunde lang von meinen philosophischen Leseabenteuern erzählt. Aber mir platzt nur ein unvermittelter Satz raus: »Tust du mir einen Gefallen, wenn du Philosophie studierst? Merk dir das Wort ›Freude‹ ...« Sie schaut mich mit großen Augen an. »Ja, Wahrheit und Freude gehören immer zusammen. Das Denken kann sehr kalt sein. Folge bitte immer der Spur der Freude, ja? Ich habe nämlich festgestellt, das die Philosophie nur Fragen stellt, aber keine Antworten gibt.« Was rede ich nur für eine altkluge Scheiße!
Uta schaut mich etwas irritiert durch ihre wunderschönen Augen an. »Okay, ich werde es versuchen!« Bin ich jetzt zu weit gegangen? Ich sollte das Gespräch hier beenden. »Darf ich dir meine Telefonnummer geben, falls du eines Tages doch mal Lust hast, zu einem unserer Treffen zu kommen?« – »Ja, gern.« Nachdem wir die Nummern

ausgetauscht haben, verabschieden wir uns herzlich – »irgendwie vertraut«, denke ich – und gehen wieder unserer eigenen Wege auf der Feier. Warum hat mir Martin nie seine Cousine vorgestellt! War vielleicht besser so.

*

Wieder im *Ambiente*. Philosophischer Gesprächskreis. Es ist jetzt Oktober. Ein regnerischer Tag. Meine Entscheidung steht, seit jenem Gebet in der Nacht. Ich werde das *Ambiente* verlassen. Meinen Job kündigen. Mein Auto verkaufen. Meine Wohnung kündigen. Von ganz vorne anfangen. Alles auf null. Ohne Chance auf eine Rückkehr. Heute möchte ich es schon einmal ein paar Leuten sagen. Es ist keine Entscheidung *gegen* etwas, werde ich ihnen sagen. Es ist eine Entscheidung *für* ein Leben mit Gott. Ich werde ihnen sagen, dass ich jetzt mein ganzes Vertrauen allein auf Jesus setze. Er wird mich hier sicher herausführen und mir ein neues, erfülltes Leben schenken. Ich halte mich nun an sein Wort. Wer ihm nachfolgt und sich um das Reich Gottes zuerst kümmert, erhält alles andere hundertfach zurück. Darauf baue ich jetzt und in der Zukunft. Dennoch bin ich aufgeregt. Meine Freunde werden versuchen, mich zu verstehen. Aber dahinter tut sich ein Abgrund auf. Meine Verwandten werden die Nachricht hören. Mein Vater wird sie hören. Das ist der Cut – ich weiß es. Sie werden mich mit Sicherheit nicht verstehen. Nie. In der Stadt laufen seit Wochen bereits schlimme Gerüchte um: Ich hätte eine Sekte gegründet. Sei verrückt geworden. Die Mutter Gottes sei mir erschienen. Ich würde »geheime Treffen« organisieren. Wäre wieder drogenabhängig. Dabei ist die Gerüchteküche noch nicht einmal richtig zum Kochen gekommen. Ein halbes Jahr später würde ich wissen, wie das ist, wenn sich selbst die Vertreter der Kirche, die ich gerade erst verstehen und lieben lerne und überdies jeden Sonntag besuche, in skeptische Distanz hüllen. Sich öffentlich zum christlichen Glauben bekennen! Das ist hier im Eichsfeld scheinbar eine echte Sensation. Pizzano, ein gläubiger Christ! *Der wilde Partykönig markiert jetzt auf heilig, spielt den großen Gottsucher! Wahrscheinlich hat er hinter den Kulissen einen ganzen Harem an Weibern. Das kennt man ja.* Der Unsinn der städtischen Klatschtanten perlt jedoch an mir ab. Die Zurückhaltung der kirchlichen Vertreter macht mich ein wenig traurig. Doch der Abscheu meiner Familie schneidet mir ins Herz. Das bedeutet: Ich würde tun müssen, was das Evangelium vorsieht: *Gehen.* Wenn alles getan ist, werde ich mich also auch von meiner »Familie« lösen müssen.

Heute, an diesem regnerischen Nachmittag, sind wieder achtzehn Leute zum Gespräch gekommen. Der Vortrag kann beginnen. Noch einmal geht die große Eingangstür des Atlantis auf. Ich fasse es nicht: *Sie* betritt den Raum. Uta. Martins Cousine. Mit ihrer Gitarre. Zwei Wochen nach unserem ersten Treffen auf der Hochzeit. Es sind nicht die Glühbirnen, die mir den Raum schlagartig heller erscheinen lassen. Okay. Privatsache. Sie ist tatsächlich aus Marburg angereist. Ich stürme auf sie zu, flüstere ihr ins Ohr: »Wie schön, dass du gekommen bist!«, hole ihr einen Sessel und platziere ihn neben dem meinen. »Gern geschehen, ich bin auch schon sehr neugierig!« Sie strahlt mich dabei an, wie damals auf der Feier. Während des Vortrags schaue ich sie immer wieder von der Seite an. Nie zuvor habe ich jemals einen Menschen mit so einer liebevollen und gütigen Ausstrahlung getroffen. Ich freue mich so sehr, dass sie da ist. Martins Cousine ist tatsächlich mehr als bezaubernd. Der Nachmittag geht leider viel zu schnell vorbei. Mit einem gewissen Lied, das ich mir von ihr wünsche.

*

Mir steht ein bitterer Gang bevor, den ich mir nicht ersparen kann. Mir ist schlecht, als ich mich durch die Fußgängerzone meiner Heimatstadt bewege. Noch 100 Meter. Noch 50 Meter. Ich muss da hin, muss zu meinem Vater. Er steht hinter dem Tresen, putzt ein paar Gläser. Die Zigarette im Mund, mustert er mich skeptisch: »Was willst du?« Ich muss schlucken. »Ich schmeiß hin!« – »Was schmeißt du hin?« – »Das *Ambiente!*« Vater macht einen tiefen Zug, legt dann die Zigarette beiseite. Ich spüre seine Verachtung und innere Wut am ganzen Körper. Am liebsten würde ich mich vor ihm wegducken. Aber da ist rechts und links nichts, wohinter ich mich verstecken könnte. Eine Weile sagt Vater nichts; dann kommt tonlos ein Satz aus seinem Mund, der als Messer in mich eindringt: »Und ... was willst du machen? ... Du kannst doch nichts!« Ich werde rot, schwitze, stottere herum, stammele irgendwas von Gott, von meinem neuen Weg und dass ich das alles irgendwie nicht mehr mit meinem Beruf vereinbaren können. Vaters Augen ruhen auf mir. Sie sagen mir: Ich habe es gewusst, du taugst nichts. Lässt mich mal wieder hängen. Ich fühle mich in seinem Blick wie in einem Gefängnis. Vater sagt nichts mehr. Ich schleiche mich davon. Ein geprügelter Hund.

*

Es ist also so weit. Der letzte Abend im *Ambiente*, ein Samstag im Dezember 2006. Mein siebzehnköpfiges Team, Freunde und Gäste haben eine Abschiedsparty für mich organisiert. Die ganze Stadt scheint informiert. Ich bin überwältigt, denn der Laden platzt aus allen Nähten. Es sind mehr als 400 Personen gekommen, um mir den Abschied so schwer wie möglich zu machen. Drei Bands lassen es sich nicht nehmen, unentgeltlich zum Abschied zu spielen. Die Freunde kommen auf die verrücktesten Ideen, haben mir einen »Ehrentisch« gedeckt, an dem ich mit meinen engsten Freunden sitzen darf. Schorse, Robert, Magdalena und verschiedene andere. Sogar Christin ist da. Und Uta. Eine Welle von Liebe und echter Zuneigung bricht über mich herein. Wildfremde Leute danken mir für meine Arbeit und Ideen, wirken dabei sogar richtig traurig und wünschen mir dennoch viel Glück für meinen neuen Weg. Die Songs »meiner« Band *Fine Filter 50*, die ich viele Jahre ehrenamtlich managte, atmen echte Melancholie. Einer der musikalischen Köpfe der Band, André, ist mir über die vielen Jahre hinweg zu einem echten Freund geworden. Zusammen mit Leines und noch einigen anderen lieben Kumpels hat er dieses »Tribute to Dario«-Konzert perfekt organisiert. Ich kann das alles gar nicht richtig verkraften. Immer wieder kämpfe ich mit den Tränen. Einmal renne ich raus, atme draußen die kühle Nachtluft ein und schaue zum klaren Himmel hinauf: Ab morgen wird nichts mehr sein, wie es einmal war. Gott, Du allein weißt, wohin mich das führt! »He, Dario«, ruft jemand, »wo bleibst du? Alle suchen dich. Da drinnen geht der Punk ab!«

*

»Good bye, bye, bye ...« André ruft mich auf die Bühne! Oh nein! Das ganze *Ambiente* ruft plötzlich laut und energisch: »Dario, Dario.« Was singen die denn da? Das Lied von Popsänger Sascha in der Rockversion von Fine Filter 50: »Good bye, bye, bye, put your hands up in the sky, sky, sky ...! Dario, Dario.« Ich wehre mich nach Kräften, aber schließlich schleppen mich ein paar starke Fäuste auf die Bühne. Ihr Idioten! Macht doch nicht so ein Theater! Das Bild, das sich dann vor meinen Augen auftut, ist wirklich unfassbar. Alle halten Wunderkerzen, Feuerzeuge, Lichter und dazu kleine, weiße Plakate hoch. *»Danke, Dario!«* – *»Grazie, Dario!«* – *»Thank You!«* – *»Alles Gute.«* In mir platzen die Gitarrenriffs und Schlagzeugsoli tief. »He, ihr Idioten, warum heult ihr denn alle!« Mir selbst laufen die Tränen die Wangen herunter. Wahnsinn. Das gibt's doch nicht! Ich tue so, als wollte ich das alles nicht haben. Aber es tut mir gut. Ja. So gut! Ich jage ein dickes Dankgebet durch die Decke des Saales. Mein Gott, wie ist das schön! Eine große, tiefe Dankbarkeit erfasst mich. Die Leute aus meinem Team kommen jetzt zu mir auf die Bühne, einer nach dem anderen. Wir nehmen uns alle in den Arm. Die Leute von den Bands kommen. Blicke. Worte. Umarmungen. Wahnsinn! Es wird eine unvergessliche Nacht. Die Letzten gehen um sechs.

*

Alleine, aufgewühlt, erschöpft sitze ich noch ein paar Minuten in der kleinen Bank vor der Theke und schaue mich ein letztes Mal im Laden um. Der Rauch des Abends ist noch nicht verflogen. Es riecht nach Zigaretten und Alkohol. Der Boden ist von Plakaten und abgebrannten Wunderkerzen bedeckt. Vorbei, die bewegenden Jahre! Dort drüben türmen sich Geschenke und Blumen. In einem kleinen Buch haben sich viele Besucher mit lieben Segenswünschen für meine Zukunft eingetragen. Ich stehe auf, nehme das Büchlein zur Hand. *»Was immer du tun wirst ...«*, lese ich oft. Ich gehe noch ein letztes Mal durch den Laden. Streiche mit meiner rechten Hand über die Gegenstände im Lokal, die Barhocker, die Theke, lösche die letzten Lichter, schließe dann die große, weiße Flügeltür des *Ambiente* zu. Ein langer und letzter Blick zurück. Good bye! Aus!

Draußen ist es bereits hell. Die Welt wacht auf.

Danke, Jesus – für diesen unglaublichen Abschied!

Was jetzt kommt, liegt ganz in Deiner Hand!

27. Vergebung, die nicht mehr aufhört

Eichsfeld, 2008

Der Abschied vom *Ambiente* ist nicht einmal zwei Jahre her. Mit Wehmut denke ich gerade daran zurück. Es war eine unvergessliche Nacht für alle, die dabei waren. Ich hätte mir an den fünf Fingern abzählen können, dass das, was ich da tat, ungefähr auf die Vernichtung meiner bürgerlichen Existenz hinauslief. Ich hatte ja nichts, keinen Rückhalt, keine Ersparnisse, kein familiäres Netz. Nur einen Bärenglauben. Doch statt dem Nichts ins Auge zu sehen, dauerte es keine drei Wochen, und ich hatte eine bescheidene, doch wunderschöne Wohnung auf dem Land, ein eigenes kleines rotes Auto und einen Kurierfahrerjob, mit dem ich die ersten Wochen im neuen Jahr überbrücken konnte. Wenn es ein Wunder war, dann bediente sich der liebe Gott auf die sympathischste Weise meiner Freunde. Sie hatten alles organisiert, vermittelt und hatten bezahlt, was zu bezahlen war. Was für eine schöne Erfahrung! In dieser Kooperation von Himmel und Erde – so sah ich es jedenfalls – wurde mir das Wort Jesu greifbar: *»Kümmert Euch zuerst um das Reich Gottes, folgt mir nach, der Rest wird Euch dazugegeben.«*
Ich fühlte mich wie neugeboren. Endlich frei! Es waren herrliche Wochen damals. Schlafen. Endlich einmal schlafen. Ausruhen. Mit meinen Kinder zusammen sein.

*

Wahrscheinlich gibt Gott denen, die aus großer Entfernung zu IHM kommen, am Anfang Gnaden ohne Ende. Auch bei mir war das so. Ich schlug die Bibel auf und erkannte in großem Bogen die Zusammenhänge, erkannte sie intuitiv und ganz schnell. Ich betete und schwamm geradezu in Liebe. Es ergaben sich immer neue Begegnungen mit interessanten Menschen, die mich im Glauben weiterbrachten. Ich redete zu meinen Freunden von Gott, und einige von ihnen gaben auch ihrem Leben eine Wende. Ich bat den Vater im Himmel um eine Liebe aus Fleisch und Blut – und bekam Uta. Ich organisierte kleine Veranstaltungen, engagierte mich karitativ.

Alles ging mir von der Hand, als hätte ich den heißen Draht nach oben oder eine Bank mit Guthaben im Himmel. Ich kam mir vor wie ein spiritueller Überflieger. Nie hätte ich mir vorstellen können, noch einmal die tiefen Täler meiner Kindheit und Jugend durchwandern zu müssen. Ich wollte damals nur noch bei Gott sein. Allein im Himmel leben. Doch dann folgte etwas völlig anderes. Ein neuer, schwerer Absturz. Aus dem Himmel. In die Wüste. Hinab ins Dunkel. Ein schwerer Gang. Doch Gott gab mir genügend Licht mit auf den Weg, so dass ich den notwendigen zweiten Durchgang durch die Abgründe und Täler meiner Existenz bestehen konnte, ohne verrückt zu werden. Während ich diese Zeilen niederschreibe, habe ich das Bedürfnis, Psalm 23 nachzulesen. »Er leitet mich auf rechten Pfaden«, lese ich, »treu seinem Namen. Muss ich auch wandern in finsterer Schlucht, ich fürchte kein Unheil; denn Du bist bei mir, Dein Stock und Dein Stab geben mir Zuversicht.« Ja, das stimmt. Ich kann es jetzt aus Lebenserfahrung bestätigen.

*

Das war sie. Meine vorerst letzte Therapiestunde bei meiner Psychologin. Genau sechs Monate sind seit der Diagnose meiner Ärztin vergangen. Ich erinnere mich daran, als sei es erst gestern gewesen. Der Blick auf die Bilder von Michelangelo und Monet im Arztzimmer. Die furchtbaren Schmerzen im Rücken, die Schwindelgefühle. Schon lange habe ich nichts mehr von ihnen gehört. Sollten sie noch einmal auftreten, werde ich sie als Warnhinweise verstehen und besser auf mich zu achten. Meine Psychologin sowie meine Ärztin zeigten sich überrascht, wie schnell ich doch den Ausweg aus meinem Burnout gefunden habe. Ich weiß heute, warum das so schnell ging. Wahrscheinlich war es ein dramaturgischer Trick Gottes, dass ER mich schon im zweiten Akt auf die Codeworte hinwies, die mir die schwersten Lasten der Vergangenheit von den Schultern nehmen und mich aus den Fesseln meiner Verstrickungen befreien konnten. Sie lauteten *Vergebung* und *Versöhnung*.

Ohne Vergebung und Versöhnung tragen wir alle Zentnerlasten auf unseren Schultern. Ich könnte nicht mehr aufrecht gehen und müsste mich zu Tode schämen allein für das, was ich in den Biographien anderer Menschen und in mir selbst angerichtet habe, wenn es Vergebung nicht gäbe in dieser Welt. Manche Leute sagen: »Ich stehe dazu«, oder: »Ich übernehme die volle Verantwortung« – aber was ist das anderes als hohle Rhetorik? Unsere Taten machen sich ja selbstständig, sobald wir sie in die Welt entlassen haben; sie entfalten Wirkungen, die wir nicht mehr einfangen können, und sie reißen Wunden über Generationen hinweg. Nur Gott kann heilen, was wir zerstört haben. Darum war es für mich so zentral, dass ich Gott als jemanden kennen lernte, der mich wilden Selbst- und Fremd-Zerstörer einfing, mich dann aber gerade nicht fertig machte und demütigte wegen der endlosen Liste meiner verzweifelten Fehlgriffe.

Ich legte bei einem Priester eine große Lebensbeichte ab. Gott zeigte sich mir in Wahrheit als der wahre Vergeber und Versöhner. Gott ist tatsächlich der barmherzige Vater, der mich ohne alle Bedingung annimmt und mir alle Schuld verzeiht, so dass sie wirklich aus der Welt ist. Ich nahm es dankbar an, hielt es aber zunächst für eine Art metaphysisches Wisch & Weg. Dass dahinter das Kreuz Jesu stand und auch mir ein Stück »Kreuz« nicht erspart bleiben würde, ahnte ich nicht. Aber dann wurde Vergebung ein so schwerer Gang und eine so harte Arbeit. Ich hatte übersehen, dass die Bitte aus dem Vaterunser »Vergib uns unsere Schuld ...« einen zweiten Teil hat: »... wie auch wir vergeben unseren Schuldigern«. Ich hatte zwar verbal, aber nicht in den Tiefen meines Unterbewusstseins meinen eigenen Schuldigern vergeben. Das stürzte mich also in die Psychohölle meiner Herkunft. Abstieg war angesagt – und ich wollte doch zu neuen Ufern aufbrechen, wollte nichts mehr wissen von allem, was hinter mir lag.
Heute weiß ich: Ich durfte Jesus begleiten, der alle unsere Täler und Schattenwelten durchlebte, um daraus in die Auferstehung zu kommen. *Hinabgestiegen in das Reich des Todes*, heißt es in einem Seitenstück des Glaubensbekenntnisses, das für mich zu einer existenziellen Lektion wurde. Es ging also um mehr als meine individuelle Schuld. Familienschuld wurde endlich aufgedeckt. Alle sind und waren wir Opfer und Täter in einem. Alle. Mein Vater war das Opfer seines Vaters. Meine Mutter das Opfer ihrer Mutter. Meine Schwester war das Opfer ihres Vaters. Und so weiter. Und weil wir Opfer waren und mit unserer Opferrolle nicht umgehen konnten, taten wir uns und anderen großes Leid an, wurden wir zu aktiven Tätern, die sich in diesem Pingpong des Irrsinns neue Opfer suchten. Als ich das in den letzten Wochen immer tiefer verstand,

habe ich meiner Mama in Stuttgart und meiner Schwester lange Briefe geschrieben. Ich habe mich bei ihnen für meine Verfehlungen entschuldigt und um Vergebung gebeten, so wie ich ihnen die ihren vergeben habe. Viele Tränen der Freude und Erleichterung flossen dabei auf allen Seiten. Meine Mama in Stuttgart, meine Schwester Nadine und ich haben unsere Beziehungen zueinander erneuert und stehen jetzt im engen und liebevollen Kontakt miteinander. Ja. Ich liebe sie! Es war eine wundervolle Art, wieder zueinander zu finden. Und Vergebung ist das Schlüsselwort. Und so stand mir nur noch der letzte, der schwerste Brief bevor. Der Brief an meinen Vater.

*

Mein lieber Vater,
war es dreimal oder war es viermal, dass wir uns in den letzten drei Jahren gesehen haben; ich weiß es nicht. Dabei wohnen wir doch in derselben Region, atmen die gleiche Luft, leben im selben Leben. Die Frau, die Du einmal geliebt hast, ist meine Mutter. In Deinen und meinen Adern pulst Blut aus Taurasi. Weißt Du, wie es für mich war, wenn die Nonna, deine Mutter Emmanuela, mir über den Kopf gestreichelt hat? Wahrscheinlich war sie voller Sehnsucht nach Dir. Sie sah in mir mehr als ihren Enkel Dario; für sie war ich immer der »kleine Pizzano«. Und so habe ich mich auch gefühlt. Ich war stolz, der Sohn dieses Vaters zu sein, der in einem fernen Land eine große Nummer war, der aus nichts einen brummenden Laden auf die Beine gestellt hatte und der immer die tollsten Autos fuhr, die man sich nur vorstellen konnte. Immer wieder musste ich meinen Großeltern und den anderen Verwandten erzählen, was Du wieder vollbracht hattest. Sie wollten alle gerne stolz sein auf Dich, der Du so wenig Zeit hattest, um bei ihnen zu sein. Taurasi, Vater, das warst Du.
Als Kind bin ich durch die engen Gassen des Dörfchens oberhalb der Berge Kampaniens gestrolcht und habe mich gefühlt,

wie Du Dich gefühlt haben magst, als Du noch ein Kind warst. Deine Seele atmete in meiner Seele, obwohl Du so weit weg warst von mir. Du lebtest ja Dein Leben, lebtest es jenseits Deiner Wurzeln im fernen, kalten Deutschland.

»Und konnten zusammen nicht kommen; das Wasser war viel zu tief ...« – dieses Volkslied, ich kann es nicht hören, ohne an Dich und mich zu denken. Zwischen uns, Dir und mir, ist ein Graben, so breit wie ein Gletscher – und so kalt. Es ist Eiszeit zwischen uns. Nie hätte ich mir als Kind gedacht, dass ein Vater und sein Sohn so tief getrennt sein könnten, dass es keinen Weg und keinen Wink und keinen Gedanken mehr zu geben scheint, der zueinanderführt. Denn das, mein Vater, ist die Wahrheit, die wir uns sagen müssen, um nicht für immer stumm zu bleiben: Ich fühle mich von Dir verlassen, und Du fühlst Dich von mir verlassen. Ich wollte Dir lange nicht verzeihen, dass Du mich und meine Mutter alleingelassen hast. Du hattest eine andere Liebe gefunden. Wir waren es Dir scheinbar nicht mehr wert. Wie viele Tränen sind geflossen, weil Dein Platz in der Familie und in unseren Herzen leer blieb. Wie viel Schlimmes ist mir und meiner Mutter widerfahren danach. Ich konnte nicht verstehen, warum Du meine ganzen Hilfeschreie, meine große Sehnsucht nach Liebe und Anerkennung all die Jahre nicht gesehen hast. Heute weiß ich: Das Kraterloch in meiner Seele, die jahrelangen Depressionen stammen vor allem von Dir.

Doch auch Du, mein Vater, hast eine Rechnung mit mir offen. Du kannst mir wahrscheinlich nicht verzeihen, dass ich einen Teil Deines Lebenswerkes zerstört habe. Ich weiß, Du wolltest es nicht für Dich allein. Du wolltest es auch für mich. Du wolltest, dass der Name Pizzano groß wird über Generationen. Du wolltest Ansehen für Dich und mich und alle, die noch kommen und den gleichen Namen tragen. Du hattest einen sozialen Traum, einen Traum, der tief in Deinem romanischen Blut liegt, den Traum von der Ehre der Familie, den Traum vom Erst-

geborenen, der in die Schuhe des Vaters tritt. Du wolltest, dass ich Dich ehre, indem ich werde, was Du bist. Ich aber habe Deine Schuhe verschmäht. Du hast sie mir hingehalten. Und ich habe Dich stehen lassen mit den leeren Schuhen, als wären sie der letzte Dreck. In deinen Augen bin ich aufgetreten wie einer, der seinen Vater verachtet, weil er sich für etwas Besseres hält. Das erschien Dir unverzeihlich. Dreimal betrat ich nach unserem Bruch Dein Restaurant, beklommen und voller Angst. Ich versuchte mir vorzustellen, dass Du noch immer der gleiche Lebenskünstler bist, als der ich Dich aus meiner Kindheit in Erinnerung habe. Ich wünschte mir Lachen und Gläserklingen und Dich mittendrin unter all den Gästen, ein paar Teller balancierend, gute Laune verbreitend. Ich wünschte mir, dass Du mir zuzwinkerst, Dich freuen würdest, mich zu sehen, und zurufst: »Da bist du ja, mein Junge! Wo hast du so lange gesteckt!«

Aber als ich wirklich die Schwelle Deines Hauses betrat, sah ich Dich hinter der Theke, wo Du Gläser putztest. Du kamst mir traurig und ernst vor, wie ein Mann, dem die Leichtigkeit abhandengekommen ist. Ich übertrug es wie immer sofort auf mich. War ich es allein, der diese Traurigkeit auf Dich gebracht hat? Dreimal war ich in diesen Momenten versucht, irgendetwas Verrücktes zu tun, um das Eis zwischen uns zu brechen. Dreimal brachte ich nicht mehr über meine Lippen als ein karges: »Hallo, Papa!« Ich sah in Deinem Gesicht keine Spur von Veränderung. Doch ich kenne Dein vulkanisches Temperament; ich wusste, wie es unter der stolzen Oberfläche Deiner Beherrschung kochte. Ich setzte mich an den Tisch zu den anderen. Du, Vater, kamst zu uns herüber, um die Bestellungen aufzunehmen; Dein Blick traf auch mich: »Was willste trinken?« Ich sah in Deine Augen und las eine abgründige Demütigung darin: »Muss ich Dich auch noch bedienen!« …

Und nun will ich Dir etwas sagen, Vater, ob Du mir zuhörst oder ob Du Dein Ohr vor meinem Wort verschließt. Es ist alles ganz anders, als Du glaubst. Du denkst, ich würde auf Dich herabsehen. Doch das ist nicht wahr. Ich sehe nicht auf Dich herab, denn kein Sohn darf auf seinen Vater herabschauen, ohne ein Schuft zu sein. Ich bin noch immer Dein Kind, und ich schaue noch immer zu Dir auf. Ich bin aus Deinem Fleisch und Blut, ich trage Deine Gene in mir. Ich bin auch ein Pizzano, bin Dein Sohn und werde es in Ewigkeit bleiben. Ich habe viel von Dir gelernt, Dein Geschick mit Menschen, Dein Kontaktgenie geerbt, Deine Unternehmungslust und Deine Tatkraft. Mit diesen Anlagen und meinem jahrelangen Ringen um Wahrheit und Freiheit führte mich mein Weg in die Kirche. Ich möchte dort heute ebenfalls eine Pionierarbeit machen, wie Du sie in diesem Land begonnen hast, dessen Sprache Du zu Anfang nicht einmal konntest. Und das Wichtigste: Ich habe noch immer Liebe zu Dir, wie ein Kind Liebe zu seinem Vater haben muss. Ich werde diese Liebe auch dann noch haben, wenn Du sie zurückweist und nicht haben willst. Sie wird Dir nachlaufen wie ein kleiner Hund, den man einfach nicht wegscheuchen kann. Und wenn Du diesen Brief bis hierhin ertragen hast, wirst Du weiterlesen, was ich Dir nun sagen möchte. Es sind drei Dinge, die mir auf dem Herzen liegen:

1. Gib mir Freiheit! *Ich bin noch immer gefangen in dem Bild, das Du Dir von mir gemacht hast. Verlange nicht von mir, dass mein Leben darin bestehen soll, deinen Vorstellungen nachzukommen und Dein Bild von mir zu erfüllen. Fordere nicht von mir, in Deinen Schuhen zu laufen. Es sind und waren immer nur deine Schuhe, nicht meine! Es ist egal, ob sie mir zu groß oder zu klein sind, ob sie mich drücken oder ich mir in ihnen die Füße verforme. Ich kann in ihnen einfach nicht gehen. Ich werde in ihnen nicht glücklich. Du darfst Dir kein Bild von mir machen. Niemand darf das. Bilder sind tot. Ich kann nicht nach toten Entwürfen leben, selbst wenn sie von meinem eigenen Vater* *stammen. Ich kann keinem Bild mehr folgen, wer immer auch es von mir entwirft. Ich folge einem Ruf. Einem sehr starken Ruf. Und ich warte darauf, was dann passiert. Auch Du, mein Vater, bist damals aus Taurasi herausgesprungen und hast alle Bilder verlassen, die Deine Eltern und die Leute in Taurasi sich von Dir machten. Du hattest Sehnsucht nach Freiheit und spürtest einen Ruf in deinem Herzen, in der Fremde etwas Eigenes zu sein. Auch in mir entdeckte ich einen Ruf. Nur hat dieser Ruf etwas mit »Gott« zu tun, mit meinem und Deinem himmlischen Vater. Ich weiß nicht, ob Du noch an den Gott glaubst, an den Deine Mutter und Dein Vater, Deine Großmutter und Dein Großvater und davor 30 Generationen von Italienern glaubten. Du hast mir jedenfalls leider nichts davon erzählt. Ich musste Gott allein entdecken; vielmehr entdeckte er mich. Als ich mir sicher war, dass es einen Vater im Himmel gibt, hätte ich jubeln können – jubeln, dass ich Dir, meinem irdischen Vater, nicht mehr gehöre. Die Nonna hat sicher auch mit Dir das Padre nostro, das Vaterunser, gebetet als Du ein Kind warst. Vielleicht hast Du diese Worte sogar noch präsent? Als ich es vor kurzem erst lernte, blieb ich stecken bei »Dein Wille geschehe«. Ich war so glücklich, dass ich nur einen Willen erfüllen muss, den meines himmlischen Vaters. Ich war glücklich, Deinen (und keines Menschen) Willen mehr erfüllen zu müssen, war glücklich für die himmlische Lizenz, Dich verlassen zu dürfen. Ja, es gibt ein himmlisch-irdisches Recht, dass ein Kind seinem Vater die Schuhe zurückgibt, weil sie ihm einfach nicht passen. Gott hat jeden Menschen zur Freiheit berufen. Der Vater im Himmel, er hat mich Dir entrissen. Aber dann ... hat er mich zu Dir zurückgeschickt. Ich brauche nämlich noch etwas von Dir, sonst sind wir nicht quitt. Ich brauche Deinen Segen.*

2. Gib mir Deinen Segen, Vater! *Wenn ich als Kind das Haus unserer Familie in Taurasi verließ, machte Deine Mutter,*

Nonna, mit ihrem Daumen ein Zeichen auf meine Stirn. Als Kind bedeutete mir das nichts; ich wusste nicht einmal, dass es ein Kreuzzeichen war. Erst in der Rückschau habe ich begriffen, dass sie mich segnete und dass sie meine Wege in die Hände ihres Gottes legte. Sie konnte ja nicht überallhin mitgehen und mich beschützen. Deshalb segnete sie mich. Vater, ich wünsche mir mehr von Dir, als dass Du mich freigibst und ja sagst zu meiner Andersheit und Freiheit. Ich möchte, dass Du mir Deinen Segen gibst, Deinen Segen als Vater. Der Segen ist etwas sehr Tiefes. Ein Vater, eine Mutter, sie haben eine große Kraft in sich, die nicht dafür bestimmt ist, bei ihnen zu bleiben. Es ist so nötig, dass Eltern ihren Kindern ihren Segen schenken, bevor sie aus der Welt gehen. Bevor ein Vater nicht sein Kind segnet und ihm von Herzen alles Gute wünscht, kann ein Kind keinen Frieden und keine innere Ruhe in dieser Welt finden. Ich sage und bekenne es ganz offen: Ich habe keinen Frieden ohne Deinen Segen. Und auch Du kannst sicher keinen Frieden finden, wenn Du mir Deinen Segen nicht gibst. Ich möchte gar nicht, dass Du große Worte darum machst – das ist ja nicht Deine Art. Aber ich möchte es spüren, dass Du mir unendlich gut bist, wie es sein muss zwischen einem Vater und seinem Kind. Du sollst hinter mir stehen, und Deine guten Gedanken sollen hinter mir herjagen, wohin immer ich gehe und stehe.

3. Ich wünsche mir Frieden! *Du bist stolz, mein Vater, ich weiß es, denn auch ich bin stolz. Viele haben mich darin bestärkt, haben mir gesagt, ich soll Dich für immer vergessen. Ich solle Dir zeigen, wer der Bessere von uns beiden ist. Ich war drauf und dran, daran zu glauben. Aber ich habe in den vergangenen Jahren und hier, in der Wüstenzeit meines Lebens, gelernt, dass es etwas gibt, das größer ist als der Stolz: die Barmherzigkeit. In einer Welt, in der es nur den Stolz gibt, muss einer immer größer sein als der andere. Wo der Stolz regiert, besteht die ein-*

zige Freude darin, klüger, besser, stärker, größer, cleverer, gerissener oder geschickter zu sein als der andere. In dieser Welt gibt es nur Oben oder Unten, Gewinner oder Verlierer, Sieger oder Besiegte, Herrscher oder Beherrschte. Soll das aber unsere letzte Alternative sein, Vater, dass wir uns gegenseitig die Wahl lassen zwischen Triumph und Verbitterung, dass wir uns hassen und bekämpfen und kleinmachen und uns zuletzt noch an den Theken dieser Welt festhalten, während wir, aufgehetzt von vielen anderen, übereinander herziehen? Willst Du das wirklich, Vater? Soll das so weitergehen, bis einer von uns ins Gras beißt? Ich sage Dir hier und heute: Ich will das nicht. Nie wieder. Und ich hoffe: Du willst es auch nicht. Deshalb werde ich heute den ersten Schritt machen und Dich, mein Vater, von Herzen um Versöhnung bitten. Ich bekenne vor Dir und allen, die es hören und lesen, dass ich eine Weile sehr schlecht von dir gedacht und ja, auch schlecht von Dir geredet habe, dass ich Dich sogar manches Mal gehasst und sogar als meinen Feind betrachtet habe. Ich konnte lange nicht verstehen, warum Du mich und auch meine Arbeit scheinbar nie gesehen und gewürdigt hast. Warum Du mich oft nur nach finanziellen Erfolgen bewertet hast und nicht gesehen hast, wie schwer es für mich war, alles aufrechtzuerhalten. Warum Du nicht erkannt hast, wie schlecht es mir all die Jahre ging, hinter der ewig lächelnden Fassade. Warum Du mich nicht vor diesem Leben und unmenschlichen Druck bewahrt hast. Vielleicht habe ich Deine Bemühungen aber auch nicht mehr gesehen. Sicher habe auch ich dir Unrecht getan. Natürlich habe auch ich viele Fehler gemacht. Das weiß ich nur zu gut. Doch Schluss jetzt mit den Vorwürfen. Es ist für mich heute nicht mehr wichtig. Ich vergebe und ja, ich bekenne, dass ich Dich zeitweilig verachtete, dass ich eine kurze Zeit lang sogar über Dich triumphieren wollte und mich eine Weile sogar für etwas Besseres hielt. Du hast recht, Vater, auch ich habe diese große Schuld auf mich geladen, Schuld, die nur der

Himmel vergeben kann. Und so habe ich Dir, Vater, und Gott, der verzeihen muss, nichts anzubieten als meine Wahrheit und meinen ehrlichen Willen, wieder Dein Sohn zu sein. Ich weiß, nach weltlichem Ermessen ist uns diese Versöhnung wohl zu schwer. Aber doch habe ich diesen Traum. Den Traum vom Frieden, einer Versöhnung und von Vergebung. Für Dich. Für Deine Enkel Emily und Giuliano. Und für meine Frau und mich. Für uns alle. Wir müssen nicht so tun, als sei nichts geschehen. Es wird natürlich nie wieder so, wie es einmal war. Das muss es auch nicht. Aber wir sollten uns auch nicht mehr bekämpfen. Wir sollten uns alles Gute wünschen in der Zukunft. Das sagt mir mein Glaube. Das ist mein ehrlicher Wunsch. Das ist mein Traum. Vielleicht geht er ja in Erfüllung, und wir schaffen es. In diesem Leben? Gott weiß es. Ich bitte ihn darum. Ich bin dafür bereit.

Dein Sohn Dario

*

Ein neuer Tag im goldenen Oktober. Es ist ein herrlicher Abend heute. Meine letzten Zeilen. Danach beginnt er, der neue Weg. Keine Wolke am Himmel. Ich sitze bei meinen Schwiegereltern im Haus und schreibe im Büro von Uta diese Zeilen. Die Bäume vor dem Fenster kündigen auch hier in eindrucksvoller Weise den Herbst an. Rote, gelbe und orange Blätter bilden ein prachtvolles Schauspiel, fallen nach und nach auf den nassen Rasen vor dem Haus. Die Vögelschwärme ziehen in den Süden. Ich bleibe lieber hier. Die Welt ist schön. Ich bin endlich wieder da! Mir geht es gut. Ja. Es hat sich gelohnt. Alles war gut. Ich fühle mich so befreit von allem Schmutz der Vergangenheit. Die Reise in die Vergangenheit ist jetzt beendet. Ich bin befreit aus der Depression. Befreit von den Dämonen der Vergangenheit. Endlich spüre ich echte Motivation für neue Aufgaben. Ich weiß nun, wer ich bin. Was ich tun kann. Der neue Weg ist plötzlich klar vor meinem geistigen Auge. Ich werde weiter schreiben. Ich werde heiraten. Ich werde einen Ort schaffen oder an einem arbeiten, der für andere Menschen zu einer Oase des Friedens werden soll.

Es wird vielleicht auch wieder eine Art Bar sein. Aber anders. Ein ungewöhnlicher Ort. Eine neue Form der Begegnung. Eine Soulfoodbar vielleicht. Nahrung für Leib und Seele. Ich möchte an diesem Platz den Menschen von Jesus erzählen. Durch meine und viele andere Geschichten den Menschen zur Hoffnung im Leben verhelfen. Ich möchte dort Vorträge organisieren. Von Menschen für Menschen. Von Gott für Gott. Es werden dort Konzerte auf gutem Niveau präsentiert. Lesungen finden dort statt. Ich möchte dort einen Raum der Stille installieren. Ich weiß heute, wie wichtig das Gebet ist. Es wird ein wundervoller Ort, mit einem ganz besonderen Geist, sein. Menschen sollen zur Liebe, zu Gott, zu Jesus finden. Dort wird es warm sein. Jeder ist willkommen. Menschen werden erwartet, keine zahlende Masse. Es wird miteinander geredet. Offen. Ehrlich. Anerkennend. Eine warme Atmosphäre. Wundervolle Farben. Viele Kerzen. Das kleine göttliche Licht, welches heute in mir brennt – ich möchte es dort, wie das olympische Feuer, weiterreichen. Jeder kann es bekommen. Wirklich jeder. Ich habe es nicht nur für mich bekommen. Sondern für jeden von uns. Dafür das Ganze. Es war nichts umsonst. Nichts. Mein Leben hat einen Sinn. Ich schenke es allen Menschen. Meinen Kindern. Meiner Frau. Meiner Familie. Meinen Freunden. Allen. Ich bin heute wieder einer von ihnen. Das eisige Herz in meiner Brust ist für immer fort. Denn wo die Liebe regiert, beginnt es plötzlich, sehr, sehr warm zu werden. Die kleine Flamme brennt nun für immer in mir. Für jeden von uns. In jedem von uns.

28. An einem Tag im Mai

Es ist Samstag, ein später Nachmittag, an dem sich die Sonne schon in kleinen Etappen verabschiedet. Ein angenehmer lauwarmer Wind sucht sich seinen Weg durch meine Haare. Ich bin etwas unruhig, streiche nervös über die Seitentaschen meines dunklen Anzuges. Nur noch wenige Minuten, dann werde ich mich firmen lassen. Zwanzig Jahre zu spät, aber immerhin. Früher stand ich solchen Feiern der Kirche ungläubig und verständnislos gegenüber. Ich habe mich sogar lächerlich darüber gemacht. Ich schaue mich um. Es ist schon verrückt. Jetzt stehe ich alter Knabe hier in Duderstadt unter 120 festlich gekleideten Jugendlichen und warte vor der imposanten Sankt-Cyriakus-Kirche von 1394 auf den Einzug in das Gotteshaus. Die Jungs fühlen sich sichtlich unwohl in ihren schief sitzenden grauen und braunen Anzügen; und auch die Girlies haben keine echte Beziehung zu den weißen Kleidchen, in die sie von den Mamis gesteckt wurden. So ganz der bunte Hund bin ich nicht; denn noch ein weiterer Erwachsener lässt sich an diesem Tag firmen.

Was ist diese Firmung für mich? Sie ist eine Entscheidung, die ich mir sehr wohl überlegt habe: Ich möchte mich auf meinem neuen Weg noch ernsthafter verpflichten, Zeuge für Jesus zu sein. Augenzeugen von Jesus gibt es seit 2000 Jahren nicht mehr. Aber Zeuge des Herzens, Zeuge aus Erfahrung, das bin ich! Es gibt Gott, ich habe ihn gesehen. Dafür hebe ich die Hand und schwöre jeden Eid. Es ist alles wahr: Ich glaube. Bevor ich mich entschied, hat sich Gott für mich entschieden. Er hat sich mir gezeigt und mich mit seinem Geist berührt, auf der Landstraße, unweit von Worbis. Es ist – da bin ich mir sicher – der gleiche Geist, der auch der eigentliche Beweger in der 2000-jährigen Veranstaltung namens Christentum ist. Um ihn geht es bei der Firmung. Gleich wird der Heilige Geist auf mich herabgerufen, damit ich eine nicht aus mir kommende Stärke empfange, sein Wort zu verbreiten und seine Wahrheit zu verteidigen. Ich habe die Wirklichkeit Gottes erfahren und bin nun dankbar und tief erfüllt von der Freude, IHM für immer zu gehören.

Schorse stupst mich leicht von hinten an der Schulter an. Schorse – wer denn sonst? – ist mein Firmpate. Die Glocken läuten laut und hell in den frühen Abend hinein. Die lange Menschenschlange setzt sich vorsichtig in Bewegung. Ich schrecke hoch aus meinen Gedanken. »Los geht's, lieber Freund!« Schorse schaut mich gütig und fröhlich wie immer durch seine runde Brille an. Toll, dass ich diesen Freund an der Seite habe, der sich vor Drogen nicht fürchtete und nun nicht einmal vor dem Heiligen Geist. Er sieht *molto serioso* aus in seinem braunen Anzug und dem weißen Hemd mit der dunklen Krawatte. »Extra frisch rasiert, mein Lieber!«, raunt er mir zu. Er weiß genau, dass ich jetzt einen kleinen Gag gebrauchen kann. Ich komme mir fürchterlich steif im Anzug vor; es ist wie das erste Mal Feuerwehruniform oder wie eine Premiere in Taucherkluft.

Kurz bevor wir in das Portal der Kirche eintauchen, sehe ich sie plötzlich: Sie stehen nebeneinander, einige Arm in Arm. Mich trifft es wie der Schlag. Das gibt es doch nicht. Sie sind alle gekommen. Alle! Meine Mama aus Stuttgart – da steht sie! Nach fünf Jahren! Das erste Mal wieder in der

Heimat. Sie sieht gut aus. Ihre kurz geschnittenen dunkelblonden Haare stehen ihr blendend. Sie weint. Ich spüre, wie mir auch die Tränen in die Augen steigen. Nadine, meine kleine große Schwester. Meine kleine Familie: Uta, Emily und Giuliano. Oh Gott, wie wunderschön sie alle sind! Nicht heulen, Dario! Nicht heulen! Nicht jetzt schon. Robert und seine Freundin. Sie haben mir so unglaublich viel geholfen. Selbst wenn sich unsere Wege einmal trennen sollten – *das* werde ich ihnen nie vergessen. Utas Eltern und ihre Schwester, meine Zweitfamilie. Ich fühle einen immer dicker werdenden Kloß im Hals. Da stehen sie! Alle meine Freunde. Einige sind durch die halbe Republik gereist, um bei meiner Firmung mit von der Partie zu sein. Mir steht der Mund offen. Plötzlich spüre ich Schorses Faust ein wenig in die Rippen. »Haltung bewahren, Junge! Da vorne spielt die Musik!«, raunt er mir zu. Er reicht mir diskret ein weißes Taschentuch aus seiner Jackentasche.

*

Wir ziehen ein in die Kirche. Die Firmlinge mit ihren Paten, Eltern, Familienmitglieder und Freunde hinterher. Ein weiter, fast hundert Meter langer Gang führt durch die wundervolle Kirche zum Altarraum. Der Kirchenchor hat sich bereits unter den gotischen Fenstern aufgebaut. Alles atmet Festlichkeit. Kerzen brennen, bunte Blumengestecke strahlen. Weiße Bändchen flattern an den Bänken. Ich bin aufgeregt. Vor uns geht ein junges blondes Mädchen mit ihrer Firmpatin. Während die Orgel braust, schreiten wir ganz langsam durch den Säulengang an den ersten Bänken vorbei. Zum ersten Mal fallen mir die riesigen Apostelfiguren auf, die unseren Weg flankieren. Diese Pioniergestalten des Christentums: Thomas. Johannes. Petrus. Das erste Lied wird vom Chor und allen in der Kir-

che gesungen. Es berührt mich, denn ich kann mich voll und sehr bewusst mit den Zeilen identifizieren:
»Aus den Dörfern, aus den Städten, / von ganz nah und auch von fern, / mal gespannt mal eher skeptisch, / manche zögernd, viele gern, / folgten sie den Spuren Jesu, / folgten sie dem, der sie rief, / und sie wurden selbst zu Boten, / dass der Ruf wie Feuer lief: / eingeladen zum Fest des Glaubens, / eingeladen zum Fest des Glaubens.«
Ich stehe mit beiden Beinen auf der Erde. Hinter mir die Freunde, die mir eine enorme Kraft geben. Das Gefühl, dass alle meine Lieben gerade hinter mir in den Bänken sitzen und für mich beten, lässt mich innerlich jubilieren. Ich schaue auf, sehe den Weihbischof und den Priester am Altar stehen. Die heilige Messe beginnt. Ich antworte laut und klar auf die Gebetseinladungen des Weihbischofs. Die Jugendlichen neben mir finden das wahrscheinlich nicht so megacool, denn ihre Antworten kommen eher gebrummt daher. Wie jung und unschuldig sie alle noch wirken. Einigen stehen die Pubertät und das Schild »Wegen Umbau geschlossen« groß im Gesicht. Ich hoffe sehr, dass ihnen einiges von meinen Erfahrungen meiner Generation erspart bleibt. Man muss nicht alles erlebt haben, um zu wissen, dass es nicht gut ist und nicht guttut. Ich denke an meine eigenen Kinder, an Emily und Giuliano. Ich liebe sie. Ich kann sie letztlich nicht formen, diese kleinen Seelen. Eines Tages werden sie ihr eigenes Leben leben. Aber ich werde sie immer in Liebe und im Gebet begleiten.
Oh Gott, gib, dass mir das gelingt!
»Wie ist eigentlich dein Firmname?« Das dunkelblonde Mädchen mit dem kleinen Pferdeschwanz vor mir flüstert es sehr leise, aber nicht leise genug, in das Ohr ihrer dunkelhaarigen Nachbarin. Firmname? Wieso Firmname?

Ist das etwa kirchliche Tradition? Muss ich heute auch so einen Namen haben? Ich versuche angestrengt zu hören, was die Kleine vor mir antwortet: »Elis…!« Sie flüstert leise zurück. Was hat sie gesagt? Elisabeth? Sie meint bestimmt diese heilige Elisabeth, von der mir Robert erzählt hatte. Ich schaue Schorse rechts über meine Schulter an. Er bekommt meine kleine Panikattacke gar nicht mit. Schaut die ganze Zeit nur lächelnd zum Altar. Mensch, ich habe nicht aufgepasst! Mir ist das bei der Vorbereitung auf die Firmung glatt durchgegangen. Zu blöd – was sage ich denn, wenn ich jetzt gefragt werde!? Meine Eltern haben mich Dario getauft, wahrscheinlich nur wegen dem schönen Klang. Mit dem Perserkönig Darius aber kann man im Himmel wahrscheinlich wenig anfangen. Genauso wenig wie mit Mandy, Danni, Doreen und Cindy. Ich überlege fieberhaft, was ich für einen heiligen Namen nehmen könnte. Mein Kopf ist ein einziges Loch. Zu spät, sehe ich gerade. Die beiden ersten Reihen von Jugendlichen vor mir stehen auf und machen sich mit ihren Firmpaten auf den Weg zum Altar. Sie stellen sich im Mittelgang der Kirche rechts und links nebeneinander auf und erwarten die Salbung durch den Bischof. Die Paten stehen hinter ihrem Schützling und halten ihre rechte Hand auf der rechten Schulter. Ich mache mich auf. Gleich werde ich dort mit Schorse stehen. *Sorry, Herr. Ich hatte den Weg nicht gleich gefunden.*

Der Bischof steht vor der ersten jungen Dame im hellen Kleidchen und beginnt leise mit ihr zu sprechen. »Theresa«, höre ich sie laut sagen. Dann zeichnet der Bischof das Zeichen auf ihre Stirn und schüttelt sie etwas heftiger an der Schulter. Sie hat einen Namen gesagt. Also doch! Oh nein! Der gelockte Junge neben dem ersten Mädchen ist dran. »Martin«, sagt er laut. Dann wieder die gleiche Prozedur: Chrisam, Öl, Zeichen auf die Stirn. Schulter schütteln. Die Nächste. »Bernadette.« – Der Nächste. »Johannes.« Und so weiter. Alle sagen einen Namen, bevor sie das Zeichen auf die Stirn bekommen. Sind das jetzt nun die richtigen Namen von den Jugendlichen oder was? Hallo. Ich bin gleich dran. Keine Ahnung, was ich machen soll. Wenn ich »Dario« sage, sagt mir der Weihbischof wahrscheinlich: »Das geht nicht, das ist kein christlicher Name!« Mir fällt nichts ein. Ich gebe auf. Er wird mich schon nicht wegschicken! Wir stehen auf. Ich bin total aufgeregt. Mein Mund ist furchtbar trocken. Ich spüre die Blicke meiner Familie und Freunde in meinem Rücken. Es ist ein unglaubliches Gefühl. Sie sind alle bei mir.

Es ist ein Wunder mit mir, ein wahres Wunder. Ein Blinder kommt zum Sehen. Ein Aussätziger wird angenommen. Ein Lahmer kann wieder gehen. Ein Kranker wird geheilt. Alles das habe ich erfahren und verstanden. *Danke, Herr, Du hast mich vom Kopf auf die Füße gestellt, hast mir ein neues Leben geschenkt!* Ein Mädchen, fast unmittelbar vor mir, lächelt den Weihbischof an; der lächelt zurück. »Brigitta«, sagt sie. Schwedisch, denke ich. Eine Heilige? In Schweden gibt's doch keine Heiligen (womit ich mich irren sollte)! Der Bischof protestiert schon mal nicht gegen »Brigitta«. Er streicht ihr das Öl auf die Stirn und bewegt sie etwas sanfter an der Schulter. Nur noch einer vor mir. Nur noch einer. Dann ist es endlich so weit. Ich schaue auf das große Kreuz über dem Altar. Spüre die Hand von Schorse auf der Schulter und wackelige Knie in meiner Anzugshose. *Oh Jesus.* Nur noch einer vor mir. Der Bischof steht nun vor dem Jungen vor mir und flüstert leise: »Firmname?« Der Junge sagt: »Benedikt.« Ich schaue jetzt ehrfürchtig auf den Boden, warte. Gleich ist es passiert. Ich darf neu beginnen. Mein Blick bleibt die ganze Zeit auf den Boden

und meine dunklen Schuhe gerichtet. Der Bischof steht vor mir, und seine große Statur nimmt etwas Licht vom Altar fort.
In diesem Augenblick zieht mein ganzes altes Leben an mir vorbei, rasend schnell:

Kindheit. Blitz. Scheidung. Blitz. Einsamkeit. Blitz. Höhle. Blitz. Angst. Blitz. Drogensucht. Blitz. Umzüge. Blitz. Bücher. Blitz. Musik. Blitz. Einsamkeit. Blitz. Angst. Blitz. Spielsucht. Blitz. Alkoholexzesse. Blitz. Punkrock. Blitz. Marihuana. Blitz. Schlägereien. Blitz. Tattoos. Blitz. Ohrringe. Blitz. Unzählige Frauen. Blitz. Angst vorm Tod. Blitz. Sinnlosigkeit. Blitz. Techno. Blitz. Kokain. Amphetamine. LSD. Blitz. Horrortrips. Blitz. Uneheliche Kinder. Blitz. Panik. Blitz. Kalter Entzug. Blitz. Angst vorm Tod. Blitz. Sehnsucht. Blitz. Gescheiterte Beziehungen. Blitz. Atlantis. Blitz. Erfolg. Blitz. Vater. Blitz. Mutter. Blitz. Ständige Suche. Blitz. Depressionen. Blitz. Leere. Blitz. Burnout. Blitz.

Plötzlich sind die Bilder weg, und ich bin ganz da. Ich atme ruhig durch. Dann blicke ich dem Firmspender in die Augen. Er strahlt über das ganze Gesicht.
»Wie ist Ihr Firmname?«
Ich atme noch einmal durch. Dann schaue ich tief und fest in die Augen des Bischofs und höre mich laut und deutlich sagen: *»Paulus!«*